U0638602

港澳工作常用法律汇编

（2023年版）

全国人大常委会香港基本法委员会办公室
全国人大常委会澳门基本法委员会办公室 编

中国民主法制出版社

图书在版编目（CIP）数据

港澳工作常用法律汇编/全国人大常委会香港基本
法委员会办公室,全国人大常委会澳门基本法委员会办公
室编.—北京:中国民主法制出版社,2024.1
  ISBN 978-7-5162-3473-0

Ⅰ.①港… Ⅱ.①全… ②全… Ⅲ.①特别行政区基
本法—香港 ②特别行政区基本法—澳门 Ⅳ.①D921.9

中国国家版本馆CIP数据核字(2024)第011073号

图书出品人/刘海涛
出版统筹/贾兵伟
图书策划/张　涛
责任编辑/周冠宇

书名/港澳工作常用法律汇编(2023年版)
作者/全国人大常委会香港基本法委员会办公室
　　　全国人大常委会澳门基本法委员会办公室　编

出版·发行/中国民主法制出版社
地址/北京市丰台区右安门外玉林里7号(100069)
电话/(010)63055259(总编室)　83910658
　　　63056573(人大系统发行)
传真/(010)63055259
开本/32开　740毫米×890毫米
印张/14.625　字数/356千字
版本/2024年1月第1版　2024年1月第1次印刷
印刷/河北松源印刷有限公司

书号/ISBN 978-7-5162-3473-0
定价/66.00元
出版声明/版权所有,侵权必究。

目　　录

香港特别行政区基本法

1

全国人大及其常委会涉港决定

在香港特别行政区实施的全国性法律

澳门特别行政区基本法

全国人大常委会关于澳门基本法的解释

全国人大及其常委会涉澳决定

在澳门特别行政区实施的全国性法律

参研文件

有关文件

中华人民共和国宪法

（1982 年 12 月 4 日第五届全国人民代表大会第五次会议通过　1982 年 12 月 4 日全国人民代表大会公告公布施行

根据 1988 年 4 月 12 日第七届全国人民代表大会第一次会议通过的《中华人民共和国宪法修正案》、1993 年 3 月 29 日第八届全国人民代表大会第一次会议通过的《中华人民共和国宪法修正案》、1999 年 3 月 15 日第九届全国人民代表大会第二次会议通过的《中华人民共和国宪法修正案》、2004 年 3 月 14 日第十届全国人民代表大会第二次会议通过的《中华人民共和国宪法修正案》和 2018 年 3 月 11 日第十三届全国人民代表大会第一次会议通过的《中华人民共和国宪法修正案》修正）

目　录

序　言

中国是世界上历史最悠久的国家之一。中国各族人民共同创造了光辉灿烂的文化，具有光荣的革命传统。

一八四〇年以后，封建的中国逐渐变成半殖民地、半封建的国家。中国人民为国家独立、民族解放和民主自由进行了前仆后继的英勇奋斗。

二十世纪，中国发生了翻天覆地的伟大历史变革。

一九一一年孙中山先生领导的辛亥革命，废除了封建帝制，创立了中华民国。但是，中国人民反对帝国主义和封建主义的历史任务还没有完成。

一九四九年，以毛泽东主席为领袖的中国共产党领导中国各族人民，在经历了长期的艰难曲折的武装斗争和其他形式的斗争以后，终于推翻了帝国主义、封建主义和官僚资本主义的统治，取得了新民主主义革命的伟大胜利，建立了中华人民共和国。从此，中国人民掌握了国家的权力，成为国家的主人。

中华人民共和国成立以后，我国社会逐步实现了由新民主主义到社会主义的过渡。生产资料私有制的社会主义改造已经完成，人剥削人的制度已经消灭，社会主义制度已经确立。工人阶级领导的、以工农联盟为基础的人民民主专政，实质上即无产阶级专政，得到巩固和发展。中国人民和中国人民解放军战胜了帝国主义、霸权主义的侵略、破坏和武装挑衅，维护了国家的独立和安全，增强了国防。经济建设取得了重大的成就，独立的、比较完整的社会主义工业体系已经基本形成，农业生产显著提高。教育、科学、文化等事业有了很大的发展，社会主义思想教育取得了明显的成效。广大人民的生活有了较大的改善。

中国新民主主义革命的胜利和社会主义事业的成就,是中国共产党领导中国各族人民,在马克思列宁主义、毛泽东思想的指引下,坚持真理,修正错误,战胜许多艰难险阻而取得的。我国将长期处于社会主义初级阶段。国家的根本任务是,沿着中国特色社会主义道路,集中力量进行社会主义现代化建设。中国各族人民将继续在中国共产党领导下,在马克思列宁主义、毛泽东思想、邓小平理论、"三个代表"重要思想、科学发展观、习近平新时代中国特色社会主义思想指引下,坚持人民民主专政,坚持社会主义道路,坚持改革开放,不断完善社会主义的各项制度,发展社会主义市场经济,发展社会主义民主,健全社会主义法治,贯彻新发展理念,自力更生,艰苦奋斗,逐步实现工业、农业、国防和科学技术的现代化,推动物质文明、政治文明、精神文明、社会文明、生态文明协调发展,把我国建设成为富强民主文明和谐美丽的社会主义现代化强国,实现中华民族伟大复兴。

在我国,剥削阶级作为阶级已经消灭,但是阶级斗争还将在一定范围内长期存在。中国人民对敌视和破坏我国社会主义制度的国内外的敌对势力和敌对分子,必须进行斗争。

台湾是中华人民共和国的神圣领土的一部分。完成统一祖国的大业是包括台湾同胞在内的全中国人民的神圣职责。

社会主义的建设事业必须依靠工人、农民和知识分子,团结一切可以团结的力量。在长期的革命、建设、改革过程中,已经结成由中国共产党领导的,有各民主党派和各人民团体参加的,包括全体社会主义劳动者、社会主义事业的建设者、拥护社会主义的爱国者、拥护祖国统一和致力于中华民族伟大复兴的爱国者的广泛的爱国统一战线,这个统一战线将继续巩固和发展。中国人民政治协商会议是有广泛代表性的统一战线组织,过去发挥了重要的历史作用，今后在国家政治生活、社会生活和对外友好活动中，在进行社会主义现代化建设、维护国家的统一和团结的斗争中，将进一步发挥它的重要作用。中国共产党领导的多党合作和政治协商制度将长期存在和发展。

中华人民共和国是全国各族人民共同缔造的统一的多民族国家。平等团结互助和谐的社会主义民族关系已经确立，并将继续加强。在维护民族团结的斗争中，要反对大民族主义，主要是大汉族主义，也要反对地方民族主义。国家尽一切努力，促进全国各民族的共同繁荣。

中国革命、建设、改革的成就是同世界人民的支持分不开的。中国的前途是同世界的前途紧密地联系在一起的。中国坚持独立自主的对外政策，坚持互相尊重主权和领土完整、互不侵犯、互不干涉内政、平等互利、和平共处的五项原则，坚持和平发展道路，坚持互利共赢开放战略，发展同各国的外交关系和经济、文化交流，推动构建人类命运共同体；坚持反对帝国主义、霸权主义、殖民主义，加强同世界各国人民的团结，支持被压迫民族和发展中国家争取和维护民族独立、发展民族经济的正义斗争，为维护世界和平和促进人类进步事业而努力。

本宪法以法律的形式确认了中国各族人民奋斗的成果，规定了国家的根本制度和根本任务，是国家的根本法，具有最高的法律效力。全国各族人民、一切国家机关和武装力量、各政党和各社会团体、各企业事业组织，都必须以宪法为根本的活动准则，并且负有维护宪法尊严、保证宪法实施的职责。

第一章　总　　纲

第一条　中华人民共和国是工人阶级领导的、以工农联盟为基础的人民民主专政的社会主义国家。

社会主义制度是中华人民共和国的根本制度。中国共产党领导是中国特色社会主义最本质的特征。禁止任何组织或者个人破坏社会主义制度。

第二条 中华人民共和国的一切权力属于人民。

人民行使国家权力的机关是全国人民代表大会和地方各级人民代表大会。

人民依照法律规定,通过各种途径和形式,管理国家事务,管理经济和文化事业,管理社会事务。

第三条 中华人民共和国的国家机构实行民主集中制的原则。

全国人民代表大会和地方各级人民代表大会都由民主选举产生,对人民负责,受人民监督。

国家行政机关、监察机关、审判机关、检察机关都由人民代表大会产生,对它负责,受它监督。

中央和地方的国家机构职权的划分,遵循在中央的统一领导下,充分发挥地方的主动性、积极性的原则。

第四条 中华人民共和国各民族一律平等。国家保障各少数民族的合法的权利和利益,维护和发展各民族的平等团结互助和谐关系。禁止对任何民族的歧视和压迫,禁止破坏民族团结和制造民族分裂的行为。

国家根据各少数民族的特点和需要,帮助各少数民族地区加速经济和文化的发展。

各少数民族聚居的地方实行区域自治,设立自治机关,行使自治权。各民族自治地方都是中华人民共和国不可分离的部分。

各民族都有使用和发展自己的语言文字的自由,都有保持或者改革自己的风俗习惯的自由。

第五条 中华人民共和国实行依法治国,建设社会主义法治国家。

国家维护社会主义法制的统一和尊严。

一切法律、行政法规和地方性法规都不得同宪法相抵触。

一切国家机关和武装力量、各政党和各社会团体、各企业事业组织都必须遵守宪法和法律。一切违反宪法和法律的行为,必须予以追究。

任何组织或者个人都不得有超越宪法和法律的特权。

第六条 中华人民共和国的社会主义经济制度的基础是生产资料的社会主义公有制,即全民所有制和劳动群众集体所有制。社会主义公有制消灭人剥削人的制度,实行各尽所能、按劳分配的原则。

国家在社会主义初级阶段,坚持公有制为主体、多种所有制经济共同发展的基本经济制度,坚持按劳分配为主体、多种分配方式并存的分配制度。

第七条 国有经济,即社会主义全民所有制经济,是国民经济中的主导力量。国家保障国有经济的巩固和发展。

第八条 农村集体经济组织实行家庭承包经营为基础、统分结合的双层经营体制。农村中的生产、供销、信用、消费等各种形式的合作经济,是社会主义劳动群众集体所有制经济。参加农村集体经济组织的劳动者,有权在法律规定的范围内经营自留地、自留山、家庭副业和饲养自留畜。

城镇中的手工业、工业、建筑业、运输业、商业、服务业等行业的各种形式的合作经济,都是社会主义劳动群众集体所有制经济。

国家保护城乡集体经济组织的合法的权利和利益,鼓励、指导和帮助集体经济的发展。

第九条 矿藏、水流、森林、山岭、草原、荒地、滩涂等自然资源,都属于国家所有,即全民所有;由法律规定属于集体所有的森林和山岭、草原、荒地、滩涂除外。

国家保障自然资源的合理利用,保护珍贵的动物和植物。禁止任何组织或者个人用任何手段侵占或者破坏自然资源。

第十条 城市的土地属于国家所有。

农村和城市郊区的土地,除由法律规定属于国家所有的以外,属于集体所有;宅基地和自留地、自留山,也属于集体所有。

国家为了公共利益的需要,可以依照法律规定对土地实行征收或者征用并给予补偿。

任何组织或者个人不得侵占、买卖或者以其他形式非法转让土地。土地的使用权可以依照法律的规定转让。

一切使用土地的组织和个人必须合理地利用土地。

第十一条 在法律规定范围内的个体经济、私营经济等非公有制经济,是社会主义市场经济的重要组成部分。

国家保护个体经济、私营经济等非公有制经济的合法的权利和利益。国家鼓励、支持和引导非公有制经济的发展,并对非公有制经济依法实行监督和管理。

第十二条 社会主义的公共财产神圣不可侵犯。

国家保护社会主义的公共财产。禁止任何组织或者个人用任何手段侵占或者破坏国家的和集体的财产。

第十三条 公民的合法的私有财产不受侵犯。

国家依照法律规定保护公民的私有财产权和继承权。

国家为了公共利益的需要,可以依照法律规定对公民的私有财产实行征收或者征用并给予补偿。

第十四条 国家通过提高劳动者的积极性和技术水平,推广先进的科学技术,完善经济管理体制和企业经营管理制度,实行各种形式的社会主义责任制,改进劳动组织,以不断提高劳动生产率和经济效益,发展社会生产力。

国家厉行节约,反对浪费。

国家合理安排积累和消费,兼顾国家、集体和个人的利益,在发展生产的基础上,逐步改善人民的物质生活和文化生活。

国家建立健全同经济发展水平相适应的社会保障

制度。

第十五条 国家实行社会主义市场经济。

国家加强经济立法,完善宏观调控。

国家依法禁止任何组织或者个人扰乱社会经济秩序。

第十六条 国有企业在法律规定的范围内有权自主经营。

国有企业依照法律规定,通过职工代表大会和其他形式,实行民主管理。

第十七条 集体经济组织在遵守有关法律的前提下,有独立进行经济活动的自主权。

集体经济组织实行民主管理,依照法律规定选举和罢免管理人员,决定经营管理的重大问题。

第十八条 中华人民共和国允许外国的企业和其他经济组织或者个人依照中华人民共和国法律的规定在中国投资,同中国的企业或者其他经济组织进行各种形式的经济合作。

在中国境内的外国企业和其他外国经济组织以及中外合资经营的企业,都必须遵守中华人民共和国的法律。它们的合法的权利和利益受中华人民共和国法律的保护。

第十九条 国家发展社会主义的教育事业,提高全国人民的科学文化水平。

国家举办各种学校,普及初等义务教育,发展中等教育、职业教育和高等教育,并且发展学前教育。

国家发展各种教育设施,扫除文盲,对工人、农民、国家工作人员和其他劳动者进行政治、文化、科学、技术、业务的教育,鼓励自学成才。

国家鼓励集体经济组织、国家企业事业组织和其他社会力量依照法律规定举办各种教育事业。

国家推广全国通用的普通话。

第二十条 国家发展自然科学和社会科学事业,普及科学和技术知识,奖励科学研究成果和技术发明创造。

第二十一条 国家发展医疗卫生事业,发展现代医药和我国传统医药,鼓励和支持农村集体经济组织、国家企业事业组织和街道组织举办各种医疗卫生设施,开展群众性的卫生活动,保护人民健康。

国家发展体育事业,开展群众性的体育活动,增强人民体质。

第二十二条 国家发展为人民服务、为社会主义服务的文学艺术事业、新闻广播电视事业、出版发行事业、图书馆博物馆文化馆和其他文化事业,开展群众性的文化活动。

国家保护名胜古迹、珍贵文物和其他重要历史文化遗产。

第二十三条 国家培养为社会主义服务的各种专业人才,扩大知识分子的队伍,创造条件,充分发挥他们在社会主义现代化建设中的作用。

第二十四条 国家通过普及理想教育、道德教育、文化教育、纪律和法制教育,通过在城乡不同范围的群众中制定和执行各种守则、公约,加强社会主义精神文明的建设。

国家倡导社会主义核心价值观,提倡爱祖国、爱人民、爱劳动、爱科学、爱社会主义的公德,在人民中进行爱国主义、集体主义和国际主义、共产主义的教育,进行辩证唯物主义和历史唯物主义的教育,反对资本主义的、封建主义的和其他的腐朽思想。

第二十五条 国家推行计划生育,使人口的增长同经济和社会发展计划相适应。

第二十六条 国家保护和改善生活环境和生态环境,防治污染和其他公害。

国家组织和鼓励植树造林,保护林木。

第二十七条 一切国家机关实行精简的原则,实行工作责任制,实行工作人员的培训和考核制度,不断提高工作质量和工作效率,反对官僚主义。

一切国家机关和国家工作人员必须依靠人民的支持,经常保持同人民的密切联系,倾听人民的意见和建议,接受人民的监督,努力为人民服务。

国家工作人员就职时应当依照法律规定公开进行宪法宣誓。

第二十八条 国家维护社会秩序,镇压叛国和其他危害国家安全的犯罪活动,制裁危害社会治安、破坏社会主义经济和其他犯罪的活动,惩办和改造犯罪分子。

第二十九条 中华人民共和国的武装力量属于人民。它的任务是巩固国防,抵抗侵略,保卫祖国,保卫人民的和平劳动,参加国家建设事业,努力为人民服务。

国家加强武装力量的革命化、现代化、正规化的建设,增强国防力量。

第三十条 中华人民共和国的行政区域划分如下:

(一)全国分为省、自治区、直辖市;

(二)省、自治区分为自治州、县、自治县、市;

(三)县、自治县分为乡、民族乡、镇。

直辖市和较大的市分为区、县。自治州分为县、自治县、市。

自治区、自治州、自治县都是民族自治地方。

第三十一条 国家在必要时得设立特别行政区。在特别行政区内实行的制度按照具体情况由全国人民代表大会以法律规定。

第三十二条 中华人民共和国保护在中国境内的外国人的合法权利和利益,在中国境内的外国人必须遵守中华人民共和国的法律。

中华人民共和国对于因为政治原因要求避难的外国人,可以给予受庇护的权利。

第二章 公民的基本权利和义务

第三十三条 凡具有中华人民共和国国籍的人都是

中华人民共和国公民。

中华人民共和国公民在法律面前一律平等。

国家尊重和保障人权。

任何公民享有宪法和法律规定的权利，同时必须履行宪法和法律规定的义务。

第三十四条　中华人民共和国年满十八周岁的公民，不分民族、种族、性别、职业、家庭出身、宗教信仰、教育程度、财产状况、居住期限，都有选举权和被选举权；但是依照法律被剥夺政治权利的人除外。

第三十五条　中华人民共和国公民有言论、出版、集会、结社、游行、示威的自由。

第三十六条　中华人民共和国公民有宗教信仰自由。

任何国家机关、社会团体和个人不得强制公民信仰宗教或者不信仰宗教，不得歧视信仰宗教的公民和不信仰宗教的公民。

国家保护正常的宗教活动。任何人不得利用宗教进行破坏社会秩序、损害公民身体健康、妨碍国家教育制度的活动。

宗教团体和宗教事务不受外国势力的支配。

第三十七条　中华人民共和国公民的人身自由不受侵犯。

任何公民，非经人民检察院批准或者决定或者人民法院决定，并由公安机关执行，不受逮捕。

禁止非法拘禁和以其他方法非法剥夺或者限制公民的人身自由，禁止非法搜查公民的身体。

第三十八条　中华人民共和国公民的人格尊严不受侵犯。禁止用任何方法对公民进行侮辱、诽谤和诬告陷害。

第三十九条　中华人民共和国公民的住宅不受侵犯。禁止非法搜查或者非法侵入公民的住宅。

第四十条　中华人民共和国公民的通信自由和通信

秘密受法律的保护。除因国家安全或者追查刑事犯罪的需要，由公安机关或者检察机关依照法律规定的程序对通信进行检查外，任何组织或者个人不得以任何理由侵犯公民的通信自由和通信秘密。

第四十一条 中华人民共和国公民对于任何国家机关和国家工作人员，有提出批评和建议的权利；对于任何国家机关和国家工作人员的违法失职行为，有向有关国家机关提出申诉、控告或者检举的权利，但是不得捏造或者歪曲事实进行诬告陷害。

对于公民的申诉、控告或者检举，有关国家机关必须查清事实，负责处理。任何人不得压制和打击报复。

由于国家机关和国家工作人员侵犯公民权利而受到损失的人，有依照法律规定取得赔偿的权利。

第四十二条 中华人民共和国公民有劳动的权利和义务。

国家通过各种途径，创造劳动就业条件，加强劳动保护，改善劳动条件，并在发展生产的基础上，提高劳动报酬和福利待遇。

劳动是一切有劳动能力的公民的光荣职责。国有企业和城乡集体经济组织的劳动者都应当以国家主人翁的态度对待自己的劳动。国家提倡社会主义劳动竞赛，奖励劳动模范和先进工作者。国家提倡公民从事义务劳动。

国家对就业前的公民进行必要的劳动就业训练。

第四十三条 中华人民共和国劳动者有休息的权利。

国家发展劳动者休息和休养的设施，规定职工的工作时间和休假制度。

第四十四条 国家依照法律规定实行企业事业组织的职工和国家机关工作人员的退休制度。退休人员的生活受到国家和社会的保障。

第四十五条 中华人民共和国公民在年老、疾病或者丧失劳动能力的情况下，有从国家和社会获得物质帮助的权利。国家发展为公民享受这些权利所需要的社会保险、社会救济和医疗卫生事业。

国家和社会保障残废军人的生活，抚恤烈士家属，优待军人家属。

国家和社会帮助安排盲、聋、哑和其他有残疾的公民的劳动、生活和教育。

第四十六条 中华人民共和国公民有受教育的权利和义务。

国家培养青年、少年、儿童在品德、智力、体质等方面全面发展。

第四十七条 中华人民共和国公民有进行科学研究、文学艺术创作和其他文化活动的自由。国家对于从事教育、科学、技术、文学、艺术和其他文化事业的公民的有益于人民的创造性工作，给以鼓励和帮助。

第四十八条 中华人民共和国妇女在政治的、经济的、文化的、社会的和家庭的生活等各方面享有同男子平等的权利。

国家保护妇女的权利和利益，实行男女同工同酬，培养和选拔妇女干部。

第四十九条 婚姻、家庭、母亲和儿童受国家的保护。

夫妻双方有实行计划生育的义务。

父母有抚养教育未成年子女的义务，成年子女有赡养扶助父母的义务。

禁止破坏婚姻自由，禁止虐待老人、妇女和儿童。

第五十条 中华人民共和国保护华侨的正当的权利和利益，保护归侨和侨眷的合法的权利和利益。

第五十一条 中华人民共和国公民在行使自由和权利的时候，不得损害国家的、社会的、集体的利益和其他公民的合法的自由和权利。

第五十二条 中华人民共和国公民有维护国家统一

和全国各民族团结的义务。

第五十三条 中华人民共和国公民必须遵守宪法和法律,保守国家秘密,爱护公共财产,遵守劳动纪律,遵守公共秩序,尊重社会公德。

第五十四条 中华人民共和国公民有维护祖国的安全、荣誉和利益的义务,不得有危害祖国的安全、荣誉和利益的行为。

第五十五条 保卫祖国、抵抗侵略是中华人民共和国每一个公民的神圣职责。

依照法律服兵役和参加民兵组织是中华人民共和国公民的光荣义务。

第五十六条 中华人民共和国公民有依照法律纳税的义务。

第三章 国 家 机 构

第一节 全国人民代表大会

第五十七条 中华人民共和国全国人民代表大会是最高国家权力机关。它的常设机关是全国人民代表大会常务委员会。

第五十八条 全国人民代表大会和全国人民代表大会常务委员会行使国家立法权。

第五十九条 全国人民代表大会由省、自治区、直辖市、特别行政区和军队选出的代表组成。各少数民族都应当有适当名额的代表。

全国人民代表大会代表的选举由全国人民代表大会常务委员会主持。

全国人民代表大会代表名额和代表产生办法由法律规定。

第六十条 全国人民代表大会每届任期五年。

全国人民代表大会任期届满的两个月以前,全国人民代表大会常务委员会必须完成下届全国人民代表大会代表的选举。如果遇到不能进行选举的非常情况，由全国人民代表大会常务委员会以全体组成人员的三分之二以上的多数通过，可以推迟选举，延长本届全国人民代表大会的任期。在非常情况结束后一年内，必须完成下届全国人民代表大会代表的选举。

第六十一条　全国人民代表大会会议每年举行一次，由全国人民代表大会常务委员会召集。如果全国人民代表大会常务委员会认为必要，或者有五分之一以上的全国人民代表大会代表提议，可以临时召集全国人民代表大会会议。

全国人民代表大会举行会议的时候，选举主席团主持会议。

第六十二条　全国人民代表大会行使下列职权：

（一）修改宪法；

（二）监督宪法的实施；

（三）制定和修改刑事、民事、国家机构的和其他的基本法律；

（四）选举中华人民共和国主席、副主席；

（五）根据中华人民共和国主席的提名，决定国务院总理的人选；根据国务院总理的提名，决定国务院副总理、国务委员、各部部长、各委员会主任、审计长、秘书长的人选；

（六）选举中央军事委员会主席；根据中央军事委员会主席的提名，决定中央军事委员会其他组成人员的人选；

（七）选举国家监察委员会主任；

（八）选举最高人民法院院长；

（九）选举最高人民检察院检察长；

（十）审查和批准国民经济和社会发展计划和计划执行情况的报告；

（十一）审查和批准国家的预算和预算执行情况的报告；

（十二）改变或者撤销全国人民代表大会常务委员会不适当的决定；

（十三）批准省、自治区和直辖市的建置；

（十四）决定特别行政区的设立及其制度；

（十五）决定战争和和平的问题；

（十六）应当由最高国家权力机关行使的其他职权。

第六十三条 全国人民代表大会有权罢免下列人员：

（一）中华人民共和国主席、副主席；

（二）国务院总理、副总理、国务委员、各部部长、各委员会主任、审计长、秘书长；

（三）中央军事委员会主席和中央军事委员会其他组成人员；

（四）国家监察委员会主任；

（五）最高人民法院院长；

（六）最高人民检察院检察长。

第六十四条 宪法的修改，由全国人民代表大会常务委员会或者五分之一以上的全国人民代表大会代表提议，并由全国人民代表大会以全体代表的三分之二以上的多数通过。

法律和其他议案由全国人民代表大会以全体代表的过半数通过。

第六十五条 全国人民代表大会常务委员会由下列人员组成：

委员长，

副委员长若干人，

秘书长，

委员若干人。

全国人民代表大会常务委员会组成人员中，应当有适当名额的少数民族代表。

全国人民代表大会选举并有权罢免全国人民代表大会常务委员会的组成人员。

全国人民代表大会常务委员会的组成人员不得担任国家行政机关、监察机关、审判机关和检察机关的职务。

第六十六条 全国人民代表大会常务委员会每届任期同全国人民代表大会每届任期相同，它行使职权到下届全国人民代表大会选出新的常务委员会为止。

委员长、副委员长连续任职不得超过两届。

第六十七条 全国人民代表大会常务委员会行使下列职权：

（一）解释宪法，监督宪法的实施；

（二）制定和修改除应当由全国人民代表大会制定的法律以外的其他法律；

（三）在全国人民代表大会闭会期间，对全国人民代表大会制定的法律进行部分补充和修改，但是不得同该法律的基本原则相抵触；

（四）解释法律；

（五）在全国人民代表大会闭会期间，审查和批准国民经济和社会发展计划、国家预算在执行过程中所必须作的部分调整方案；

（六）监督国务院、中央军事委员会、国家监察委员会、最高人民法院和最高人民检察院的工作；

（七）撤销国务院制定的同宪法、法律相抵触的行政法规、决定和命令；

（八）撤销省、自治区、直辖市国家权力机关制定的同宪法、法律和行政法规相抵触的地方性法规和决议；

（九）在全国人民代表大会闭会期间，根据国务院总理的提名，决定部长、委员会主任、审计长、秘书长的人选；

（十）在全国人民代表大会闭会期间，根据中央军事委员会主席的提名，决定中央军事委员会其他组成人员的人选；

（十一）根据国家监察委员会主任的提请，任免国家监察委员会副主任、委员；

（十二）根据最高人民法院院长的提请,任免最高人民法院副院长、审判员、审判委员会委员和军事法院院长;

（十三）根据最高人民检察院检察长的提请,任免最高人民检察院副检察长、检察员、检察委员会委员和军事检察院检察长,并且批准省、自治区、直辖市的人民检察院检察长的任免;

（十四）决定驻外全权代表的任免;

（十五）决定同外国缔结的条约和重要协定的批准和废除;

（十六）规定军人和外交人员的衔级制度和其他专门衔级制度;

（十七）规定和决定授予国家的勋章和荣誉称号;

（十八）决定特赦;

（十九）在全国人民代表大会闭会期间,如果遇到国家遭受武装侵犯或者必须履行国际间共同防止侵略的条约的情况,决定战争状态的宣布;

（二十）决定全国总动员或者局部动员;

（二十一）决定全国或者个别省、自治区、直辖市进入紧急状态;

（二十二）全国人民代表大会授予的其他职权。

第六十八条 全国人民代表大会常务委员会委员长主持全国人民代表大会常务委员会的工作,召集全国人民代表大会常务委员会会议。副委员长、秘书长协助委员长工作。

委员长、副委员长、秘书长组成委员长会议,处理全国人民代表大会常务委员会的重要日常工作。

第六十九条 全国人民代表大会常务委员会对全国人民代表大会负责并报告工作。

第七十条 全国人民代表大会设立民族委员会、宪法和法律委员会、财政经济委员会、教育科学文化卫生委员会、外事委员会、华侨委员会和其他需要设立的专门委员会。在全国人民代表大会闭会期间，各专门委员会受全国人民代表大会常务委员会的领导。

各专门委员会在全国人民代表大会和全国人民代表大会常务委员会领导下，研究、审议和拟订有关议案。

第七十一条 全国人民代表大会和全国人民代表大会常务委员会认为必要的时候，可以组织关于特定问题的调查委员会，并且根据调查委员会的报告，作出相应的决议。

调查委员会进行调查的时候，一切有关的国家机关、社会团体和公民都有义务向它提供必要的材料。

第七十二条 全国人民代表大会代表和全国人民代表大会常务委员会组成人员，有权依照法律规定的程序分别提出属于全国人民代表大会和全国人民代表大会常务委员会职权范围内的议案。

第七十三条 全国人民代表大会代表在全国人民代表大会开会期间，全国人民代表大会常务委员会组成人员在常务委员会开会期间，有权依照法律规定的程序提出对国务院或者国务院各部、各委员会的质询案。受质询的机关必须负责答复。

第七十四条 全国人民代表大会代表，非经全国人民代表大会会议主席团许可，在全国人民代表大会闭会期间非经全国人民代表大会常务委员会许可，不受逮捕或者刑事审判。

第七十五条 全国人民代表大会代表在全国人民代表大会各种会议上的发言和表决，不受法律追究。

第七十六条 全国人民代表大会代表必须模范地遵守宪法和法律，保守国家秘密，并且在自己参加的生产、工作和社会活动中，协助宪法和法律的实施。

全国人民代表大会代表应当同原选举单位和人民保持密切的联系，听取和反映人民的意见和要求，努力为人民服务。

第七十七条 全国人民代表大会代表受原选举单位

的监督。原选举单位有权依照法律规定的程序罢免本单位选出的代表。

第七十八条 全国人民代表大会和全国人民代表大会常务委员会的组织和工作程序由法律规定。

第二节 中华人民共和国主席

第七十九条 中华人民共和国主席、副主席由全国人民代表大会选举。

有选举权和被选举权的年满四十五周岁的中华人民共和国公民可以被选为中华人民共和国主席、副主席。

中华人民共和国主席、副主席每届任期同全国人民代表大会每届任期相同。

第八十条 中华人民共和国主席根据全国人民代表大会的决定和全国人民代表大会常务委员会的决定,公布法律,任免国务院总理、副总理、国务委员、各部部长、各委员会主任、审计长、秘书长,授予国家的勋章和荣誉称号,发布特赦令,宣布进入紧急状态,宣布战争状态,发布动员令。

第八十一条 中华人民共和国主席代表中华人民共和国,进行国事活动,接受外国使节;根据全国人民代表大会常务委员会的决定,派遣和召回驻外全权代表,批准和废除同外国缔结的条约和重要协定。

第八十二条 中华人民共和国副主席协助主席工作。

中华人民共和国副主席受主席的委托,可以代行主席的部分职权。

第八十三条 中华人民共和国主席、副主席行使职权到下届全国人民代表大会选出的主席、副主席就职为止。

第八十四条 中华人民共和国主席缺位的时候,由副主席继任主席的职位。

中华人民共和国副主席缺位的时候,由全国人民代表大会补选。

中华人民共和国主席、副主席都缺位的时候，由全国人民代表大会补选；在补选以前，由全国人民代表大会常务委员会委员长暂时代理主席职位。

第三节　国　务　院

第八十五条　中华人民共和国国务院，即中央人民政府，是最高国家权力机关的执行机关，是最高国家行政机关。

第八十六条　国务院由下列人员组成：

总理，

副总理若干人，

国务委员若干人，

各部部长，

各委员会主任，

审计长，

秘书长。

国务院实行总理负责制。各部、各委员会实行部长、主任负责制。

国务院的组织由法律规定。

第八十七条　国务院每届任期同全国人民代表大会每届任期相同。

总理、副总理、国务委员连续任职不得超过两届。

第八十八条　总理领导国务院的工作。副总理、国务委员协助总理工作。

总理、副总理、国务委员、秘书长组成国务院常务会议。

总理召集和主持国务院常务会议和国务院全体会议。

第八十九条　国务院行使下列职权：

（一）根据宪法和法律，规定行政措施，制定行政法规，发布决定和命令；

（二）向全国人民代表大会或者全国人民代表大会常务委员会提出议案；

（三）规定各部和各委员会的任务和职责，统一领导各部和各委员会的工作，并且领导不属于各部和各委员会的全国性的行政工作；

（四）统一领导全国地方各级国家行政机关的工作，规定中央和省、自治区、直辖市的国家行政机关的职权的具体划分；

（五）编制和执行国民经济和社会发展计划和国家预算；

（六）领导和管理经济工作和城乡建设、生态文明建设；

（七）领导和管理教育、科学、文化、卫生、体育和计划生育工作；

（八）领导和管理民政、公安、司法行政等工作；

（九）管理对外事务，同外国缔结条约和协定；

（十）领导和管理国防建设事业；

（十一）领导和管理民族事务，保障少数民族的平等权利和民族自治地方的自治权利；

（十二）保护华侨的正当的权利和利益，保护归侨和侨眷的合法的权利和利益；

（十三）改变或者撤销各部、各委员会发布的不适当的命令、指示和规章；

（十四）改变或者撤销地方各级国家行政机关的不适当的决定和命令；

（十五）批准省、自治区、直辖市的区域划分，批准自治州、县、自治县、市的建置和区域划分；

（十六）依照法律规定决定省、自治区、直辖市的范围内部分地区进入紧急状态；

（十七）审定行政机构的编制，依照法律规定任免、培训、考核和奖惩行政人员；

（十八）全国人民代表大会和全国人民代表大会常务

委员会授予的其他职权。

第九十条　国务院各部部长、各委员会主任负责本部门的工作；召集和主持部务会议或者委员会会议、委务会议，讨论决定本部门工作的重大问题。

各部、各委员会根据法律和国务院的行政法规、决定、命令，在本部门的权限内，发布命令、指示和规章。

第九十一条　国务院设立审计机关，对国务院各部门和地方各级政府的财政收支，对国家的财政金融机构和企业事业组织的财务收支，进行审计监督。

审计机关在国务院总理领导下，依照法律规定独立行使审计监督权，不受其他行政机关、社会团体和个人的干涉。

第九十二条　国务院对全国人民代表大会负责并报告工作；在全国人民代表大会闭会期间，对全国人民代表大会常务委员会负责并报告工作。

第四节　中央军事委员会

第九十三条　中华人民共和国中央军事委员会领导全国武装力量。

中央军事委员会由下列人员组成：

主席，

副主席若干人，

委员若干人。

中央军事委员会实行主席负责制。

中央军事委员会每届任期同全国人民代表大会每届任期相同。

第九十四条　中央军事委员会主席对全国人民代表大会和全国人民代表大会常务委员会负责。

第五节　地方各级人民代表大会和
地方各级人民政府

第九十五条　省、直辖市、县、市、市辖区、乡、民族乡、镇设立人民代表大会和人民政府。

地方各级人民代表大会和地方各级人民政府的组织由法律规定。

自治区、自治州、自治县设立自治机关。自治机关的组织和工作根据宪法第三章第五节、第六节规定的基本原则由法律规定。

第九十六条 地方各级人民代表大会是地方国家权力机关。

县级以上的地方各级人民代表大会设立常务委员会。

第九十七条 省、直辖市、设区的市的人民代表大会代表由下一级的人民代表大会选举；县、不设区的市、市辖区、乡、民族乡、镇的人民代表大会代表由选民直接选举。

地方各级人民代表大会代表名额和代表产生办法由法律规定。

第九十八条 地方各级人民代表大会每届任期五年。

第九十九条 地方各级人民代表大会在本行政区域内，保证宪法、法律、行政法规的遵守和执行；依照法律规定的权限，通过和发布决议，审查和决定地方的经济建设、文化建设和公共事业建设的计划。

县级以上的地方各级人民代表大会审查和批准本行政区域内的国民经济和社会发展计划、预算以及它们的执行情况的报告；有权改变或者撤销本级人民代表大会常务委员会不适当的决定。

民族乡的人民代表大会可以依照法律规定的权限采取适合民族特点的具体措施。

第一百条 省、直辖市的人民代表大会和它们的常务委员会，在不同宪法、法律、行政法规相抵触的前提下，可以制定地方性法规，报全国人民代表大会常务委员会备案。

　　设区的市的人民代表大会和它们的常务委员会，在不同宪法、法律、行政法规和本省、自治区的地方性法规相抵触的前提下，可以依照法律规定制定地方性法规，报本省、自治区人民代表大会常务委员会批准后施行。

　　第一百零一条　地方各级人民代表大会分别选举并且有权罢免本级人民政府的省长和副省长、市长和副市长、县长和副县长、区长和副区长、乡长和副乡长、镇长和副镇长。

　　县级以上的地方各级人民代表大会选举并且有权罢免本级监察委员会主任、本级人民法院院长和本级人民检察院检察长。选出或者罢免人民检察院检察长，须报上级人民检察院检察长提请该级人民代表大会常务委员会批准。

　　第一百零二条　省、直辖市、设区的市的人民代表大会代表受原选举单位的监督；县、不设区的市、市辖区、乡、民族乡、镇的人民代表大会代表受选民的监督。

　　地方各级人民代表大会代表的选举单位和选民有权依照法律规定的程序罢免由他们选出的代表。

　　第一百零三条　县级以上的地方各级人民代表大会常务委员会由主任、副主任若干人和委员若干人组成，对本级人民代表大会负责并报告工作。

　　县级以上的地方各级人民代表大会选举并有权罢免本级人民代表大会常务委员会的组成人员。

　　县级以上的地方各级人民代表大会常务委员会的组成人员不得担任国家行政机关、监察机关、审判机关和检察机关的职务。

　　第一百零四条　县级以上的地方各级人民代表大会常务委员会讨论、决定本行政区域内各方面工作的重大事项；监督本级人民政府、监察委员会、人民法院和人民检察院的工作；撤销本级人民政府的不适当的决定和命令；撤销下一级人民代表大会的不适当的决议；依照法律规定的权限决定国家机关工作人员的任免；在本级人民代表大会闭会期间,罢免和补选上一级人民代表大会的个别代表。

第一百零五条 地方各级人民政府是地方各级国家权力机关的执行机关,是地方各级国家行政机关。

地方各级人民政府实行省长、市长、县长、区长、乡长、镇长负责制。

第一百零六条 地方各级人民政府每届任期同本级人民代表大会每届任期相同。

第一百零七条 县级以上地方各级人民政府依照法律规定的权限,管理本行政区域内的经济、教育、科学、文化、卫生、体育事业、城乡建设事业和财政、民政、公安、民族事务、司法行政、计划生育等行政工作,发布决定和命令,任免、培训、考核和奖惩行政工作人员。

乡、民族乡、镇的人民政府执行本级人民代表大会的决议和上级国家行政机关的决定和命令,管理本行政区域内的行政工作。

省、直辖市的人民政府决定乡、民族乡、镇的建置和区域划分。

第一百零八条 县级以上的地方各级人民政府领导所属各工作部门和下级人民政府的工作,有权改变或者撤销所属各工作部门和下级人民政府的不适当的决定。

第一百零九条 县级以上的地方各级人民政府设立审计机关。地方各级审计机关依照法律规定独立行使审计监督权,对本级人民政府和上一级审计机关负责。

第一百一十条 地方各级人民政府对本级人民代表大会负责并报告工作。县级以上的地方各级人民政府在本级人民代表大会闭会期间,对本级人民代表大会常务委员会负责并报告工作。

地方各级人民政府对上一级国家行政机关负责并报告工作。全国地方各级人民政府都是国务院统一领导下的国家行政机关,都服从国务院。

第一百一十一条 城市和农村按居民居住地区设立

的居民委员会或者村民委员会是基层群众性自治组织。居民委员会、村民委员会的主任、副主任和委员由居民选举。居民委员会、村民委员会同基层政权的相互关系由法律规定。

居民委员会、村民委员会设人民调解、治安保卫、公共卫生等委员会，办理本居住地区的公共事务和公益事业，调解民间纠纷，协助维护社会治安，并且向人民政府反映群众的意见、要求和提出建议。

第六节　民族自治地方的自治机关

第一百一十二条　民族自治地方的自治机关是自治区、自治州、自治县的人民代表大会和人民政府。

第一百一十三条　自治区、自治州、自治县的人民代表大会中，除实行区域自治的民族的代表外，其他居住在本行政区域内的民族也应当有适当名额的代表。

自治区、自治州、自治县的人民代表大会常务委员会中应当有实行区域自治的民族的公民担任主任或者副主任。

第一百一十四条　自治区主席、自治州州长、自治县县长由实行区域自治的民族的公民担任。

第一百一十五条　自治区、自治州、自治县的自治机关行使宪法第三章第五节规定的地方国家机关的职权，同时依照宪法、民族区域自治法和其他法律规定的权限行使自治权，根据本地方实际情况贯彻执行国家的法律、政策。

第一百一十六条　民族自治地方的人民代表大会有权依照当地民族的政治、经济和文化的特点，制定自治条例和单行条例。自治区的自治条例和单行条例，报全国人民代表大会常务委员会批准后生效。自治州、自治县的自治条例和单行条例，报省或者自治区的人民代表大会常务委员会批准后生效，并报全国人民代表大会常务委员会备案。

　　第一百一十七条　民族自治地方的自治机关有管理地方财政的自治权。凡是依照国家财政体制属于民族自治地方的财政收入，都应当由民族自治地方的自治机关自主地安排使用。

　　第一百一十八条　民族自治地方的自治机关在国家计划的指导下，自主地安排和管理地方性的经济建设事业。

　　国家在民族自治地方开发资源、建设企业的时候，应当照顾民族自治地方的利益。

　　第一百一十九条　民族自治地方的自治机关自主地管理本地方的教育、科学、文化、卫生、体育事业，保护和整理民族的文化遗产，发展和繁荣民族文化。

　　第一百二十条　民族自治地方的自治机关依照国家的军事制度和当地的实际需要，经国务院批准，可以组织本地方维护社会治安的公安部队。

　　第一百二十一条　民族自治地方的自治机关在执行职务的时候，依照本民族自治地方自治条例的规定，使用当地通用的一种或者几种语言文字。

　　第一百二十二条　国家从财政、物资、技术等方面帮助各少数民族加速发展经济建设和文化建设事业。

　　国家帮助民族自治地方从当地民族中大量培养各级干部、各种专业人才和技术工人。

第七节　监察委员会

　　第一百二十三条　中华人民共和国各级监察委员会是国家的监察机关。

　　第一百二十四条　中华人民共和国设立国家监察委员会和地方各级监察委员会。

　　监察委员会由下列人员组成：

　　主任，

　　副主任若干人，

　　委员若干人。

监察委员会主任每届任期同本级人民代表大会每届任期相同。国家监察委员会主任连续任职不得超过两届。

监察委员会的组织和职权由法律规定。

第一百二十五条 中华人民共和国国家监察委员会是最高监察机关。

国家监察委员会领导地方各级监察委员会的工作，上级监察委员会领导下级监察委员会的工作。

第一百二十六条 国家监察委员会对全国人民代表大会和全国人民代表大会常务委员会负责。地方各级监察委员会对产生它的国家权力机关和上一级监察委员会负责。

第一百二十七条 监察委员会依照法律规定独立行使监察权，不受行政机关、社会团体和个人的干涉。

监察机关办理职务违法和职务犯罪案件，应当与审判机关、检察机关、执法部门互相配合，互相制约。

第八节 人民法院和人民检察院

第一百二十八条 中华人民共和国人民法院是国家的审判机关。

第一百二十九条 中华人民共和国设立最高人民法院、地方各级人民法院和军事法院等专门人民法院。

最高人民法院院长每届任期同全国人民代表大会每届任期相同，连续任职不得超过两届。

人民法院的组织由法律规定。

第一百三十条 人民法院审理案件，除法律规定的特别情况外，一律公开进行。被告人有权获得辩护。

第一百三十一条 人民法院依照法律规定独立行使审判权，不受行政机关、社会团体和个人的干涉。

第一百三十二条 最高人民法院是最高审判机关。

最高人民法院监督地方各级人民法院和专门人民法院的审判工作，上级人民法院监督下级人民法院的审判工作。

第一百三十三条 最高人民法院对全国人民代表大会和全国人民代表大会常务委员会负责。地方各级人民法院对产生它的国家权力机关负责。

第一百三十四条 中华人民共和国人民检察院是国家的法律监督机关。

第一百三十五条 中华人民共和国设立最高人民检察院、地方各级人民检察院和军事检察院等专门人民检察院。

最高人民检察院检察长每届任期同全国人民代表大会每届任期相同，连续任职不得超过两届。

人民检察院的组织由法律规定。

第一百三十六条 人民检察院依照法律规定独立行使检察权，不受行政机关、社会团体和个人的干涉。

第一百三十七条 最高人民检察院是最高检察机关。

最高人民检察院领导地方各级人民检察院和专门人民检察院的工作，上级人民检察院领导下级人民检察院的工作。

第一百三十八条 最高人民检察院对全国人民代表大会和全国人民代表大会常务委员会负责。地方各级人民检察院对产生它的国家权力机关和上级人民检察院负责。

第一百三十九条 各民族公民都有用本民族语言文字进行诉讼的权利。人民法院和人民检察院对于不通晓当地通用的语言文字的诉讼参与人，应当为他们翻译。

在少数民族聚居或者多民族共同居住的地区，应当用当地通用的语言进行审理；起诉书、判决书、布告和其他文书应当根据实际需要使用当地通用的一种或者几种文字。

第一百四十条 人民法院、人民检察院和公安机关办理刑事案件，应当分工负责，互相配合，互相制约，以保证准确有效地执行法律。

第四章　国旗、国歌、国徽、首都

第一百四十一条　中华人民共和国国旗是五星红旗。

中华人民共和国国歌是《义勇军进行曲》。

第一百四十二条　中华人民共和国国徽,中间是五星照耀下的天安门,周围是谷穗和齿轮。

第一百四十三条　中华人民共和国首都是北京。

中华人民共和国宪法

（1982 年 12 月 4 日第五届全国人民代表大会第五次会议通过　1982 年 12 月 4 日全国人民代表大会公告公布施行）

目　　录

序　　言

中国是世界上历史最悠久的国家之一。中国各族人民共同创造了光辉灿烂的文化，具有光荣的革命传统。

一八四〇年以后，封建的中国逐渐变成半殖民地、半封建的国家。中国人民为国家独立、民族解放和民主自由进行了前仆后继的英勇奋斗。

二十世纪，中国发生了翻天覆地的伟大历史变革。

一九一一年孙中山先生领导的辛亥革命，废除了封建帝制，创立了中华民国。但是，中国人民反对帝国主义和封建主义的历史任务还没有完成。

一九四九年，以毛泽东主席为领袖的中国共产党领导中国各族人民，在经历了长期的艰难曲折的武装斗争和其他形式的斗争以后，终于推翻了帝国主义、封建主义和官僚资本主义的统治，取得了新民主主义革命的伟大胜利，建立了中华人民共和国。从此，中国人民掌握了国家的权力，成为国家的主人。

中华人民共和国成立以后，我国社会逐步实现了由新民主主义到社会主义的过渡。生产资料私有制的社会主义改造已经完成，人剥削人的制度已经消灭，社会主义制度已经确立。工人阶级领导的、以工农联盟为基础的人民民主专政，实质上即无产阶级专政，得到巩固和发展。中国人民和中国人民解放军战胜了帝国主义、霸权主义的侵略、破坏和武装挑衅，维护了国家的独立和安全，增强了国防。经济建设取得了重大的成就，独立的、比较完整的社会主义工业体系已经基本形成，农业生产显著提高。教育、科学、文化等事业有了很大的发展，社会主义思想教育取得了明显的成效。广大人民的生活有了较大的改善。

中国新民主主义革命的胜利和社会主义事业的成就，都是中国共产党领导中国各族人民，在马克思列宁主义、毛泽东思想的指引下，坚持真理，修正错误，战胜许多艰难险阻而取得的。今后国家的根本任务是集中力量进行社会主义现代化建设。中国各族人民将继续在中国共产党领导下，在马克思列宁主义、毛泽东思想指引下，坚持人民民主专政，坚持社会主义道路，不断完善社会主义的各项制度，发展社会主义民主，健全社会主义法制，自力更生，艰苦奋斗，逐步实现工业、农业、国防和科学技术的现代化，把我国建设成为高度文明、高度民主的社会主义国家。

在我国,剥削阶级作为阶级已经消灭,但是阶级斗争还将在一定范围内长期存在。中国人民对敌视和破坏我国社会主义制度的国内外的敌对势力和敌对分子,必须进行斗争。

台湾是中华人民共和国的神圣领土的一部分。完成统一祖国的大业是包括台湾同胞在内的全中国人民的神圣职责。

社会主义的建设事业必须依靠工人、农民和知识分子,团结一切可以团结的力量。在长期的革命和建设过程中,已经结成由中国共产党领导的,有各民主党派和各人民团体参加的,包括全体社会主义劳动者、拥护社会主义的爱国者和拥护祖国统一的爱国者的广泛的爱国统一战线,这个统一战线将继续巩固和发展。中国人民政治协商会议是有广泛代表性的统一战线组织,过去发挥了重要的历史作用,今后在国家政治生活、社会生活和对外友好活动中,在进行社会主义现代化建设、维护国家的统一和团结的斗争中,将进一步发挥它的重要作用。

中华人民共和国是全国各族人民共同缔造的统一的多民族国家。平等、团结、互助的社会主义民族关系已经确立,并将继续加强。在维护民族团结的斗争中,要反对大民族主义,主要是大汉族主义,也要反对地方民族主义。国家尽一切努力,促进全国各民族的共同繁荣。

中国革命和建设的成就是同世界人民的支持分不开的。中国的前途是同世界的前途紧密地联系在一起的。中国坚持独立自主的对外政策,坚持互相尊重主权和领土完整、互不侵犯、互不干涉内政、平等互利、和平共处的五项原则,发展同各国的外交关系和经济、文化的交流;坚持反对帝国主义、霸权主义、殖民主义,加强同世界各国人民的团结,支持被压迫民族和发展中国家争取和维护民族独立、发展民族经济的正义斗争,为维护世界和平和促进人类进步事业而努力。

本宪法以法律的形式确认了中国各族人民奋斗的成

果,规定了国家的根本制度和根本任务,是国家的根本法,具有最高的法律效力。全国各族人民、一切国家机关和武装力量、各政党和各社会团体、各企业事业组织,都必须以宪法为根本的活动准则,并且负有维护宪法尊严、保证宪法实施的职责。

第一章　总　　纲

第一条　中华人民共和国是工人阶级领导的、以工农联盟为基础的人民民主专政的社会主义国家。

社会主义制度是中华人民共和国的根本制度。禁止任何组织或者个人破坏社会主义制度。

第二条　中华人民共和国的一切权力属于人民。

人民行使国家权力的机关是全国人民代表大会和地方各级人民代表大会。

人民依照法律规定,通过各种途径和形式,管理国家事务,管理经济和文化事业,管理社会事务。

第三条　中华人民共和国的国家机构实行民主集中制的原则。

全国人民代表大会和地方各级人民代表大会都由民主选举产生,对人民负责,受人民监督。

国家行政机关、审判机关、检察机关都由人民代表大会产生,对它负责,受它监督。

中央和地方的国家机构职权的划分,遵循在中央的统一领导下,充分发挥地方的主动性、积极性的原则。

第四条　中华人民共和国各民族一律平等。国家保障各少数民族的合法的权利和利益,维护和发展各民族的平等、团结、互助关系。禁止对任何民族的歧视和压迫,禁止破坏民族团结和制造民族分裂的行为。

国家根据各少数民族的特点和需要,帮助各少数民族地区加速经济和文化的发展。

各少数民族聚居的地方实行区域自治,设立自治机关,行使自治权。各民族自治地方都是中华人民共和国不可分离的部分。

各民族都有使用和发展自己的语言文字的自由,都有保持或者改革自己的风俗习惯的自由。

第五条 国家维护社会主义法制的统一和尊严。

一切法律、行政法规和地方性法规都不得同宪法相抵触。

一切国家机关和武装力量、各政党和各社会团体、各企业事业组织都必须遵守宪法和法律。一切违反宪法和法律的行为,必须予以追究。

任何组织或者个人都不得有超越宪法和法律的特权。

第六条 中华人民共和国的社会主义经济制度的基础是生产资料的社会主义公有制,即全民所有制和劳动群众集体所有制。

社会主义公有制消灭人剥削人的制度,实行各尽所能,按劳分配的原则。

第七条 国营经济是社会主义全民所有制经济,是国民经济中的主导力量。国家保障国营经济的巩固和发展。

第八条 农村人民公社、农业生产合作社和其他生产、供销、信用、消费等各种形式的合作经济,是社会主义劳动群众集体所有制经济。参加农村集体经济组织的劳动者,有权在法律规定的范围内经营自留地、自留山、家庭副业和饲养自留畜。

城镇中的手工业、工业、建筑业、运输业、商业、服务业等行业的各种形式的合作经济,都是社会主义劳动群众集体所有制经济。

国家保护城乡集体经济组织的合法的权利和利益,鼓励、指导和帮助集体经济的发展。

第九条 矿藏、水流、森林、山岭、草原、荒地、滩涂等自然资源,都属于国家所有,即全民所有;由法律规定属于集体所有的森林和山岭、草原、荒地、滩涂除外。

国家保障自然资源的合理利用，保护珍贵的动物和植物。禁止任何组织或者个人用任何手段侵占或者破坏自然资源。

第十条 城市的土地属于国家所有。

农村和城市郊区的土地，除由法律规定属于国家所有以外，属于集体所有；宅基地和自留地、自留山，也属于集体所有。

国家为了公共利益的需要，可以依照法律规定对土地实行征用。

任何组织或者个人不得侵占、买卖、出租或者以其他形式非法转让土地。

一切使用土地的组织和个人必须合理地利用土地。

第十一条 在法律规定范围内的城乡劳动者个体经济，是社会主义公有制经济的补充。国家保护个体经济的合法的权利和利益。

国家通过行政管理，指导、帮助和监督个体经济。

第十二条 社会主义的公共财产神圣不可侵犯。

国家保护社会主义的公共财产。禁止任何组织或者个人用任何手段侵占或者破坏国家的和集体的财产。

第十三条 国家保护公民的合法的收入、储蓄、房屋和其他合法财产的所有权。

国家依照法律规定保护公民的私有财产的继承权。

第十四条 国家通过提高劳动者的积极性和技术水平，推广先进的科学技术，完善经济管理体制和企业经营管理制度，实行各种形式的社会主义责任制，改进劳动组织，以不断提高劳动生产率和经济效益，发展社会生产力。

国家厉行节约，反对浪费。

国家合理安排积累和消费，兼顾国家、集体和个人的利益，在发展生产的基础上，逐步改善人民的物质生活和文化生活。

第十五条 国家在社会主义公有制基础上实行计划

经济。国家通过经济计划的综合平衡和市场调节的辅助作用，保证国民经济按比例地协调发展。

禁止任何组织或者个人扰乱社会经济秩序，破坏国家经济计划。

第十六条 国营企业在服从国家的统一领导和全面完成国家计划的前提下，在法律规定的范围内，有经营管理的自主权。

国营企业依照法律规定，通过职工代表大会和其他形式，实行民主管理。

第十七条 集体经济组织在接受国家计划指导和遵守有关法律的前提下，有独立进行经济活动的自主权。

集体经济组织依照法律规定实行民主管理，由它的全体劳动者选举和罢免管理人员，决定经营管理的重大问题。

第十八条 中华人民共和国允许外国的企业和其他经济组织或者个人依照中华人民共和国法律的规定在中国投资，同中国的企业或者其他经济组织进行各种形式的经济合作。

在中国境内的外国企业和其他外国经济组织以及中外合资经营的企业，都必须遵守中华人民共和国的法律。它们的合法的权利和利益受中华人民共和国法律的保护。

第十九条 国家发展社会主义的教育事业，提高全国人民的科学文化水平。

国家举办各种学校，普及初等义务教育，发展中等教育、职业教育和高等教育，并且发展学前教育。

国家发展各种教育设施，扫除文盲，对工人、农民、国家工作人员和其他劳动者进行政治、文化、科学、技术、业务的教育，鼓励自学成才。

国家鼓励集体经济组织、国家企业事业组织和其他社会力量依照法律规定举办各种教育事业。

国家推广全国通用的普通话。

　　第二十条　国家发展自然科学和社会科学事业，普及科学和技术知识，奖励科学研究成果和技术发明创造。

　　第二十一条　国家发展医疗卫生事业，发展现代医药和我国传统医药，鼓励和支持农村集体经济组织、国家企业事业组织和街道组织举办各种医疗卫生设施，开展群众性的卫生活动，保护人民健康。

　　国家发展体育事业，开展群众性的体育活动，增强人民体质。

　　第二十二条　国家发展为人民服务、为社会主义服务的文学艺术事业、新闻广播电视事业、出版发行事业、图书馆博物馆文化馆和其他文化事业，开展群众性的文化活动。

　　国家保护名胜古迹、珍贵文物和其他重要历史文化遗产。

　　第二十三条　国家培养为社会主义服务的各种专业人才，扩大知识分子的队伍，创造条件，充分发挥他们在社会主义现代化建设中的作用。

　　第二十四条　国家通过普及理想教育、道德教育、文化教育、纪律和法制教育，通过在城乡不同范围的群众中制定和执行各种守则、公约，加强社会主义精神文明的建设。

　　国家提倡爱祖国、爱人民、爱劳动、爱科学、爱社会主义的公德，在人民中进行爱国主义、集体主义和国际主义、共产主义的教育，进行辩证唯物主义和历史唯物主义的教育，反对资本主义的、封建主义的和其他的腐朽思想。

　　第二十五条　国家推行计划生育，使人口的增长同经济和社会发展计划相适应。

　　第二十六条　国家保护和改善生活环境和生态环境，防治污染和其他公害。

　　国家组织和鼓励植树造林，保护林木。

　　第二十七条　一切国家机关实行精简的原则，实行工作责任制，实行工作人员的培训和考核制度，不断提高工作质量和工作效率,反对官僚主义。

一切国家机关和国家工作人员必须依靠人民的支持,经常保持同人民的密切联系,倾听人民的意见和建议,接受人民的监督,努力为人民服务。

第二十八条 国家维护社会秩序,镇压叛国和其他反革命的活动,制裁危害社会治安、破坏社会主义经济和其他犯罪的活动,惩办和改造犯罪分子。

第二十九条 中华人民共和国的武装力量属于人民。它的任务是巩固国防,抵抗侵略,保卫祖国,保卫人民的和平劳动,参加国家建设事业,努力为人民服务。

国家加强武装力量的革命化、现代化、正规化的建设,增强国防力量。

第三十条 中华人民共和国的行政区域划分如下:

(一)全国分为省、自治区、直辖市;

(二)省、自治区分为自治州、县、自治县、市;

(三)县、自治县分为乡、民族乡、镇。

直辖市和较大的市分为区、县。自治州分为县、自治县、市。

自治区、自治州、自治县都是民族自治地方。

第三十一条 国家在必要时得设立特别行政区。在特别行政区内实行的制度按照具体情况由全国人民代表大会以法律规定。

第三十二条 中华人民共和国保护在中国境内的外国人的合法权利和利益,在中国境内的外国人必须遵守中华人民共和国的法律。

中华人民共和国对于因为政治原因要求避难的外国人,可以给予受庇护的权利。

第二章 公民的基本权利和义务

第三十三条 凡具有中华人民共和国国籍的人都是中华人民共和国公民。

中华人民共和国公民在法律面前一律平等。

任何公民享有宪法和法律规定的权利，同时必须履行宪法和法律规定的义务。

第三十四条　中华人民共和国年满十八周岁的公民，不分民族、种族、性别、职业、家庭出身、宗教信仰、教育程度、财产状况、居住期限，都有选举权和被选举权；但是依照法律被剥夺政治权利的人除外。

第三十五条　中华人民共和国公民有言论、出版、集会、结社、游行、示威的自由。

第三十六条　中华人民共和国公民有宗教信仰自由。

任何国家机关、社会团体和个人不得强制公民信仰宗教或者不信仰宗教，不得歧视信仰宗教的公民和不信仰宗教的公民。

国家保护正常的宗教活动。任何人不得利用宗教进行破坏社会秩序、损害公民身体健康、妨碍国家教育制度的活动。

宗教团体和宗教事务不受外国势力的支配。

第三十七条　中华人民共和国公民的人身自由不受侵犯。

任何公民，非经人民检察院批准或者决定或者人民法院决定，并由公安机关执行，不受逮捕。

禁止非法拘禁和以其他方法非法剥夺或者限制公民的人身自由，禁止非法搜查公民的身体。

第三十八条　中华人民共和国公民的人格尊严不受侵犯。禁止用任何方法对公民进行侮辱、诽谤和诬告陷害。

第三十九条　中华人民共和国公民的住宅不受侵犯。禁止非法搜查或者非法侵入公民的住宅。

第四十条　中华人民共和国公民的通信自由和通信秘密受法律的保护。除因国家安全或者追查刑事犯罪的需要，由公安机关或者检察机关依照法律规定的程序对通信进行检查外，任何组织或者个人不得以任何理由侵犯公民的通信自由和通信秘密。

第四十一条 中华人民共和国公民对于任何国家机关和国家工作人员，有提出批评和建议的权利；对于任何国家机关和国家工作人员的违法失职行为，有向有关国家机关提出申诉、控告或者检举的权利，但是不得捏造或者歪曲事实进行诬告陷害。

对于公民的申诉、控告或者检举，有关国家机关必须查清事实，负责处理。任何人不得压制和打击报复。

由于国家机关和国家工作人员侵犯公民权利而受到损失的人，有依照法律规定取得赔偿的权利。

第四十二条 中华人民共和国公民有劳动的权利和义务。

国家通过各种途径，创造劳动就业条件，加强劳动保护，改善劳动条件，并在发展生产的基础上，提高劳动报酬和福利待遇。

劳动是一切有劳动能力的公民的光荣职责。国营企业和城乡集体经济组织的劳动者都应当以国家主人翁的态度对待自己的劳动。国家提倡社会主义劳动竞赛，奖励劳动模范和先进工作者。国家提倡公民从事义务劳动。

国家对就业前的公民进行必要的劳动就业训练。

第四十三条 中华人民共和国劳动者有休息的权利。

国家发展劳动者休息和休养的设施，规定职工的工作时间和休假制度。

第四十四条 国家依照法律规定实行企业事业组织的职工和国家机关工作人员的退休制度。退休人员的生活受到国家和社会的保障。

第四十五条 中华人民共和国公民在年老、疾病或者丧失劳动能力的情况下，有从国家和社会获得物质帮助的权利。国家发展为公民享受这些权利所需要的社会保险、社会救济和医疗卫生事业。

国家和社会保障残废军人的生活,抚恤烈士家属,优待军人家属。

国家和社会帮助安排盲、聋、哑和其他有残疾的公民的劳动、生活和教育。

第四十六条 中华人民共和国公民有受教育的权利和义务。

国家培养青年、少年、儿童在品德、智力、体质等方面全面发展。

第四十七条 中华人民共和国公民有进行科学研究、文学艺术创作和其他文化活动的自由。国家对于从事教育、科学、技术、文学、艺术和其他文化事业的公民的有益于人民的创造性工作,给以鼓励和帮助。

第四十八条 中华人民共和国妇女在政治的、经济的、文化的、社会的和家庭的生活等各方面享有同男子平等的权利。

国家保护妇女的权利和利益,实行男女同工同酬,培养和选拔妇女干部。

第四十九条 婚姻、家庭、母亲和儿童受国家的保护。

夫妻双方有实行计划生育的义务。

父母有抚养教育未成年子女的义务,成年子女有赡养扶助父母的义务。

禁止破坏婚姻自由,禁止虐待老人、妇女和儿童。

第五十条 中华人民共和国保护华侨的正当的权利和利益,保护归侨和侨眷的合法的权利和利益。

第五十一条 中华人民共和国公民在行使自由和权利的时候,不得损害国家的、社会的、集体的利益和其他公民的合法的自由和权利。

第五十二条 中华人民共和国公民有维护国家统一和全国各民族团结的义务。

第五十三条 中华人民共和国公民必须遵守宪法和法律,保守国家秘密,爱护公共财产,遵守劳动纪律,遵守公共秩序,尊重社会公德。

第五十四条 中华人民共和国公民有维护祖国的安全、荣誉和利益的义务,不得有危害祖国的安全、荣誉和利益的行为。

第五十五条 保卫祖国、抵抗侵略是中华人民共和国每一个公民的神圣职责。

依照法律服兵役和参加民兵组织是中华人民共和国公民的光荣义务。

第五十六条 中华人民共和国公民有依照法律纳税的义务。

第三章 国 家 机 构

第一节 全国人民代表大会

第五十七条 中华人民共和国全国人民代表大会是最高国家权力机关。它的常设机关是全国人民代表大会常务委员会。

第五十八条 全国人民代表大会和全国人民代表大会常务委员会行使国家立法权。

第五十九条 全国人民代表大会由省、自治区、直辖市和军队选出的代表组成。各少数民族都应当有适当名额的代表。

全国人民代表大会代表的选举由全国人民代表大会常务委员会主持。

全国人民代表大会代表名额和代表产生办法由法律规定。

第六十条 全国人民代表大会每届任期五年。

全国人民代表大会任期届满的两个月以前,全国人民代表大会常务委员会必须完成下届全国人民代表大会代表的选举。如果遇到不能进行选举的非常情况,由全国人民代表大会常务委员会以全体组成人员的三分之二以上的多数通过,可以推迟选举,延长本届全国人民代表大会的任期。在非常情况结束后一年内,必须完成下届全国人民代表大会代表的选举。

第六十一条 全国人民代表大会会议每年举行一次,由全国人民代表大会常务委员会召集。如果全国人民代表大会常务委员会认为必要,或者有五分之一以上的全国人民代表大会代表提议,可以临时召集全国人民代表大会会议。

全国人民代表大会举行会议的时候,选举主席团主持会议。

第六十二条 全国人民代表大会行使下列职权:

(一)修改宪法;

(二)监督宪法的实施;

(三)制定和修改刑事、民事、国家机构的和其他的基本法律;

(四)选举中华人民共和国主席、副主席;

(五)根据中华人民共和国主席的提名,决定国务院总理的人选;根据国务院总理的提名,决定国务院副总理、国务委员、各部部长、各委员会主任、审计长、秘书长的人选;

(六)选举中央军事委员会主席;根据中央军事委员会主席的提名,决定中央军事委员会其他组成人员的人选;

(七)选举最高人民法院院长;

(八)选举最高人民检察院检察长;

(九)审查和批准国民经济和社会发展计划和计划执行情况的报告;

(十)审查和批准国家的预算和预算执行情况的报告;

(十一)改变或者撤销全国人民代表大会常务委员会不适当的决定;

(十二)批准省、自治区和直辖市的建置;

(十三)决定特别行政区的设立及其制度;

（十四）决定战争和和平的问题；

（十五）应当由最高国家权力机关行使的其他职权。

第六十三条 全国人民代表大会有权罢免下列人员：

（一）中华人民共和国主席、副主席；

（二）国务院总理、副总理、国务委员、各部部长、各委员会主任、审计长、秘书长；

（三）中央军事委员会主席和中央军事委员会其他组成人员；

（四）最高人民法院院长；

（五）最高人民检察院检察长。

第六十四条 宪法的修改，由全国人民代表大会常务委员会或者五分之一以上的全国人民代表大会代表提议，并由全国人民代表大会以全体代表的三分之二以上的多数通过。

法律和其他议案由全国人民代表大会以全体代表的过半数通过。

第六十五条 全国人民代表大会常务委员会由下列人员组成：

委员长，

副委员长若干人，

秘书长，

委员若干人。

全国人民代表大会常务委员会组成人员中，应当有适当名额的少数民族代表。

全国人民代表大会选举并有权罢免全国人民代表大会常务委员会的组成人员。

全国人民代表大会常务委员会的组成人员不得担任国家行政机关、审判机关和检察机关的职务。

第六十六条 全国人民代表大会常务委员会每届任期同全国人民代表大会每届任期相同，它行使职权到下届全国人民代表大会选出新的常务委员会为止。

委员长、副委员长连续任职不得超过两届。

第六十七条 全国人民代表大会常务委员会行使下列职权:

(一)解释宪法,监督宪法的实施;

(二)制定和修改除应当由全国人民代表大会制定的法律以外的其他法律;

(三)在全国人民代表大会闭会期间,对全国人民代表大会制定的法律进行部分补充和修改,但是不得同该法律的基本原则相抵触;

(四)解释法律;

(五)在全国人民代表大会闭会期间,审查和批准国民经济和社会发展计划、国家预算在执行过程中所必须作的部分调整方案;

(六)监督国务院、中央军事委员会、最高人民法院和最高人民检察院的工作;

(七)撤销国务院制定的同宪法、法律相抵触的行政法规、决定和命令;

(八)撤销省、自治区、直辖市国家权力机关制定的同宪法、法律和行政法规相抵触的地方性法规和决议;

(九)在全国人民代表大会闭会期间,根据国务院总理的提名,决定部长、委员会主任、审计长、秘书长的人选;

(十)在全国人民代表大会闭会期间,根据中央军事委员会主席的提名,决定中央军事委员会其他组成人员的人选;

(十一)根据最高人民法院院长的提请,任免最高人民法院副院长、审判员、审判委员会委员和军事法院院长;

(十二)根据最高人民检察院检察长的提请,任免最高人民检察院副检察长、检察员、检察委员会委员和军事检察院检察长,并且批准省、自治区、直辖市的人民检察院检察长的任免;

(十三)决定驻外全权代表的任免;

（十四）决定同外国缔结的条约和重要协定的批准和废除；

（十五）规定军人和外交人员的衔级制度和其他专门衔级制度；

（十六）规定和决定授予国家的勋章和荣誉称号；

（十七）决定特赦；

（十八）在全国人民代表大会闭会期间，如果遇到国家遭受武装侵犯或者必须履行国际间共同防止侵略的条约的情况，决定战争状态的宣布；

（十九）决定全国总动员或者局部动员；

（二十）决定全国或者个别省、自治区、直辖市的戒严；

（二十一）全国人民代表大会授予的其他职权。

第六十八条 全国人民代表大会常务委员会委员长主持全国人民代表大会常务委员会的工作，召集全国人民代表大会常务委员会会议。副委员长、秘书长协助委员长工作。

委员长、副委员长、秘书长组成委员长会议，处理全国人民代表大会常务委员会的重要日常工作。

第六十九条 全国人民代表大会常务委员会对全国人民代表大会负责并报告工作。

第七十条 全国人民代表大会设立民族委员会、法律委员会、财政经济委员会、教育科学文化卫生委员会、外事委员会、华侨委员会和其他需要设立的专门委员会。在全国人民代表大会闭会期间，各专门委员会受全国人民代表大会常务委员会的领导。

各专门委员会在全国人民代表大会和全国人民代表大会常务委员会领导下，研究、审议和拟订有关议案。

第七十一条 全国人民代表大会和全国人民代表大会常务委员会认为必要的时候，可以组织关于特定问题的调查委员会，并且根据调查委员会的报告，作出相应的决议。

调查委员会进行调查的时候，一切有关的国家机关、社会团体和公民都有义务向它提供必要的材料。

第七十二条 全国人民代表大会代表和全国人民代表大会常务委员会组成人员,有权依照法律规定的程序分别提出属于全国人民代表大会和全国人民代表大会常务委员会职权范围内的议案。

第七十三条 全国人民代表大会代表在全国人民代表大会开会期间,全国人民代表大会常务委员会组成人员在常务委员会开会期间,有权依照法律规定的程序提出对国务院或者国务院各部、各委员会的质询案。受质询的机关必须负责答复。

第七十四条 全国人民代表大会代表,非经全国人民代表大会会议主席团许可,在全国人民代表大会闭会期间非经全国人民代表大会常务委员会许可,不受逮捕或者刑事审判。

第七十五条 全国人民代表大会代表在全国人民代表大会各种会议上的发言和表决,不受法律追究。

第七十六条 全国人民代表大会代表必须模范地遵守宪法和法律,保守国家秘密,并且在自己参加的生产、工作和社会活动中,协助宪法和法律的实施。

全国人民代表大会代表应当同原选举单位和人民保持密切的联系,听取和反映人民的意见和要求,努力为人民服务。

第七十七条 全国人民代表大会代表受原选举单位的监督。原选举单位有权依照法律规定的程序罢免本单位选出的代表。

第七十八条 全国人民代表大会和全国人民代表大会常务委员会的组织和工作程序由法律规定。

第二节 中华人民共和国主席

第七十九条 中华人民共和国主席、副主席由全国人民代表大会选举。

有选举权和被选举权的年满四十五周岁的中华人民

共和国公民可以被选为中华人民共和国主席、副主席。

中华人民共和国主席、副主席每届任期同全国人民代表大会每届任期相同,连续任职不得超过两届。

第八十条 中华人民共和国主席根据全国人民代表大会的决定和全国人民代表大会常务委员会的决定,公布法律,任免国务院总理、副总理、国务委员、各部部长、各委员会主任、审计长、秘书长,授予国家的勋章和荣誉称号,发布特赦令,发布戒严令,宣布战争状态,发布动员令。

第八十一条 中华人民共和国主席代表中华人民共和国,接受外国使节;根据全国人民代表大会常务委员会的决定,派遣和召回驻外全权代表,批准和废除同外国缔结的条约和重要协定。

第八十二条 中华人民共和国副主席协助主席工作。

中华人民共和国副主席受主席的委托,可以代行主席的部分职权。

第八十三条 中华人民共和国主席、副主席行使职权到下届全国人民代表大会选出的主席、副主席就职为止。

第八十四条 中华人民共和国主席缺位的时候,由副主席继任主席的职位。

中华人民共和国副主席缺位的时候,由全国人民代表大会补选。

中华人民共和国主席、副主席都缺位的时候,由全国人民代表大会补选;在补选以前,由全国人民代表大会常务委员会委员长暂时代理主席职位。

第三节 国 务 院

第八十五条 中华人民共和国国务院,即中央人民政府,是最高国家权力机关的执行机关,是最高国家行政机关。

第八十六条 国务院由下列人员组成：

总理，

副总理若干人，

国务委员若干人，

各部部长，

各委员会主任，

审计长，

秘书长。

国务院实行总理负责制。各部、各委员会实行部长、主任负责制。

国务院的组织由法律规定。

第八十七条 国务院每届任期同全国人民代表大会每届任期相同。

总理、副总理、国务委员连续任职不得超过两届。

第八十八条 总理领导国务院的工作。副总理、国务委员协助总理工作。

总理、副总理、国务委员、秘书长组成国务院常务会议。

总理召集和主持国务院常务会议和国务院全体会议。

第八十九条 国务院行使下列职权：

（一）根据宪法和法律，规定行政措施，制定行政法规，发布决定和命令；

（二）向全国人民代表大会或者全国人民代表大会常务委员会提出议案；

（三）规定各部和各委员会的任务和职责，统一领导各部和各委员会的工作，并且领导不属于各部和各委员会的全国性的行政工作；

（四）统一领导全国地方各级国家行政机关的工作，规定中央和省、自治区、直辖市的国家行政机关的职权的具体划分；

（五）编制和执行国民经济和社会发展计划和国家

预算;

（六）领导和管理经济工作和城乡建设;

（七）领导和管理教育、科学、文化、卫生、体育和计划生育工作;

（八）领导和管理民政、公安、司法行政和监察等工作;

（九）管理对外事务,同外国缔结条约和协定;

（十）领导和管理国防建设事业;

（十一）领导和管理民族事务,保障少数民族的平等权利和民族自治地方的自治权利;

（十二）保护华侨的正当的权利和利益,保护归侨和侨眷的合法的权利和利益;

（十三）改变或者撤销各部、各委员会发布的不适当的命令、指示和规章;

（十四）改变或者撤销地方各级国家行政机关的不适当的决定和命令;

（十五）批准省、自治区、直辖市的区域划分,批准自治州、县、自治县、市的建置和区域划分;

（十六）决定省、自治区、直辖市的范围内部分地区的戒严;

（十七）审定行政机构的编制,依照法律规定任免、培训、考核和奖惩行政人员;

（十八）全国人民代表大会和全国人民代表大会常务委员会授予的其他职权。

第九十条 国务院各部部长、各委员会主任负责本部门的工作;召集和主持部务会议或者委员会会议、委务会议,讨论决定本部门工作的重大问题。

各部、各委员会根据法律和国务院的行政法规、决定、命令,在本部门的权限内,发布命令、指示和规章。

第九十一条 国务院设立审计机关,对国务院各部门和地方各级政府的财政收支,对国家的财政金融机构和企业事业组织的财务收支,进行审计监督。

审计机关在国务院总理领导下，依照法律规定独立行使审计监督权，不受其他行政机关、社会团体和个人的干涉。

第九十二条 国务院对全国人民代表大会负责并报告工作；在全国人民代表大会闭会期间，对全国人民代表大会常务委员会负责并报告工作。

第四节 中央军事委员会

第九十三条 中华人民共和国中央军事委员会领导全国武装力量。

中央军事委员会由下列人员组成：

主席，

副主席若干人，

委员若干人。

中央军事委员会实行主席负责制。

中央军事委员会每届任期同全国人民代表大会每届任期相同。

第九十四条 中央军事委员会主席对全国人民代表大会和全国人民代表大会常务委员会负责。

第五节 地方各级人民代表大会和 地方各级人民政府

第九十五条 省、直辖市、县、市、市辖区、乡、民族乡、镇设立人民代表大会和人民政府。

地方各级人民代表大会和地方各级人民政府的组织由法律规定。

自治区、自治州、自治县设立自治机关。自治机关的组织和工作根据宪法第三章第五节、第六节规定的基本原则由法律规定。

第九十六条 地方各级人民代表大会是地方国家权力机关。

县级以上的地方各级人民代表大会设立常务委员会。

第九十七条　省、直辖市、设区的市的人民代表大会代表由下一级的人民代表大会选举；县、不设区的市、市辖区、乡、民族乡、镇的人民代表大会代表由选民直接选举。

地方各级人民代表大会代表名额和代表产生办法由法律规定。

第九十八条　省、直辖市、设区的市的人民代表大会每届任期五年。县、不设区的市、市辖区、乡、民族乡、镇的人民代表大会每届任期三年。

第九十九条　地方各级人民代表大会在本行政区域内，保证宪法、法律、行政法规的遵守和执行；依照法律规定的权限，通过和发布决议，审查和决定地方的经济建设、文化建设和公共事业建设的计划。

县级以上的地方各级人民代表大会审查和批准本行政区域内的国民经济和社会发展计划、预算以及它们的执行情况的报告；有权改变或者撤销本级人民代表大会常务委员会不适当的决定。

民族乡的人民代表大会可以依照法律规定的权限采取适合民族特点的具体措施。

第一百条　省、直辖市的人民代表大会和它们的常务委员会，在不同宪法、法律、行政法规相抵触的前提下，可以制定地方性法规，报全国人民代表大会常务委员会备案。

第一百零一条　地方各级人民代表大会分别选举并且有权罢免本级人民政府的省长和副省长、市长和副市长、县长和副县长、区长和副区长、乡长和副乡长、镇长和副镇长。

县级以上的地方各级人民代表大会选举并且有权罢免本级人民法院院长和本级人民检察院检察长。选出或者罢免人民检察院检察长，须报上级人民检察院检察长提请该级人民代表大会常务委员会批准。

第一百零二条　省、直辖市、设区的市的人民代表大会代表受原选举单位的监督；县、不设区的市、市辖区、乡、民族乡、镇的人民代表大会代表受选民的监督。

地方各级人民代表大会代表的选举单位和选民有权依照法律规定的程序罢免由他们选出的代表。

第一百零三条 县级以上的地方各级人民代表大会常务委员会由主任、副主任若干人和委员若干人组成，对本级人民代表大会负责并报告工作。

县级以上的地方各级人民代表大会选举并有权罢免本级人民代表大会常务委员会的组成人员。

县级以上的地方各级人民代表大会常务委员会的组成人员不得担任国家行政机关、审判机关和检察机关的职务。

第一百零四条 县级以上的地方各级人民代表大会常务委员会讨论、决定本行政区域内各方面工作的重大事项；监督本级人民政府、人民法院和人民检察院的工作；撤销本级人民政府的不适当的决定和命令；撤销下一级人民代表大会的不适当的决议；依照法律规定的权限决定国家机关工作人员的任免；在本级人民代表大会闭会期间，罢免和补选上一级人民代表大会的个别代表。

第一百零五条 地方各级人民政府是地方各级国家权力机关的执行机关，是地方各级国家行政机关。

地方各级人民政府实行省长、市长、县长、区长、乡长、镇长负责制。

第一百零六条 地方各级人民政府每届任期同本级人民代表大会每届任期相同。

第一百零七条 县级以上地方各级人民政府依照法律规定的权限，管理本行政区域内的经济、教育、科学、文化、卫生、体育事业，城乡建设事业和财政、民政、公安、民族事务、司法行政、监察、计划生育等行政工作，发布决定和命令，任免、培训、考核和奖惩行政工作人员。

乡、民族乡、镇的人民政府执行本级人民代表大会的决议和上级国家行政机关的决定和命令，管理本行政区域内的行政工作。

省、直辖市的人民政府决定乡、民族乡、镇的建置和区域划分。

第一百零八条 县级以上的地方各级人民政府领导所属各工作部门和下级人民政府的工作，有权改变或者撤销所属各工作部门和下级人民政府的不适当的决定。

第一百零九条 县级以上的地方各级人民政府设立审计机关。地方各级审计机关依照法律规定独立行使审计监督权，对本级人民政府和上一级审计机关负责。

第一百一十条 地方各级人民政府对本级人民代表大会负责并报告工作。县级以上的地方各级人民政府在本级人民代表大会闭会期间，对本级人民代表大会常务委员会负责并报告工作。

地方各级人民政府对上一级国家行政机关负责并报告工作。全国地方各级人民政府都是国务院统一领导下的国家行政机关，都服从国务院。

第一百一十一条 城市和农村按居民居住地区设立的居民委员会或者村民委员会是基层群众性自治组织。居民委员会、村民委员会的主任、副主任和委员由居民选举。居民委员会、村民委员会同基层政权的相互关系由法律规定。

居民委员会、村民委员会设人民调解、治安保卫、公共卫生等委员会，办理本居住地区的公共事务和公益事业，调解民间纠纷，协助维护社会治安，并且向人民政府反映群众的意见、要求和提出建议。

第六节　民族自治地方的自治机关

第一百一十二条 民族自治地方的自治机关是自治区、自治州、自治县的人民代表大会和人民政府。

第一百一十三条 自治区、自治州、自治县的人民代表大会中，除实行区域自治的民族的代表外，其他居住在本行政区域内的民族也应当有适当名额的代表。

自治区、自治州、自治县的人民代表大会常务委员会中应当有实行区域自治的民族的公民担任主任或者副主任。

第一百一十四条 自治区主席、自治州州长、自治县县长由实行区域自治的民族的公民担任。

第一百一十五条 自治区、自治州、自治县的自治机关行使宪法第三章第五节规定的地方国家机关的职权，同时依照宪法、民族区域自治法和其他法律规定的权限行使自治权，根据本地方实际情况贯彻执行国家的法律、政策。

第一百一十六条 民族自治地方的人民代表大会有权依照当地民族的政治、经济和文化的特点，制定自治条例和单行条例。自治区的自治条例和单行条例，报全国人民代表大会常务委员会批准后生效。自治州、自治县的自治条例和单行条例，报省或者自治区的人民代表大会常务委员会批准后生效，并报全国人民代表大会常务委员会备案。

第一百一十七条 民族自治地方的自治机关有管理地方财政的自治权。凡是依照国家财政体制属于民族自治地方的财政收入，都应当由民族自治地方的自治机关自主地安排使用。

第一百一十八条 民族自治地方的自治机关在国家计划的指导下，自主地安排和管理地方性的经济建设事业。

国家在民族自治地方开发资源、建设企业的时候，应当照顾民族自治地方的利益。

第一百一十九条 民族自治地方的自治机关自主地管理本地方的教育、科学、文化、卫生、体育事业，保护和整理民族的文化遗产，发展和繁荣民族文化。

第一百二十条 民族自治地方的自治机关依照国家的军事制度和当地的实际需要，经国务院批准，可以组织本地方维护社会治安的公安部队。

第一百二十一条 民族自治地方的自治机关在执行职务的时候,依照本民族自治地方自治条例的规定,使用当地通用的一种或者几种语言文字。

第一百二十二条 国家从财政、物资、技术等方面帮助各少数民族加速发展经济建设和文化建设事业。

国家帮助民族自治地方从当地民族中大量培养各级干部、各种专业人才和技术工人。

第七节 人民法院和人民检察院

第一百二十三条 中华人民共和国人民法院是国家的审判机关。

第一百二十四条 中华人民共和国设立最高人民法院、地方各级人民法院和军事法院等专门人民法院。

最高人民法院院长每届任期同全国人民代表大会每届任期相同,连续任职不得超过两届。

人民法院的组织由法律规定。

第一百二十五条 人民法院审理案件,除法律规定的特别情况外,一律公开进行。被告人有权获得辩护。

第一百二十六条 人民法院依照法律规定独立行使审判权,不受行政机关、社会团体和个人的干涉。

第一百二十七条 最高人民法院是最高审判机关。

最高人民法院监督地方各级人民法院和专门人民法院的审判工作,上级人民法院监督下级人民法院的审判工作。

第一百二十八条 最高人民法院对全国人民代表大会和全国人民代表大会常务委员会负责。地方各级人民法院对产生它的国家权力机关负责。

第一百二十九条 中华人民共和国人民检察院是国家的法律监督机关。

第一百三十条 中华人民共和国设立最高人民检察院、地方各级人民检察院和军事检察院等专门人民检察院。

最高人民检察院检察长每届任期同全国人民代表大会每届任期相同，连续任职不得超过两届。

人民检察院的组织由法律规定。

第一百三十一条　人民检察院依照法律规定独立行使检察权，不受行政机关、社会团体和个人的干涉。

第一百三十二条　最高人民检察院是最高检察机关。

最高人民检察院领导地方各级人民检察院和专门人民检察院的工作，上级人民检察院领导下级人民检察院的工作。

第一百三十三条　最高人民检察院对全国人民代表大会和全国人民代表大会常务委员会负责。地方各级人民检察院对产生它的国家权力机关和上级人民检察院负责。

第一百三十四条　各民族公民都有用本民族语言文字进行诉讼的权利。人民法院和人民检察院对于不通晓当地通用的语言文字的诉讼参与人，应当为他们翻译。

在少数民族聚居或者多民族共同居住的地区，应当用当地通用的语言进行审理；起诉书、判决书、布告和其他文书应当根据实际需要使用当地通用的一种或者几种文字。

第一百三十五条　人民法院、人民检察院和公安机关办理刑事案件，应当分工负责，互相配合，互相制约，以保证准确有效地执行法律。

第四章　国旗、国徽、首都

第一百三十六条　中华人民共和国国旗是五星红旗。

第一百三十七条　中华人民共和国国徽，中间是五星照耀下的天安门，周围是谷穗和齿轮。

第一百三十八条　中华人民共和国首都是北京。

中华人民共和国宪法修正案

（1988 年 4 月 12 日第七届全国人民代表大会第一次会议通过　1988 年 4 月 12 日全国人民代表大会公告第八号公布施行）

第一条　宪法第十一条增加规定："国家允许私营经济在法律规定的范围内存在和发展。私营经济是社会主义公有制经济的补充。国家保护私营经济的合法的权利和利益，对私营经济实行引导、监督和管理。"

第二条　宪法第十条第四款"任何组织或者个人不得侵占、买卖、出租或者以其他形式非法转让土地。"修改为："任何组织或者个人不得侵占、买卖或者以其他形式非法转让土地。土地的使用权可以依照法律的规定转让。"

中华人民共和国宪法修正案

（1993年3月29日第八届全国人民代表大会第一次会议通过　1993年3月29日全国人民代表大会公告第八号公布施行）

第三条　宪法序言第七自然段后两句："今后国家的根本任务是集中力量进行社会主义现代化建设。中国各族人民将继续在中国共产党领导下，在马克思列宁主义、毛泽东思想指引下，坚持人民民主专政，坚持社会主义道路，不断完善社会主义的各项制度，发展社会主义民主，健全社会主义法制，自力更生，艰苦奋斗，逐步实现工业、农业、国防和科学技术的现代化，把我国建设成为高度文明、高度民主的社会主义国家。"修改为："我国正处于社会主义初级阶段。国家的根本任务是，根据建设有中国特色社会主义的理论，集中力量进行社会主义现代化建设。中国各族人民将继续在中国共产党领导下，在马克思列宁主义、毛泽东思想指引下，坚持人民民主专政，坚持社会主义道路，坚持改革开放，不断完善社会主义的各项制度，发展社会主义民主，健全社会主义法制，自力更生，艰苦奋斗，逐步实现工业、农业、国防和科学技术的现代化，把我国建设成为富强、民主、文明的社会主义国家。"

第四条　宪法序言第十自然段末尾增加："中国共产党领导的多党合作和政治协商制度将长期存在和发展。"

第五条　宪法第七条："国营经济是社会主义全民所有制经济，是国民经济中的主导力量。国家保障国营经济的巩固和发展。"修改为："国有经济，即社会主义全民所有制经济，是国民经济中的主导力量。国家保障国有经济的巩固和发展。"

第六条 宪法第八条第一款:"农村人民公社、农业生产合作社和其他生产、供销、信用、消费等各种形式的合作经济,是社会主义劳动群众集体所有制经济。参加农村集体经济组织的劳动者,有权在法律规定的范围内经营自留地、自留山、家庭副业和饲养自留畜。"修改为:"农村中的家庭联产承包为主的责任制和生产、供销、信用、消费等各种形式的合作经济,是社会主义劳动群众集体所有制经济。参加农村集体经济组织的劳动者,有权在法律规定的范围内经营自留地、自留山、家庭副业和饲养自留畜。"

第七条 宪法第十五条:"国家在社会主义公有制基础上实行计划经济。国家通过经济计划的综合平衡和市场调节的辅助作用,保证国民经济按比例地协调发展。""禁止任何组织或者个人扰乱社会经济秩序,破坏国家经济计划。"修改为:"国家实行社会主义市场经济。""国家加强经济立法,完善宏观调控。""国家依法禁止任何组织或者个人扰乱社会经济秩序。"

第八条 宪法第十六条:"国营企业在服从国家的统一领导和全面完成国家计划的前提下,在法律规定的范围内,有经营管理的自主权。""国营企业依照法律规定,通过职工代表大会和其他形式,实行民主管理。"修改为:"国有企业在法律规定的范围内有权自主经营。""国有企业依照法律规定,通过职工代表大会和其他形式,实行民主管理。"

第九条 宪法第十七条:"集体经济组织在接受国家计划指导和遵守有关法律的前提下,有独立进行经济活动的自主权。""集体经济组织依照法律规定实行民主管理,由它的全体劳动者选举和罢免管理人员,决定经营管理的重大问题。"修改为:"集体经济组织在遵守有关法律的前提下,有独立进行经济活动的自主权。""集体经济组织实行民主管理,依照法律规定选举和罢免管理人员,决定经营管理的重大问题。"

第十条 宪法第四十二条第三款："劳动是一切有劳动能力的公民的光荣职责。国营企业和城乡集体经济组织的劳动者都应当以国家主人翁的态度对待自己的劳动。国家提倡社会主义劳动竞赛，奖励劳动模范和先进工作者。国家提倡公民从事义务劳动。"修改为："劳动是一切有劳动能力的公民的光荣职责。国有企业和城乡集体经济组织的劳动者都应当以国家主人翁的态度对待自己的劳动。国家提倡社会主义劳动竞赛，奖励劳动模范和先进工作者。国家提倡公民从事义务劳动。"

第十一条 宪法第九十八条："省、直辖市、设区的市的人民代表大会每届任期五年。县、不设区的市、市辖区、乡、民族乡、镇的人民代表大会每届任期三年。"修改为："省、直辖市、县、市、市辖区的人民代表大会每届任期五年。乡、民族乡、镇的人民代表大会每届任期三年。"

中华人民共和国宪法修正案

（1999 年 3 月 15 日第九届全国人民代表大会第二次会议通过　1999 年 3 月 15 日全国人民代表大会公告公布施行）

第十二条　宪法序言第七自然段："中国新民主主义革命的胜利和社会主义事业的成就，都是中国共产党领导中国各族人民，在马克思列宁主义、毛泽东思想的指引下，坚持真理，修正错误，战胜许多艰难险阻而取得的。我国正处于社会主义初级阶段。国家的根本任务是，根据建设有中国特色社会主义的理论，集中力量进行社会主义现代化建设。中国各族人民将继续在中国共产党领导下，在马克思列宁主义、毛泽东思想指引下，坚持人民民主专政，坚持社会主义道路，坚持改革开放，不断完善社会主义的各项制度，发展社会主义民主，健全社会主义法制，自力更生，艰苦奋斗，逐步实现工业、农业、国防和科学技术的现代化，把我国建设成为富强、民主、文明的社会主义国家。"修改为："中国新民主主义革命的胜利和社会主义事业的成就，是中国共产党领导中国各族人民，在马克思列宁主义、毛泽东思想的指引下，坚持真理，修正错误，战胜许多艰难险阻而取得的。我国将长期处于社会主义初级阶段。国家的根本任务是，沿着建设有中国特色社会主义的道路，集中力量进行社会主义现代化建设。中国各族人民将继续在中国共产党领导下，在马克思列宁主义、毛泽东思想、邓小平理论指引下，坚持人民民主专政，坚持社会主义道路，坚持改革开放，不断完善社会主义的各项制度，发展社会主义市场经济，发展社会主义民主，健全社会主义法制，自力更生，艰苦奋斗，逐步实现工业、农业、国防和科学技术的现代化,把我国建设成为富强、民主、文明的社会主义国家。"

第十三条 宪法第五条增加一款,作为第一款,规定:"中华人民共和国实行依法治国,建设社会主义法治国家。"

第十四条 宪法第六条:"中华人民共和国的社会主义经济制度的基础是生产资料的社会主义公有制,即全民所有制和劳动群众集体所有制。""社会主义公有制消灭人剥削人的制度,实行各尽所能,按劳分配的原则。"修改为:"中华人民共和国的社会主义经济制度的基础是生产资料的社会主义公有制,即全民所有制和劳动群众集体所有制。社会主义公有制消灭人剥削人的制度,实行各尽所能、按劳分配的原则。""国家在社会主义初级阶段,坚持公有制为主体、多种所有制经济共同发展的基本经济制度,坚持按劳分配为主体、多种分配方式并存的分配制度。"

第十五条 宪法第八条第一款:"农村中的家庭联产承包为主的责任制和生产、供销、信用、消费等各种形式的合作经济,是社会主义劳动群众集体所有制经济。参加农村集体经济组织的劳动者,有权在法律规定的范围内经营自留地、自留山、家庭副业和饲养自留畜。"修改为:"农村集体经济组织实行家庭承包经营为基础、统分结合的双层经营体制。农村中的生产、供销、信用、消费等各种形式的合作经济,是社会主义劳动群众集体所有制经济。参加农村集体经济组织的劳动者,有权在法律规定的范围内经营自留地、自留山、家庭副业和饲养自留畜。"

第十六条 宪法第十一条:"在法律规定范围内的城乡劳动者个体经济,是社会主义公有制经济的补充。国家保护个体经济的合法的权利和利益。""国家通过行政管理,指导、帮助和监督个体经济。""国家允许私营经济在法律规定的范围内存在和发展。私营经济是社会主义公有制经济的补充。国家保护私营经济的合法的权利和利益,对私营经济实行引导、监督和管理。"修改为:"在法律规定范围内的个体经济、私营经济等非公有制经济,是社会主义市场经济的重要组成部分。""国家保护个体经济、私营经济的合法的权利和利益。国家对个体经济、私营经济实行引导、监督和管理。"

　　第十七条　宪法第二十八条:"国家维护社会秩序,镇压叛国和其他反革命的活动,制裁危害社会治安、破坏社会主义经济和其他犯罪的活动,惩办和改造犯罪分子。"修改为:"国家维护社会秩序,镇压叛国和其他危害国家安全的犯罪活动,制裁危害社会治安、破坏社会主义经济和其他犯罪的活动,惩办和改造犯罪分子。"

中华人民共和国宪法修正案

（2004 年 3 月 14 日第十届全国人民代表大会第二次会议通过　2004 年 3 月 14 日全国人民代表大会公告公布施行）

第十八条　宪法序言第七自然段中"在马克思列宁主义、毛泽东思想、邓小平理论指引下"修改为"在马克思列宁主义、毛泽东思想、邓小平理论和'三个代表'重要思想指引下"，"沿着建设有中国特色社会主义的道路"修改为"沿着中国特色社会主义道路"，"逐步实现工业、农业、国防和科学技术的现代化"之后增加"推动物质文明、政治文明和精神文明协调发展"。这一自然段相应地修改为："中国新民主主义革命的胜利和社会主义事业的成就，是中国共产党领导中国各族人民，在马克思列宁主义、毛泽东思想的指引下，坚持真理，修正错误，战胜许多艰难险阻而取得的。我国将长期处于社会主义初级阶段。国家的根本任务是，沿着中国特色社会主义道路，集中力量进行社会主义现代化建设。中国各族人民将继续在中国共产党领导下，在马克思列宁主义、毛泽东思想、邓小平理论和'三个代表'重要思想指引下，坚持人民民主专政，坚持社会主义道路，坚持改革开放，不断完善社会主义的各项制度，发展社会主义市场经济，发展社会主义民主，健全社会主义法制，自力更生，艰苦奋斗，逐步实现工业、农业、国防和科学技术的现代化，推动物质文明、政治文明和精神文明协调发展，把我国建设成为富强、民主、文明的社会主义国家。"

第十九条　宪法序言第十自然段第二句"在长期的革命和建设过程中，已经结成由中国共产党领导的，有各民主党派和各人民团体参加的，包括全体社会主义劳动者、拥护社会主义的爱国者和拥护祖国统一的爱国者的广泛的爱国统一战线，这个统一战线将继续巩固和发展。"修改为："在长期的革命和建设过程中，已经结成由中国共产党领导的，有各民主党派和各人民团体参加的，包括全体社会主义劳动者、社会主义事业的建设者、拥护社会主义的爱国者和拥护祖国统一的爱国者的广泛的爱国统一战线，这个统一战线将继续巩固和发展。"

第二十条 宪法第十条第三款"国家为了公共利益的需要，可以依照法律规定对土地实行征用。"修改为："国家为了公共利益的需要，可以依照法律规定对土地实行征收或者征用并给予补偿。"

第二十一条 宪法第十一条第二款"国家保护个体经济、私营经济的合法的权利和利益。国家对个体经济、私营经济实行引导、监督和管理。"修改为："国家保护个体经济、私营经济等非公有制经济的合法的权利和利益。国家鼓励、支持和引导非公有制经济的发展，并对非公有制经济依法实行监督和管理。"

第二十二条 宪法第十三条"国家保护公民的合法的收入、储蓄、房屋和其他合法财产的所有权。""国家依照法律规定保护公民的私有财产的继承权。"修改为："公民的合法的私有财产不受侵犯。""国家依照法律规定保护公民的私有财产权和继承权。""国家为了公共利益的需要，可以依照法律规定对公民的私有财产实行征收或者征用并给予补偿。"

第二十三条 宪法第十四条增加一款，作为第四款："国家建立健全同经济发展水平相适应的社会保障制度。"

第二十四条 宪法第三十三条增加一款，作为第三款："国家尊重和保障人权。"第三款相应地改为第四款。

第二十五条 宪法第五十九条第一款"全国人民代表大会由省、自治区、直辖市和军队选出的代表组成。各少数民族都应当有适当名额的代表。"修改为："全国人民代表大会由省、自治区、直辖市、特别行政区和军队选出的代表组成。各少数民族都应当有适当名额的代表。"

第二十六条 宪法第六十七条全国人民代表大会常务委员会职权第二十项"（二十）决定全国或者个别省、自治区、直辖市的戒严"修改为"（二十）决定全国或者个别省、自治区、直辖市进入紧急状态"。

第二十七条 宪法第八十条"中华人民共和国主席根据全国人民代表大会的决定和全国人民代表大会常务委员会的决定，公布法律，任免国务院总理、副总理、国务委员、各部部长、各委员会主任、审计长、秘书长，授予国家的勋章和荣誉称号，发布特赦令，发布戒严令，宣布战争状态，发布动员令。"修改为："中华人民共和国主席根据全国人民代表大会的决定和全国人民代表大会常务委员会的决定，公布法律，任免国务院总理、副总理、国务委员、各部部长、各委员会主任、审计长、秘书长，授予国家的勋章和荣誉称号，发布特赦令，宣布进入紧急状态，宣布战争状态，发布动员令。"

第二十八条 宪法第八十一条"中华人民共和国主席代表中华人民共和国，接受外国使节；根据全国人民代表大会常务委员会的决定，派遣和召回驻外全权代表，批准和废除同外国缔结的条约和重要协定。"修改为："中华人民共和国主席代表中华人民共和国，进行国事活动，接受外国使节；根据全国人民代表大会常务委员会的决定，派遣和召回驻外全权代表，批准和废除同外国缔结的条约和重要协定。"

第二十九条 宪法第八十九条国务院职权第十六项"（十六）决定省、自治区、直辖市的范围内部分地区的戒严"修改为"（十六）依照法律规定决定省、自治区、直辖市的范围内部分地区进入紧急状态"。

第三十条 宪法第九十八条"省、直辖市、县、市、市辖区的人民代表大会每届任期五年。乡、民族乡、镇的人民代表大会每届任期三年。"修改为:"地方各级人民代表大会每届任期五年。"

第三十一条 宪法第四章章名"国旗、国徽、首都"修改为"国旗、国歌、国徽、首都"。宪法第一百三十六条增加一款,作为第二款:"中华人民共和国国歌是《义勇军进行曲》。"

中华人民共和国宪法修正案

（2018 年 3 月 11 日第十三届全国人民代表大会第一次会议通过　2018 年 3 月 11 日全国人民代表大会公告公布施行）

第三十二条　宪法序言第七自然段中"在马克思列宁主义、毛泽东思想、邓小平理论和'三个代表'重要思想指引下"修改为"在马克思列宁主义、毛泽东思想、邓小平理论、'三个代表'重要思想、科学发展观、习近平新时代中国特色社会主义思想指引下"；"健全社会主义法制"修改为"健全社会主义法治"；在"自力更生，艰苦奋斗"前增写"贯彻新发展理念"；"推动物质文明、政治文明和精神文明协调发展，把我国建设成为富强、民主、文明的社会主义国家"修改为"推动物质文明、政治文明、精神文明、社会文明、生态文明协调发展，把我国建设成为富强民主文明和谐美丽的社会主义现代化强国，实现中华民族伟大复兴"。这一自然段相应修改为："中国新民主主义革命的胜利和社会主义事业的成就，是中国共产党领导中国各族人民，在马克思列宁主义、毛泽东思想的指引下，坚持真理，修正错误，战胜许多艰难险阻而取得的。我国将长期处于社会主义初级阶段。国家的根本任务是，沿着中国特色社会主义道路，集中力量进行社会主义现代化建设。中国各族人民将继续在中国共产党领导下，在马克思列宁主义、毛泽东思想、邓小平理论、'三个代表'重要思想、科学发展观、习近平新时代中国特色社会主义思想指引下，坚持人民民主专政，坚持社会主义道路，坚持改革开放，不断完善社会主义的各项制度，发展社会主义市场经济，发展社会主义民主，健全社会主义法治,贯彻新发展理念,自力更生,艰苦奋斗,逐步实现工业、农业、国防和科学技术的现代化,推动物质文明、政治文明、精神文明、社会文明、生态文明协调发展,把我国建设成为富强民主文明和谐美丽的社会主义现代化强国,实现中华民族伟大复兴。”

第三十三条 宪法序言第十自然段中“在长期的革命和建设过程中”修改为“在长期的革命、建设、改革过程中”;“包括全体社会主义劳动者、社会主义事业的建设者、拥护社会主义的爱国者和拥护祖国统一的爱国者的广泛的爱国统一战线”修改为“包括全体社会主义劳动者、社会主义事业的建设者、拥护社会主义的爱国者、拥护祖国统一和致力于中华民族伟大复兴的爱国者的广泛的爱国统一战线”。这一自然段相应修改为:“社会主义的建设事业必须依靠工人、农民和知识分子,团结一切可以团结的力量。在长期的革命、建设、改革过程中,已经结成由中国共产党领导的,有各民主党派和各人民团体参加的,包括全体社会主义劳动者、社会主义事业的建设者、拥护社会主义的爱国者、拥护祖国统一和致力于中华民族伟大复兴的爱国者的广泛的爱国统一战线,这个统一战线将继续巩固和发展。中国人民政治协商会议是有广泛代表性的统一战线组织,过去发挥了重要的历史作用,今后在国家政治生活、社会生活和对外友好活动中,在进行社会主义现代化建设、维护国家的统一和团结的斗争中,将进一步发挥它的重要作用。中国共产党领导的多党合作和政治协商制度将长期存在和发展。”

第三十四条 宪法序言第十一自然段中“平等、团结、互助的社会主义民族关系已经确立,并将继续加强。”修改为:“平等团结互助和谐的社会主义民族关系已经确立,并将继续加强。”

第三十五条 宪法序言第十二自然段中“中国革命和建设的成就是同世界人民的支持分不开的”修改为“中国革命、建设、改革的成就是同世界人民的支持分不开的”；"中国坚持独立自主的对外政策，坚持互相尊重主权和领土完整、互不侵犯、互不干涉内政、平等互利、和平共处的五项原则"后增加"坚持和平发展道路，坚持互利共赢开放战略"；"发展同各国的外交关系和经济、文化的交流"修改为"发展同各国的外交关系和经济、文化交流，推动构建人类命运共同体"。这一自然段相应修改为："中国革命、建设、改革的成就是同世界人民的支持分不开的。中国的前途是同世界的前途紧密地联系在一起的。中国坚持独立自主的对外政策，坚持互相尊重主权和领土完整、互不侵犯、互不干涉内政、平等互利、和平共处的五项原则，坚持和平发展道路，坚持互利共赢开放战略，发展同各国的外交关系和经济、文化交流，推动构建人类命运共同体；坚持反对帝国主义、霸权主义、殖民主义，加强同世界各国人民的团结，支持被压迫民族和发展中国家争取和维护民族独立、发展民族经济的正义斗争，为维护世界和平和促进人类进步事业而努力。"

第三十六条 宪法第一条第二款"社会主义制度是中华人民共和国的根本制度。"后增写一句，内容为："中国共产党领导是中国特色社会主义最本质的特征。"

第三十七条 宪法第三条第三款"国家行政机关、审判机关、检察机关都由人民代表大会产生，对它负责，受它监督。"修改为："国家行政机关、监察机关、审判机关、检察机关都由人民代表大会产生，对它负责，受它监督。"

第三十八条 宪法第四条第一款中"国家保障各少数民族的合法的权利和利益，维护和发展各民族的平等、团结、互助关系。"修改为："国家保障各少数民族的合法的权利和利益，维护和发展各民族的平等团结互助和谐关系。"

第三十九条 宪法第二十四条第二款中"国家提倡爱祖国、爱人民、爱劳动、爱科学、爱社会主义的公德"修改为"国家倡导社会主义核心价值观，提倡爱祖国、爱人民、爱劳动、爱科学、爱社会主义的公德"。这一款相应修改为："国家倡导社会主义核心价值观，提倡爱祖国、爱人民、爱劳动、爱科学、爱社会主义的公德，在人民中进行爱国主义、集体主义和国际主义、共产主义的教育，进行辩证唯物主义和历史唯物主义的教育，反对资本主义的、封建主义的和其他的腐朽思想。"

　　第四十条　宪法第二十七条增加一款，作为第三款："国家工作人员就职时应当依照法律规定公开进行宪法宣誓。"

　　第四十一条　宪法第六十二条"全国人民代表大会行使下列职权"中增加一项，作为第七项"（七）选举国家监察委员会主任"，第七项至第十五项相应改为第八项至第十六项。

　　第四十二条　宪法第六十三条"全国人民代表大会有权罢免下列人员"中增加一项，作为第四项"（四）国家监察委员会主任"，第四项、第五项相应改为第五项、第六项。

　　第四十三条　宪法第六十五条第四款"全国人民代表大会常务委员会的组成人员不得担任国家行政机关、审判机关和检察机关的职务。"修改为："全国人民代表大会常务委员会的组成人员不得担任国家行政机关、监察机关、审判机关和检察机关的职务。"

　　第四十四条　宪法第六十七条"全国人民代表大会常务委员会行使下列职权"中第六项"（六）监督国务院、中央军事委员会、最高人民法院和最高人民检察院的工作"修改为"（六）监督国务院、中央军事委员会、国家监察委员会、最高人民法院和最高人民检察院的工作"；增加一项，作为第十一项"（十一）根据国家监察委员会主任的提请，任免国家监察委员会副主任、委员"，第十一项至第二十一项相应改为第十二项至第二十二项。

　　宪法第七十条第一款中"全国人民代表大会设立民族委员会、法律委员会、财政经济委员会、教育科学文化卫生委员会、外事委员会、华侨委员会和其他需要设立的专门委员会。"修改为:"全国人民代表大会设立民族委员会、宪法和法律委员会、财政经济委员会、教育科学文化卫生委员会、外事委员会、华侨委员会和其他需要设立的专门委员会。"

第四十五条 宪法第七十九条第三款"中华人民共和国主席、副主席每届任期同全国人民代表大会每届任期相同,连续任职不得超过两届。"修改为:"中华人民共和国主席、副主席每届任期同全国人民代表大会每届任期相同。"

第四十六条 宪法第八十九条"国务院行使下列职权"中第六项"(六)领导和管理经济工作和城乡建设"修改为"(六)领导和管理经济工作和城乡建设、生态文明建设";第八项"(八)领导和管理民政、公安、司法行政和监察等工作"修改为"(八)领导和管理民政、公安、司法行政等工作"。

第四十七条 宪法第一百条增加一款,作为第二款:"设区的市的人民代表大会和它们的常务委员会,在不同宪法、法律、行政法规和本省、自治区的地方性法规相抵触的前提下,可以依照法律规定制定地方性法规,报本省、自治区人民代表大会常务委员会批准后施行。"

第四十八条 宪法第一百零一条第二款中"县级以上的地方各级人民代表大会选举并且有权罢免本级人民法院院长和本级人民检察院检察长。"修改为:"县级以上的地方各级人民代表大会选举并且有权罢免本级监察委员会主任、本级人民法院院长和本级人民检察院检察长。"

第四十九条 宪法第一百零三条第三款"县级以上的地方各级人民代表大会常务委员会的组成人员不得担任国家行政机关、审判机关和检察机关的职务。"修改为:"县级以上的地方各级人民代表大会常务委员会的组成人员不得担任国家行政机关、监察机关、审判机关和检察机关的职务。"

第五十条 宪法第一百零四条中"监督本级人民政府、人民法院和人民检察院的工作"修改为"监督本级人民政府、监察委员会、人民法院和人民检察院的工作"。这一条相应修改为："县级以上的地方各级人民代表大会常务委员会讨论、决定本行政区域内各方面工作的重大事项；监督本级人民政府、监察委员会、人民法院和人民检察院的工作；撤销本级人民政府的不适当的决定和命令；撤销下一级人民代表大会的不适当的决议；依照法律规定的权限决定国家机关工作人员的任免；在本级人民代表大会闭会期间，罢免和补选上一级人民代表大会的个别代表。"

第五十一条 宪法第一百零七条第一款"县级以上地方各级人民政府依照法律规定的权限，管理本行政区域内的经济、教育、科学、文化、卫生、体育事业、城乡建设事业和财政、民政、公安、民族事务、司法行政、监察、计划生育等行政工作，发布决定和命令，任免、培训、考核和奖惩行政工作人员。"修改为："县级以上地方各级人民政府依照法律规定的权限，管理本行政区域内的经济、教育、科学、文化、卫生、体育事业、城乡建设事业和财政、民政、公安、民族事务、司法行政、计划生育等行政工作，发布决定和命令，任免、培训、考核和奖惩行政工作人员。"

第五十二条 宪法第三章"国家机构"中增加一节，作为第七节"监察委员会"；增加五条，分别作为第一百二十三条至第一百二十七条。内容如下：

第七节 监察委员会

第一百二十三条 中华人民共和国各级监察委员会是国家的监察机关。

第一百二十四条 中华人民共和国设立国家监察委员会和地方各级监察委员会。

监察委员会由下列人员组成：

主任，

副主任若干人，

委员若干人。

监察委员会主任每届任期同本级人民代表大会每届任期相同。国家监察委员会主任连续任职不得超过两届。

监察委员会的组织和职权由法律规定。

第一百二十五条 中华人民共和国国家监察委员会是最高监察机关。

国家监察委员会领导地方各级监察委员会的工作，上级监察委员会领导下级监察委员会的工作。

第一百二十六条 国家监察委员会对全国人民代表大会和全国人民代表大会常务委员会负责。地方各级监察委员会对产生它的国家权力机关和上一级监察委员会负责。

第一百二十七条 监察委员会依照法律规定独立行使监察权，不受行政机关、社会团体和个人的干涉。

监察机关办理职务违法和职务犯罪案件，应当与审判机关、检察机关、执法部门互相配合，互相制约。

第七节相应改为第八节，第一百二十三条至第一百三十八条相应改为第一百二十八条至第一百四十三条。

全国人民代表大会常务委员会关于设立国家宪法日的决定

（2014 年 11 月 1 日第十二届全国人民代表大会常务委员会第十一次会议通过）

1982 年 12 月 4 日,第五届全国人民代表大会第五次会议通过了现行的《中华人民共和国宪法》。现行宪法是对 1954 年制定的新中国第一部宪法的继承和发展。宪法是国家的根本法,是治国安邦的总章程,具有最高的法律地位、法律权威、法律效力。全面贯彻实施宪法,是全面推进依法治国、建设社会主义法治国家的首要任务和基础性工作。全国各族人民、一切国家机关和武装力量、各政党和各社会团体、各企业事业组织,都必须以宪法为根本的活动准则,并且负有维护宪法尊严、保证宪法实施的职责。任何组织或者个人都不得有超越宪法和法律的特权,一切违反宪法和法律的行为都必须予以追究。为了增强全社会的宪法意识,弘扬宪法精神,加强宪法实施,全面推进依法治国,第十二届全国人民代表大会常务委员会第十一次会议决定:

将 12 月 4 日设立为国家宪法日。国家通过多种形式开展宪法宣传教育活动。

全国人民代表大会常务委员会关于实行宪法宣誓制度的决定

(2015 年 7 月 1 日第十二届全国人民代表大会常务委员会第十五次会议通过　2018 年 2 月 24 日第十二届全国人民代表大会常务委员会第三十三次会议修订)

宪法是国家的根本法,是治国安邦的总章程,具有最高的法律地位、法律权威、法律效力。国家工作人员必须树立宪法意识,恪守宪法原则,弘扬宪法精神,履行宪法使命。为彰显宪法权威,激励和教育国家工作人员忠于宪法、遵守宪法、维护宪法,加强宪法实施,全国人民代表大会常务委员会决定:

一、各级人民代表大会及县级以上各级人民代表大会常务委员会选举或者决定任命的国家工作人员,以及各级人民政府、监察委员会、人民法院、人民检察院任命的国家工作人员,在就职时应当公开进行宪法宣誓。

二、宣誓誓词如下:

我宣誓:忠于中华人民共和国宪法,维护宪法权威,履行法定职责,忠于祖国、忠于人民,恪尽职守、廉洁奉公,接受人民监督,为建设富强民主文明和谐美丽的社会主义现代化强国努力奋斗!

三、全国人民代表大会选举或者决定任命的中华人民共和国主席、副主席,全国人民代表大会常务委员会委员长、副委员长、秘书长、委员,国务院总理、副总理、国务委员、各部部长、各委员会主任、中国人民银行行长、审计长、秘书长，中华人民共和国中央军事委员会主席、副主席、委员，国家监察委员会主任，最高人民法院院长，最高人民检察院检察长，以及全国人民代表大会专门委员会主任委员、副主任委员、委员等，在依照法定程序产生后，进行宪法宣誓。宣誓仪式由全国人民代表大会会议主席团组织。

四、在全国人民代表大会闭会期间，全国人民代表大会常务委员会任命或者决定任命的全国人民代表大会专门委员会个别副主任委员、委员，国务院部长、委员会主任、中国人民银行行长、审计长、秘书长，中华人民共和国中央军事委员会副主席、委员，在依照法定程序产生后，进行宪法宣誓。宣誓仪式由全国人民代表大会常务委员会委员长会议组织。

五、全国人民代表大会常务委员会任命的全国人民代表大会常务委员会副秘书长，全国人民代表大会常务委员会工作委员会主任、副主任、委员，全国人民代表大会常务委员会代表资格审查委员会主任委员、副主任委员、委员等，在依照法定程序产生后，进行宪法宣誓。宣誓仪式由全国人民代表大会常务委员会委员长会议组织。

六、全国人民代表大会常务委员会任命或者决定任命的国家监察委员会副主任、委员，最高人民法院副院长、审判委员会委员、庭长、副庭长、审判员和军事法院院长，最高人民检察院副检察长、检察委员会委员、检察员和军事检察院检察长，中华人民共和国驻外全权代表，在依照法定程序产生后，进行宪法宣誓。宣誓仪式由国家监察委员会、最高人民法院、最高人民检察院、外交部分别组织。

七、国务院及其各部门、国家监察委员会、最高人民法院、最高人民检察院任命的国家工作人员，在就职时进行宪法宣誓。宣誓仪式由任命机关组织。

八、宣誓仪式根据情况,可以采取单独宣誓或者集体宣誓的形式。单独宣誓时,宣誓人应当左手抚按《中华人民共和国宪法》,右手举拳,诵读誓词。集体宣誓时,由一人领誓,领誓人左手抚按《中华人民共和国宪法》,右手举拳,领诵誓词;其他宣誓人整齐排列,右手举拳,跟诵誓词。

宣誓场所应当庄重、严肃,悬挂中华人民共和国国旗或者国徽。宣誓仪式应当奏唱中华人民共和国国歌。

负责组织宣誓仪式的机关,可以根据本决定并结合实际情况,对宣誓的具体事项作出规定。

九、地方各级人民代表大会及县级以上地方各级人民代表大会常务委员会选举或者决定任命的国家工作人员,以及地方各级人民政府、监察委员会、人民法院、人民检察院任命的国家工作人员,在依照法定程序产生后,进行宪法宣誓。宣誓的具体组织办法由省、自治区、直辖市人民代表大会常务委员会参照本决定制定,报全国人民代表大会常务委员会备案。

十、本决定自 2018 年 3 月 12 日起施行。

香港特别行政区基本法

中华人民共和国主席令

第二十六号

《中华人民共和国香港特别行政区基本法》,包括附件一:《香港特别行政区行政长官的产生办法》,附件二:《香港特别行政区立法会的产生办法和表决程序》,附件三:《在香港特别行政区实施的全国性法律》,以及香港特别行政区区旗、区徽图案,已由中华人民共和国第七届全国人民代表大会第三次会议于 1990 年 4 月 4 日通过,现予公布,自 1997 年 7 月 1 日起实施。

中华人民共和国主席 杨尚昆
1990 年 4 月 4 日

中华人民共和国主席令

第七十五号

《中华人民共和国香港特别行政区基本法附件一香港特别行政区行政长官的产生办法》已由中华人民共和国第十三届全国人民代表大会常务委员会第二十七次会议于 2021 年 3 月 30 日修订通过，现将修订后的《中华人民共和国香港特别行政区基本法附件一香港特别行政区行政长官的产生办法》予以公布，自 2021 年 3 月 31 日起施行。

中华人民共和国主席　习近平
2021 年 3 月 30 日

中华人民共和国主席令

第七十六号

《中华人民共和国香港特别行政区基本法附件二香港特别行政区立法会的产生办法和表决程序》已由中华人民共和国第十三届全国人民代表大会常务委员会第二十七次会议于 2021 年 3 月 30 日修订通过，现将修订后的《中华人民共和国香港特别行政区基本法附件二香港特别行政区立法会的产生办法和表决程序》予以公布，自 2021 年 3 月 31 日起施行。

中华人民共和国主席　习近平

2021 年 3 月 30 日

中华人民共和国
香港特别行政区基本法

（1990 年 4 月 4 日第七届全国人民代表大会第三次会议通过　1990 年 4 月 4 日中华人民共和国主席令第二十六号公布　自 1997 年 7 月 1 日起实施）

目　　录

序　　言

香港自古以来就是中国的领土，一八四〇年鸦片战争以后被英国占领。一九八四年十二月十九日，中英两国政府签署了关于香港问题的联合声明，确认中华人民共和国政府于一九九七年七月一日恢复对香港行使主权，从而实现了长期以来中国人民收回香港的共同愿望。

为了维护国家的统一和领土完整，保持香港的繁荣和稳定，并考虑到香港的历史和现实情况，国家决定，在对香港恢复行使主权时，根据中华人民共和国宪法第三十一条的规定，设立香港特别行政区，并按照"一个国家，两种制度"的方针，不在香港实行社会主义的制度和政策。国家对香港的基本方针政策，已由中国政府在中英联合声明中予以阐明。

根据中华人民共和国宪法，全国人民代表大会特制定中华人民共和国香港特别行政区基本法，规定香港特别行政区实行的制度，以保障国家对香港的基本方针政策的实施。

第一章　总　　则

第一条　香港特别行政区是中华人民共和国不可分离的部分。

第二条　全国人民代表大会授权香港特别行政区依照本法的规定实行高度自治，享有行政管理权、立法权、独立的司法权和终审权。

第三条 香港特别行政区的行政机关和立法机关由香港永久性居民依照本法有关规定组成。

第四条 香港特别行政区依法保障香港特别行政区居民和其他人的权利和自由。

第五条 香港特别行政区不实行社会主义制度和政策,保持原有的资本主义制度和生活方式,五十年不变。

第六条 香港特别行政区依法保护私有财产权。

第七条 香港特别行政区境内的土地和自然资源属于国家所有,由香港特别行政区政府负责管理、使用、开发、出租或批给个人、法人或团体使用或开发,其收入全归香港特别行政区政府支配。

第八条 香港原有法律,即普通法、衡平法、条例、附属立法和习惯法,除同本法相抵触或经香港特别行政区的立法机关作出修改者外,予以保留。

第九条 香港特别行政区的行政机关、立法机关和司法机关,除使用中文外,还可使用英文,英文也是正式语文。

第十条 香港特别行政区除悬挂中华人民共和国国旗和国徽外,还可使用香港特别行政区区旗和区徽。

香港特别行政区的区旗是五星花蕊的紫荆花红旗。

香港特别行政区的区徽,中间是五星花蕊的紫荆花,周围写有"中华人民共和国香港特别行政区"和英文"香港"。

第十一条 根据中华人民共和国宪法第三十一条,香港特别行政区的制度和政策,包括社会、经济制度,有关保障居民的基本权利和自由的制度,行政管理、立法和司法方面的制度,以及有关政策,均以本法的规定为依据。

香港特别行政区立法机关制定的任何法律,均不得同本法相抵触。

第二章 中央和香港特别行政区的关系

第十二条 香港特别行政区是中华人民共和国的一

个享有高度自治权的地方行政区域,直辖于中央人民政府。

第十三条 中央人民政府负责管理与香港特别行政区有关的外交事务。

中华人民共和国外交部在香港设立机构处理外交事务。

中央人民政府授权香港特别行政区依照本法自行处理有关的对外事务。

第十四条 中央人民政府负责管理香港特别行政区的防务。

香港特别行政区政府负责维持香港特别行政区的社会治安。

中央人民政府派驻香港特别行政区负责防务的军队不干预香港特别行政区的地方事务。香港特别行政区政府在必要时,可向中央人民政府请求驻军协助维持社会治安和救助灾害。

驻军人员除须遵守全国性的法律外,还须遵守香港特别行政区的法律。

驻军费用由中央人民政府负担。

第十五条 中央人民政府依照本法第四章的规定任命香港特别行政区行政长官和行政机关的主要官员。

第十六条 香港特别行政区享有行政管理权,依照本法的有关规定自行处理香港特别行政区的行政事务。

第十七条 香港特别行政区享有立法权。

香港特别行政区的立法机关制定的法律须报全国人民代表大会常务委员会备案。备案不影响该法律的生效。

全国人民代表大会常务委员会在征询其所属的香港特别行政区基本法委员会后,如认为香港特别行政区立法机关制定的任何法律不符合本法关于中央管理的事务及中央和香港特别行政区的关系的条款,可将有关法律发回,但不作修改。经全国人民代表大会常务委员会发回的法律立即失效。该法律的失效，除香港特别行政区的法律另有规定外，无溯及力。

第十八条　在香港特别行政区实行的法律为本法以及本法第八条规定的香港原有法律和香港特别行政区立法机关制定的法律。

全国性法律除列于本法附件三者外，不在香港特别行政区实施。凡列于本法附件三之法律，由香港特别行政区在当地公布或立法实施。

全国人民代表大会常务委员会在征询其所属的香港特别行政区基本法委员会和香港特别行政区政府的意见后，可对列于本法附件三的法律作出增减，任何列入附件三的法律，限于有关国防、外交和其他按本法规定不属于香港特别行政区自治范围的法律。

全国人民代表大会常务委员会决定宣布战争状态或因香港特别行政区内发生香港特别行政区政府不能控制的危及国家统一或安全的动乱而决定香港特别行政区进入紧急状态，中央人民政府可发布命令将有关全国性法律在香港特别行政区实施。

第十九条　香港特别行政区享有独立的司法权和终审权。

香港特别行政区法院除继续保持香港原有法律制度和原则对法院审判权所作的限制外，对香港特别行政区所有的案件均有审判权。

香港特别行政区法院对国防、外交等国家行为无管辖权。香港特别行政区法院在审理案件中遇有涉及国防、外交等国家行为的事实问题，应取得行政长官就该等问题发出的证明文件，上述文件对法院有约束力。行政长官在发出证明文件前，须取得中央人民政府的证明书。

第二十条　香港特别行政区可享有全国人民代表大会和全国人民代表大会常务委员会及中央人民政府授予的其他权力。

第二十一条　香港特别行政区居民中的中国公民依

法参与国家事务的管理。

根据全国人民代表大会确定的名额和代表产生办法,由香港特别行政区居民中的中国公民在香港选出香港特别行政区的全国人民代表大会代表,参加最高国家权力机关的工作。

第二十二条 中央人民政府所属各部门、各省、自治区、直辖市均不得干预香港特别行政区根据本法自行管理的事务。

中央各部门、各省、自治区、直辖市如需在香港特别行政区设立机构,须征得香港特别行政区政府同意并经中央人民政府批准。

中央各部门、各省、自治区、直辖市在香港特别行政区设立的一切机构及其人员均须遵守香港特别行政区的法律。

中国其他地区的人进入香港特别行政区须办理批准手续,其中进入香港特别行政区定居的人数由中央人民政府主管部门征求香港特别行政区政府的意见后确定。

香港特别行政区可在北京设立办事机构。

第二十三条 香港特别行政区应自行立法禁止任何叛国、分裂国家、煽动叛乱、颠覆中央人民政府及窃取国家机密的行为,禁止外国的政治性组织或团体在香港特别行政区进行政治活动,禁止香港特别行政区的政治性组织或团体与外国的政治性组织或团体建立联系。

第三章　居民的基本权利和义务

第二十四条 香港特别行政区居民,简称香港居民,包括永久性居民和非永久性居民。

香港特别行政区永久性居民为:

(一)在香港特别行政区成立以前或以后在香港出生的中国公民;

(二)在香港特别行政区成立以前或以后在香港通常居住连续七年以上的中国公民;

（三）第（一）、（二）两项所列居民在香港以外所生的中国籍子女；

（四）在香港特别行政区成立以前或以后持有效旅行证件进入香港、在香港通常居住连续七年以上并以香港为永久居住地的非中国籍的人；

（五）在香港特别行政区成立以前或以后第（四）项所列居民在香港所生的未满二十一周岁的子女；

（六）第（一）至（五）项所列居民以外在香港特别行政区成立以前只在香港有居留权的人。

以上居民在香港特别行政区享有居留权和有资格依照香港特别行政区法律取得载明其居留权的永久性居民身份证。

香港特别行政区非永久性居民为:有资格依照香港特别行政区法律取得香港居民身份证,但没有居留权的人。

第二十五条 香港居民在法律面前一律平等。

第二十六条 香港特别行政区永久性居民依法享有选举权和被选举权。

第二十七条 香港居民享有言论、新闻、出版的自由,结社、集会、游行、示威的自由,组织和参加工会、罢工的权利和自由。

第二十八条 香港居民的人身自由不受侵犯。

香港居民不受任意或非法逮捕、拘留、监禁。禁止任意或非法搜查居民的身体、剥夺或限制居民的人身自由。禁止对居民施行酷刑、任意或非法剥夺居民的生命。

第二十九条 香港居民的住宅和其他房屋不受侵犯。禁止任意或非法搜查、侵入居民的住宅和其他房屋。

第三十条 香港居民的通讯自由和通讯秘密受法律的保护。除因公共安全和追查刑事犯罪的需要,由有关机关依照法律程序对通讯进行检查外,任何部门或个人不得以任何理由侵犯居民的通讯自由和通讯秘密。

第三十一条 香港居民有在香港特别行政区境内迁

徙的自由,有移居其他国家和地区的自由。香港居民有旅行和出入境的自由。有效旅行证件的持有人,除非受到法律制止,可自由离开香港特别行政区,无需特别批准。

第三十二条 香港居民有信仰的自由。

香港居民有宗教信仰的自由,有公开传教和举行、参加宗教活动的自由。

第三十三条 香港居民有选择职业的自由。

第三十四条 香港居民有进行学术研究、文学艺术创作和其他文化活动的自由。

第三十五条 香港居民有权得到秘密法律咨询、向法院提起诉讼、选择律师及时保护自己的合法权益或在法庭上为其代理和获得司法补救。

香港居民有权对行政部门和行政人员的行为向法院提起诉讼。

第三十六条 香港居民有依法享受社会福利的权利。劳工的福利待遇和退休保障受法律保护。

第三十七条 香港居民的婚姻自由和自愿生育的权利受法律保护。

第三十八条 香港居民享有香港特别行政区法律保障的其他权利和自由。

第三十九条 《公民权利和政治权利国际公约》、《经济、社会与文化权利的国际公约》和国际劳工公约适用于香港的有关规定继续有效,通过香港特别行政区的法律予以实施。

香港居民享有的权利和自由,除依法规定外不得限制,此种限制不得与本条第一款规定抵触。

第四十条 “新界”原居民的合法传统权益受香港特别行政区的保护。

第四十一条 在香港特别行政区境内的香港居民以外的其他人,依法享有本章规定的香港居民的权利和自由。

第四十二条 香港居民和在香港的其他人有遵守香港特别行政区实行的法律的义务。

第四章 政治体制

第一节 行政长官

第四十三条 香港特别行政区行政长官是香港特别行政区的首长,代表香港特别行政区。

香港特别行政区行政长官依照本法的规定对中央人民政府和香港特别行政区负责。

第四十四条 香港特别行政区行政长官由年满四十周岁,在香港通常居住连续满二十年并在外国无居留权的香港特别行政区永久性居民中的中国公民担任。

第四十五条 香港特别行政区行政长官在当地通过选举或协商产生,由中央人民政府任命。

行政长官的产生办法根据香港特别行政区的实际情况和循序渐进的原则而规定,最终达至由一个有广泛代表性的提名委员会按民主程序提名后普选产生的目标。

行政长官产生的具体办法由附件一《香港特别行政区行政长官的产生办法》规定。

第四十六条 香港特别行政区行政长官任期五年,可连任一次。

第四十七条 香港特别行政区行政长官必须廉洁奉公、尽忠职守。

行政长官就任时应向香港特别行政区终审法院首席法官申报财产,记录在案。

第四十八条 香港特别行政区行政长官行使下列职权:

(一)领导香港特别行政区政府;

(二)负责执行本法和依照本法适用于香港特别行政区的其他法律;

(三)签署立法会通过的法案,公布法律;

签署立法会通过的财政预算案,将财政预算、决算报中央人民政府备案;

(四)决定政府政策和发布行政命令;

(五)提名并报请中央人民政府任命下列主要官员:各司司长、副司长,各局局长,廉政专员,审计署署长,警务处处长,入境事务处处长,海关关长;建议中央人民政府免除上述官员职务;

(六)依照法定程序任免各级法院法官;

(七)依照法定程序任免公职人员;

(八)执行中央人民政府就本法规定的有关事务发出的指令;

(九)代表香港特别行政区政府处理中央授权的对外事务和其他事务;

(十)批准向立法会提出有关财政收入或支出的动议;

(十一)根据安全和重大公共利益的考虑,决定政府官员或其他负责政府公务的人员是否向立法会或其属下的委员会作证和提供证据;

(十二)赦免或减轻刑事罪犯的刑罚;

(十三)处理请愿、申诉事项。

第四十九条 香港特别行政区行政长官如认为立法会通过的法案不符合香港特别行政区的整体利益,可在三个月内将法案发回立法会重议,立法会如以不少于全体议员三分之二多数再次通过原案,行政长官必须在一个月内签署公布或按本法第五十条的规定处理。

第五十条 香港特别行政区行政长官如拒绝签署立法会再次通过的法案或立法会拒绝通过政府提出的财政预算案或其他重要法案,经协商仍不能取得一致意见,行政长官可解散立法会。

行政长官在解散立法会前,须征询行政会议的意见。行政长官在其一任任期内只能解散立法会一次。

第五十一条 香港特别行政区立法会如拒绝批准政

府提出的财政预算案,行政长官可向立法会申请临时拨款。如果由于立法会已被解散而不能批准拨款,行政长官可在选出新的立法会前的一段时期内,按上一财政年度的开支标准,批准临时短期拨款。

第五十二条 香港特别行政区行政长官如有下列情况之一者必须辞职:

(一)因严重疾病或其他原因无力履行职务;

(二)因两次拒绝签署立法会通过的法案而解散立法会,重选的立法会仍以全体议员三分之二多数通过所争议的原案,而行政长官仍拒绝签署;

(三)因立法会拒绝通过财政预算案或其他重要法案而解散立法会,重选的立法会继续拒绝通过所争议的原案。

第五十三条 香港特别行政区行政长官短期不能履行职务时,由政务司长、财政司长、律政司长依次临时代理其职务。

行政长官缺位时,应在六个月内依本法第四十五条的规定产生新的行政长官。行政长官缺位期间的职务代理,依照上款规定办理。

第五十四条 香港特别行政区行政会议是协助行政长官决策的机构。

第五十五条 香港特别行政区行政会议的成员由行政长官从行政机关的主要官员、立法会议员和社会人士中委任,其任免由行政长官决定。行政会议成员的任期应不超过委任他的行政长官的任期。

香港特别行政区行政会议成员由在外国无居留权的香港特别行政区永久性居民中的中国公民担任。

行政长官认为必要时可邀请有关人士列席会议。

第五十六条 香港特别行政区行政会议由行政长官主持。

行政长官在作出重要决策、向立法会提交法案、制定附属法规和解散立法会前,须征询行政会议的意见,但人事任免、纪律制裁和紧急情况下采取的措施除外。

行政长官如不采纳行政会议多数成员的意见,应将具体理由记录在案。

第五十七条 香港特别行政区设立廉政公署,独立工作,对行政长官负责。

第五十八条 香港特别行政区设立审计署,独立工作,对行政长官负责。

第二节 行 政 机 关

第五十九条 香港特别行政区政府是香港特别行政区行政机关。

第六十条 香港特别行政区政府的首长是香港特别行政区行政长官。

香港特别行政区政府设政务司、财政司、律政司和各局、处、署。

第六十一条 香港特别行政区的主要官员由在香港通常居住连续满十五年并在外国无居留权的香港特别行政区永久性居民中的中国公民担任。

第六十二条 香港特别行政区政府行使下列职权:

(一)制定并执行政策;

(二)管理各项行政事务;

(三)办理本法规定的中央人民政府授权的对外事务;

(四)编制并提出财政预算、决算;

(五)拟定并提出法案、议案、附属法规;

(六)委派官员列席立法会并代表政府发言。

第六十三条 香港特别行政区律政司主管刑事检察工作,不受任何干涉。

第六十四条 香港特别行政区政府必须遵守法律,对香港特别行政区立法会负责:执行立法会通过并已生效的法律;定期向立法会作施政报告;答复立法会议员的质询;征税和公共开支须经立法会批准。

第六十五条 原由行政机关设立咨询组织的制度继续保留。

第三节 立法机关

第六十六条 香港特别行政区立法会是香港特别行政区的立法机关。

第六十七条 香港特别行政区立法会由在外国无居留权的香港特别行政区永久性居民中的中国公民组成。但非中国籍的香港特别行政区永久性居民和在外国有居留权的香港特别行政区永久性居民也可以当选为香港特别行政区立法会议员，其所占比例不得超过立法会全体议员的百分之二十。

第六十八条 香港特别行政区立法会由选举产生。

立法会的产生办法根据香港特别行政区的实际情况和循序渐进的原则而规定，最终达至全部议员由普选产生的目标。

立法会产生的具体办法和法案、议案的表决程序由附件二《香港特别行政区立法会的产生办法和表决程序》规定。

第六十九条 香港特别行政区立法会除第一届任期为两年外，每届任期四年。

第七十条 香港特别行政区立法会如经行政长官依本法规定解散，须于三个月内依本法第六十八条的规定，重行选举产生。

第七十一条 香港特别行政区立法会主席由立法会议员互选产生。

香港特别行政区立法会主席由年满四十周岁，在香港通常居住连续满二十年并在外国无居留权的香港特别行政区永久性居民中的中国公民担任。

第七十二条 香港特别行政区立法会主席行使下列职权：

（一）主持会议；

（二）决定议程，政府提出的议案须优先列入议程；

（三）决定开会时间；

（四）在休会期间可召开特别会议；

（五）应行政长官的要求召开紧急会议；

（六）立法会议事规则所规定的其他职权。

第七十三条 香港特别行政区立法会行使下列职权：

（一）根据本法规定并依照法定程序制定、修改和废除法律；

（二）根据政府的提案，审核、通过财政预算；

（三）批准税收和公共开支；

（四）听取行政长官的施政报告并进行辩论；

（五）对政府的工作提出质询；

（六）就任何有关公共利益问题进行辩论；

（七）同意终审法院法官和高等法院首席法官的任免；

（八）接受香港居民申诉并作出处理；

（九）如立法会全体议员的四分之一联合动议，指控行政长官有严重违法或渎职行为而不辞职，经立法会通过进行调查，立法会可委托终审法院首席法官负责组成独立的调查委员会，并担任主席。调查委员会负责进行调查，并向立法会提出报告。如该调查委员会认为有足够证据构成上述指控，立法会以全体议员三分之二多数通过，可提出弹劾案，报请中央人民政府决定。

（十）在行使上述各项职权时，如有需要，可传召有关人士出席作证和提供证据。

第七十四条 香港特别行政区立法会议员根据本法规定并依照法定程序提出法律草案，凡不涉及公共开支或政治体制或政府运作者，可由立法会议员个别或联名提出。凡涉及政府政策者，在提出前必须得到行政长官的书面同意。

第七十五条 香港特别行政区立法会举行会议的法定人数为不少于全体议员的二分之一。

立法会议事规则由立法会自行制定，但不得与本法相抵触。

第七十六条 香港特别行政区立法会通过的法案，须经行政长官签署、公布，方能生效。

第七十七条 香港特别行政区立法会议员在立法会的会议上发言，不受法律追究。

第七十八条 香港特别行政区立法会议员在出席会议时和赴会途中不受逮捕。

第七十九条 香港特别行政区立法会议员如有下列情况之一，由立法会主席宣告其丧失立法会议员的资格：

（一）因严重疾病或其他情况无力履行职务；

（二）未得到立法会主席的同意，连续三个月不出席会议而无合理解释者；

（三）丧失或放弃香港特别行政区永久性居民的身份；

（四）接受政府的委任而出任公务人员；

（五）破产或经法庭裁定偿还债务而不履行；

（六）在香港特别行政区区内或区外被判犯有刑事罪行，判处监禁一个月以上，并经立法会出席会议的议员三分之二通过解除其职务；

（七）行为不检或违反誓言而经立法会出席会议的议员三分之二通过谴责。

第四节　司法机关

第八十条 香港特别行政区各级法院是香港特别行政区的司法机关，行使香港特别行政区的审判权。

第八十一条 香港特别行政区设立终审法院、高等法院、区域法院、裁判署法庭和其他专门法庭。高等法院设上诉法庭和原讼法庭。

原在香港实行的司法体制，除因设立香港特别行政区终审法院而产生变化外，予以保留。

第八十二条 香港特别行政区的终审权属于香港特别行政区终审法院。终审法院可根据需要邀请其他普通法适用地区的法官参加审判。

第八十三条 香港特别行政区各级法院的组织和职权由法律规定。

第八十四条 香港特别行政区法院依照本法第十八条所规定的适用于香港特别行政区的法律审判案件,其他普通法适用地区的司法判例可作参考。

第八十五条 香港特别行政区法院独立进行审判,不受任何干涉,司法人员履行审判职责的行为不受法律追究。

第八十六条 原在香港实行的陪审制度的原则予以保留。

第八十七条 香港特别行政区的刑事诉讼和民事诉讼中保留原在香港适用的原则和当事人享有的权利。

任何人在被合法拘捕后,享有尽早接受司法机关公正审判的权利,未经司法机关判罪之前均假定无罪。

第八十八条 香港特别行政区法院的法官,根据当地法官和法律界及其他方面知名人士组成的独立委员会推荐,由行政长官任命。

第八十九条 香港特别行政区法院的法官只有在无力履行职责或行为不检的情况下,行政长官才可根据终审法院首席法官任命的不少于三名当地法官组成的审议庭的建议,予以免职。

香港特别行政区终审法院的首席法官只有在无力履行职责或行为不检的情况下,行政长官才可任命不少于五名当地法官组成的审议庭进行审议,并可根据其建议,依照本法规定的程序,予以免职。

第九十条 香港特别行政区终审法院和高等法院的首席法官,应由在外国无居留权的香港特别行政区永久性居民中的中国公民担任。

除本法第八十八条和第八十九条规定的程序外,香港特别行政区终审法院的法官和高等法院首席法官的任命或免职,还须由行政长官征得立法会同意,并报全国人民代表大会常务委员会备案。

第九十一条 香港特别行政区法官以外的其他司法人员原有的任免制度继续保持。

第九十二条 香港特别行政区的法官和其他司法人员,应根据其本人的司法和专业才能选用,并可从其他普通法适用地区聘用。

第九十三条 香港特别行政区成立前在香港任职的法官和其他司法人员均可留用,其年资予以保留,薪金、津贴、福利待遇和服务条件不低于原来的标准。

对退休或符合规定离职的法官和其他司法人员,包括香港特别行政区成立前已退休或离职者,不论其所属国籍或居住地点,香港特别行政区政府按不低于原来的标准,向他们或其家属支付应得的退休金、酬金、津贴和福利费。

第九十四条 香港特别行政区政府可参照原在香港实行的办法,作出有关当地和外来的律师在香港特别行政区工作和执业的规定。

第九十五条 香港特别行政区可与全国其他地区的司法机关通过协商依法进行司法方面的联系和相互提供协助。

第九十六条 在中央人民政府协助或授权下,香港特别行政区政府可与外国就司法互助关系作出适当安排。

第五节 区 域 组 织

第九十七条 香港特别行政区可设立非政权性的区域组织,接受香港特别行政区政府就有关地区管理和其他事务的咨询,或负责提供文化、康乐、环境卫生等服务。

第九十八条 区域组织的职权和组成方法由法律规定。

第六节 公 务 人 员

第九十九条 在香港特别行政区政府各部门任职的公务人员必须是香港特别行政区永久性居民。本法第一百零一条对外籍公务人员另有规定者或法律规定某一职级以下者不在此限。

公务人员必须尽忠职守,对香港特别行政区政府负责。

第一百条 香港特别行政区成立前在香港政府各部门,包括警察部门任职的公务人员均可留用,其年资予以保留,薪金、津贴、福利待遇和服务条件不低于原来的标准。

第一百零一条 香港特别行政区政府可任用原香港公务人员中的或持有香港特别行政区永久性居民身份证的英籍和其他外籍人士担任政府部门的各级公务人员,但下列各职级的官员必须由在外国无居留权的香港特别行政区永久性居民中的中国公民担任:各司司长、副司长,各局局长,廉政专员,审计署署长,警务处处长,入境事务处处长,海关关长。

香港特别行政区政府还可聘请英籍和其他外籍人士担任政府部门的顾问,必要时并可从香港特别行政区以外聘请合格人员担任政府部门的专门和技术职务。上述外籍人士只能以个人身份受聘,对香港特别行政区政府负责。

第一百零二条 对退休或符合规定离职的公务人员,包括香港特别行政区成立前退休或符合规定离职的公务人员,不论其所属国籍或居住地点,香港特别行政区政府按不低于原来的标准向他们或其家属支付应得的退休金、酬金、津贴和福利费。

第一百零三条 公务人员应根据其本人的资格、经验和才能予以任用和提升,香港原有关于公务人员的招聘、雇用、考核、纪律、培训和管理的制度,包括负责公务人员的任用、薪金、服务条件的专门机构,除有关给予外籍人员特权待遇的规定外,予以保留。

第一百零四条 香港特别行政区行政长官、主要官员、行政会议成员、立法会议员、各级法院法官和其他司法人员在就职时必须依法宣誓拥护中华人民共和国香港特别行政区基本法，效忠中华人民共和国香港特别行政区。

第五章　经　　济

第一节　财政、金融、贸易和工商业

第一百零五条　香港特别行政区依法保护私人和法人财产的取得、使用、处置和继承的权利，以及依法征用私人和法人财产时被征用财产的所有人得到补偿的权利。

征用财产的补偿应相当于该财产当时的实际价值，可自由兑换，不得无故迟延支付。

企业所有权和外来投资均受法律保护。

第一百零六条　香港特别行政区保持财政独立。

香港特别行政区的财政收入全部用于自身需要，不上缴中央人民政府。

中央人民政府不在香港特别行政区征税。

第一百零七条　香港特别行政区的财政预算以量入为出为原则，力求收支平衡，避免赤字，并与本地生产总值的增长率相适应。

第一百零八条　香港特别行政区实行独立的税收制度。

香港特别行政区参照原在香港实行的低税政策，自行立法规定税种、税率、税收宽免和其他税务事项。

第一百零九条　香港特别行政区政府提供适当的经济和法律环境，以保持香港的国际金融中心地位。

第一百一十条　香港特别行政区的货币金融制度由法律规定。

香港特别行政区政府自行制定货币金融政策，保障金融企业和金融市场的经营自由，并依法进行管理和监督。

第一百一十一条 港元为香港特别行政区法定货币,继续流通。

港币的发行权属于香港特别行政区政府。港币的发行须有百分之百的准备金。港币的发行制度和准备金制度,由法律规定。

香港特别行政区政府,在确知港币的发行基础健全和发行安排符合保持港币稳定的目的的条件下,可授权指定银行根据法定权限发行或继续发行港币。

第一百一十二条 香港特别行政区不实行外汇管制政策。港币自由兑换。继续开放外汇、黄金、证券、期货等市场。

香港特别行政区政府保障资金的流动和进出自由。

第一百一十三条 香港特别行政区的外汇基金,由香港特别行政区政府管理和支配,主要用于调节港元汇价。

第一百一十四条 香港特别行政区保持自由港地位,除法律另有规定外,不征收关税。

第一百一十五条 香港特别行政区实行自由贸易政策,保障货物、无形财产和资本的流动自由。

第一百一十六条 香港特别行政区为单独的关税地区。

香港特别行政区可以"中国香港"的名义参加《关税和贸易总协定》、关于国际纺织品贸易安排等有关国际组织和国际贸易协定,包括优惠贸易安排。

香港特别行政区所取得的和以前取得仍继续有效的出口配额、关税优惠和达成的其他类似安排,全由香港特别行政区享有。

第一百一十七条 香港特别行政区根据当时的产地规则,可对产品签发产地来源证。

第一百一十八条 香港特别行政区政府提供经济和法律环境,鼓励各项投资、技术进步开开发新兴产业。

第一百一十九条 香港特别行政区政府制定适当政

策,促进和协调制造业、商业、旅游业、房地产业、运输业、公用事业、服务性行业、渔农业等各行业的发展,并注意环境保护。

第二节　土　地　契　约

第一百二十条　香港特别行政区成立以前已批出、决定、或续期的超越一九九七年六月三十日年期的所有土地契约和与土地契约有关的一切权利,均按香港特别行政区的法律继续予以承认和保护。

第一百二十一条　从一九八五年五月二十七日至一九九七年六月三十日期间批出的,或原没有续期权利而获得续期的,超出一九九七年六月三十日年期而不超过二零四七年六月三十日的一切土地契约,承租人从一九九七年七月一日起不补地价,但需每年缴纳相当于当日该土地应课差饷租值百分之三的租金。此后,随应课差饷租值的改变而调整租金。

第一百二十二条　原旧批约地段、乡村屋地、丁屋地和类似的农村土地,如该土地在一九八四年六月三十日的承租人,或在该日以后批出的丁屋地承租人,其父系为一八九八年在香港的原有乡村居民,只要该土地的承租人仍为该人或其合法父系继承人,原定租金维持不变。

第一百二十三条　香港特别行政区成立以后满期而没有续期权利的土地契约,由香港特别行政区自行制定法律和政策处理。

第三节　航　　运

第一百二十四条　香港特别行政区保持原在香港实行的航运经营和管理体制,包括有关海员的管理制度。

香港特别行政区政府自行规定在航运方面的具体职能和责任。

第一百二十五条　香港特别行政区经中央人民政府授权继续进行船舶登记,并根据香港特别行政区的法律以"中国香港"的名义颁发有关证件。

第一百二十六条 除外国军用船只进入香港特别行政区须经中央人民政府特别许可外,其他船舶可根据香港特别行政区法律进出其港口。

第一百二十七条 香港特别行政区的私营航运及与航运有关的企业和私营集装箱码头,可继续自由经营。

第四节 民 用 航 空

第一百二十八条 香港特别行政区政府应提供条件和采取措施,以保持香港的国际和区域航空中心的地位。

第一百二十九条 香港特别行政区继续实行原在香港实行的民用航空管理制度,并按中央人民政府关于飞机国籍标志和登记标志的规定,设置自己的飞机登记册。

外国国家航空器进入香港特别行政区须经中央人民政府特别许可。

第一百三十条 香港特别行政区自行负责民用航空的日常业务和技术管理,包括机场管理,在香港特别行政区飞行情报区内提供空中交通服务,和履行国际民用航空组织的区域性航行规程所规定的其他职责。

第一百三十一条 中央人民政府经同香港特别行政区政府磋商作出安排,为在香港特别行政区注册并以香港为主要营业地的航空公司和中华人民共和国的其他航空公司,提供香港特别行政区和中华人民共和国其他地区之间的往返航班。

第一百三十二条 凡涉及中华人民共和国其他地区同其他国家和地区的往返并经停香港特别行政区的航班,和涉及香港特别行政区同其他国家和地区的往返并经停中华人民共和国其他地区航班的民用航空运输协定,由中央人民政府签订。

中央人民政府在签订本条第一款所指民用航空运输协定时,应考虑香港特别行政区的特殊情况和经济利益,并同香港特别行政区政府磋商。

中央人民政府在同外国政府商谈有关本条第一款所指航班的安排时，香港特别行政区政府的代表可作为中华人民共和国政府代表团的成员参加。

第一百三十三条 香港特别行政区政府经中央人民政府具体授权可：

（一）续签或修改原有的民用航空运输协定和协议；

（二）谈判签订新的民用航空运输协定，为在香港特别行政区注册并以香港为主要营业地的航空公司提供航线，以及过境和技术停降权利；

（三）同没有签订民用航空运输协定的外国或地区谈判签订临时协议。

不涉及往返、经停中国内地而只往返、经停香港的定期航班，均由本条所指的民用航空运输协定或临时协议予以规定。

第一百三十四条 中央人民政府授权香港特别行政区政府：

（一）同其他当局商谈并签订有关执行本法第一百三十三条所指民用航空运输协定和临时协议的各项安排；

（二）对在香港特别行政区注册并以香港为主要营业地的航空公司签发执照；

（三）依照本法第一百三十三条所指民用航空运输协定和临时协议指定航空公司；

（四）对外国航空公司除往返、经停中国内地的航班以外的其他航班签发许可证。

第一百三十五条 香港特别行政区成立前在香港注册并以香港为主要营业地的航空公司和与民用航空有关的行业，可继续经营。

第六章　教育、科学、文化、体育、宗教、劳工和社会服务

第一百三十六条 香港特别行政区政府在原有教育制度的基础上，自行制定有关教育的发展和改进的政策，

包括教育体制和管理、教学语言、经费分配、考试制度、学位制度和承认学历等政策。

社会团体和私人可依法在香港特别行政区兴办各种教育事业。

第一百三十七条 各类院校均可保留其自主性并享有学术自由,可继续从香港特别行政区以外招聘教职员和选用教材。宗教组织所办的学校可继续提供宗教教育,包括开设宗教课程。

学生享有选择院校和在香港特别行政区以外求学的自由。

第一百三十八条 香港特别行政区政府自行制定发展中西医药和促进医疗卫生服务的政策。社会团体和私人可依法提供各种医疗卫生服务。

第一百三十九条 香港特别行政区政府自行制定科学技术政策,以法律保护科学技术的研究成果、专利和发明创造。

香港特别行政区政府自行确定适用于香港的各类科学、技术标准和规格。

第一百四十条 香港特别行政区政府自行制定文化政策,以法律保护作者在文学艺术创作中所获得的成果和合法权益。

第一百四十一条 香港特别行政区政府不限制宗教信仰自由,不干预宗教组织的内部事务,不限制与香港特别行政区法律没有抵触的宗教活动。

宗教组织依法享有财产的取得、使用、处置、继承以及接受资助的权利。财产方面的原有权益仍予保持和保护。

宗教组织可按原有办法继续兴办宗教院校、其他学校、医院和福利机构以及提供其他社会服务。

香港特别行政区的宗教组织和教徒可与其他地方的宗教组织和教徒保持和发展关系。

第一百四十二条 香港特别行政区政府在保留原有

的专业制度的基础上,自行制定有关评审各种专业的执业资格的办法。

在香港特别行政区成立前已取得专业和执业资格者,可依据有关规定和专业守则保留原有的资格。

香港特别行政区政府继续承认在特别行政区成立前已承认的专业和专业团体,所承认的专业团体可自行审核和颁授专业资格。

香港特别行政区政府可根据社会发展需要并咨询有关方面的意见,承认新的专业和专业团体。

第一百四十三条 香港特别行政区政府自行制定体育政策。民间体育团体可依法继续存在和发展。

第一百四十四条 香港特别行政区政府保持原在香港实行的对教育、医疗卫生、文化、艺术、康乐、体育、社会福利、社会工作等方面的民间团体机构的资助政策。原在香港各资助机构任职的人员均可根据原有制度继续受聘。

第一百四十五条 香港特别行政区政府在原有社会福利制度的基础上,根据经济条件和社会需要,自行制定其发展、改进的政策。

第一百四十六条 香港特别行政区从事社会服务的志愿团体在不抵触法律的情况下可自行决定其服务方式。

第一百四十七条 香港特别行政区自行制定有关劳工的法律和政策。

第一百四十八条 香港特别行政区的教育、科学、技术、文化、艺术、体育、专业、医疗卫生、劳工、社会福利、社会工作等方面的民间团体和宗教组织同内地相应的团体和组织的关系,应以互不隶属、互不干涉和互相尊重的原则为基础。

第一百四十九条 香港特别行政区的教育、科学、技术、文化、艺术、体育、专业、医疗卫生、劳工、社会福利、社会工作等方面的民间团体和宗教组织可同世界各国、各地区及国际的有关团体和组织保持和发展关系,各该团体和组织可根据需要冠用"中国香港"的名义,参与有关活动。

第七章　对外事务

第一百五十条　香港特别行政区政府的代表,可作为中华人民共和国政府代表团的成员,参加由中央人民政府进行的同香港特别行政区直接有关的外交谈判。

第一百五十一条　香港特别行政区可在经济、贸易、金融、航运、通讯、旅游、文化、体育等领域以"中国香港"的名义,单独地同世界各国、各地区及有关国际组织保持和发展关系,签订和履行有关协议。

第一百五十二条　对以国家为单位参加的、同香港特别行政区有关的、适当领域的国际组织和国际会议,香港特别行政区政府可派遣代表作为中华人民共和国代表团的成员或以中央人民政府和上述有关国际组织或国际会议允许的身份参加,并以"中国香港"的名义发表意见。

香港特别行政区可以"中国香港"的名义参加不以国家为单位参加的国际组织和国际会议。

对中华人民共和国已参加而香港也以某种形式参加了的国际组织,中央人民政府将采取必要措施使香港特别行政区以适当形式继续保持在这些组织中的地位。

对中华人民共和国尚未参加而香港已以某种形式参加的国际组织,中央人民政府将根据需要使香港特别行政区以适当形式继续参加这些组织。

第一百五十三条　中华人民共和国缔结的国际协议,中央人民政府可根据香港特别行政区的情况和需要,在征询香港特别行政区政府的意见后,决定是否适用于香港特别行政区。

中华人民共和国尚未参加但已适用于香港的国际协议仍可继续适用。中央人民政府根据需要授权或协助香港特别行政区政府作出适当安排,使其他有关国际协议适用于香港特别行政区。

第一百五十四条 中央人民政府授权香港特别行政区政府依照法律给持有香港特别行政区永久性居民身份证的中国公民签发中华人民共和国香港特别行政区护照,给在香港特别行政区的其他合法居留者签发中华人民共和国香港特别行政区的其他旅行证件。上述护照和证件,前往各国和各地区有效,并载明持有人有返回香港特别行政区的权利。

对世界各国或各地区的人入境、逗留和离境,香港特别行政区政府可实行出入境管制。

第一百五十五条 中央人民政府协助或授权香港特别行政区政府与各国或各地区缔结互免签证协议。

第一百五十六条 香港特别行政区可根据需要在外国设立官方或半官方的经济和贸易机构,报中央人民政府备案。

第一百五十七条 外国在香港特别行政区设立领事机构或其他官方、半官方机构,须经中央人民政府批准。

已同中华人民共和国建立正式外交关系的国家在香港设立的领事机构和其他官方机构,可予保留。

尚未同中华人民共和国建立正式外交关系的国家在香港设立的领事机构和其他官方机构,可根据情况允许保留或改为半官方机构。

尚未为中华人民共和国承认的国家,只能在香港特别行政区设立民间机构。

第八章　本法的解释和修改

第一百五十八条 本法的解释权属于全国人民代表大会常务委员会。

全国人民代表大会常务委员会授权香港特别行政区法院在审理案件时对本法关于香港特别行政区自治范围内的条款自行解释。

香港特别行政区法院在审理案件时对本法的其他条款也可解释。但如香港特别行政区法院在审理案件时需要对本法关于中央人民政府管理的事务或中央和香港特别行政区关系的条款进行解释，而该条款的解释又影响到案件的判决，在对该案件作出不可上诉的终局判决前，应由香港特别行政区终审法院请全国人民代表大会常务委员会对有关条款作出解释。如全国人民代表大会常务委员会作出解释，香港特别行政区法院在引用该条款时，应以全国人民代表大会常务委员会的解释为准。但在此以前作出的判决不受影响。

全国人民代表大会常务委员会在对本法进行解释前，征询其所属的香港特别行政区基本法委员会的意见。

第一百五十九条 本法的修改权属于全国人民代表大会。

本法的修改提案权属于全国人民代表大会常务委员会、国务院和香港特别行政区。香港特别行政区的修改议案，须经香港特别行政区的全国人民代表大会代表三分之二多数、香港特别行政区立法会全体议员三分之二多数和香港特别行政区行政长官同意后，交由香港特别行政区出席全国人民代表大会的代表团向全国人民代表大会提出。

本法的修改议案在列入全国人民代表大会的议程前，先由香港特别行政区基本法委员会研究并提出意见。

本法的任何修改，均不得同中华人民共和国对香港既定的基本方针政策相抵触。

第九章　附　　则

第一百六十条 香港特别行政区成立时，香港原有法律除由全国人民代表大会常务委员会宣布为同本法抵触者外，采用为香港特别行政区法律，如以后发现有的法律与本法抵触，可依照本法规定的程序修改或停止生效。

在香港原有法律下有效的文件、证件、契约和权利义务，在不抵触本法的前提下继续有效，受香港特别行政区的承认和保护。

附件一

香港特别行政区行政长官的产生办法

（1990 年 4 月 4 日第七届全国人民代表大会第三次会议通过　2010 年 8 月 28 日第十一届全国人民代表大会常务委员会第十六次会议批准修正　2021 年 3 月 30 日第十三届全国人民代表大会常务委员会第二十七次会议修订）

一、行政长官由一个具有广泛代表性、符合香港特别行政区实际情况、体现社会整体利益的选举委员会根据本法选出，由中央人民政府任命。

二、选举委员会委员共 1500 人，由下列各界人士组成：

第一界别：工商、金融界　　　　　　　300 人

第二界别：专业界　　　　　　　　　　300 人

第三界别：基层、劳工和宗教等界　　　300 人

第四界别：立法会议员、地区组织代表等界　300 人

第五界别：香港特别行政区全国人大代表、

香港特别行政区全国政协委员和有关

全国性团体香港成员的代表界　　300 人

选举委员会委员必须由香港特别行政区永久性居民担任。

选举委员会每届任期五年。

三、选举委员会各个界别的划分及名额如下：

第一界别设十八个界别分组：工业界（第一）（17席）、工业界（第二）（17 席）、纺织及制衣界（17 席）、商界（第一）（17 席）、商界（第二）（17 席）、商界（第三）（17席）、金融界（17 席）、金融服务界（17 席）、保险界（17席）、地产及建造界（17 席）、航运交通界（17 席）、进出口

界(17席)、旅游界(17席)、酒店界(16席)、饮食界(16席)、批发及零售界(17席)、香港雇主联合会(15席)、中小企业界(15席)。

第二界别设十个界别分组:科技创新界(30席)、工程界(30席)、建筑测量都市规划及园境界(30席)、会计界(30席)、法律界(30席)、教育界(30席)、体育演艺文化及出版界(30席)、医学及卫生服务界(30席)、中医界(30席)、社会福利界(30席)。

第三界别设五个界别分组:渔农界(60席)、劳工界(60席)、基层社团(60席)、同乡社团(60席)、宗教界(60席)。

第四界别设五个界别分组:立法会议员(90席)、乡议局(27席)、港九分区委员会及地区扑灭罪行委员会、地区防火委员会委员的代表(76席)、"新界"分区委员会及地区扑灭罪行委员会、地区防火委员会委员的代表(80席)、内地港人团体的代表(27席)。

第五界别设两个界别分组:香港特别行政区全国人大代表和香港特别行政区全国政协委员(190席)、有关全国性团体香港成员的代表(110席)。

四、选举委员会以下列方式产生:

(一)香港特别行政区全国人大代表、香港特别行政区全国政协委员、全国人民代表大会常务委员会香港特别行政区基本法委员会香港委员、立法会议员、大学校长或者学校董事会或者校务委员会主席,以及工程界(15席)、建筑测量都市规划及园境界(15席)、教育界(5席)、医学及卫生服务界(15席)、社会福利界(15席)等界别分组的法定机构、咨询组织及相关团体负责人,是相应界别分组的选举委员会委员。

除第五界别外,香港特别行政区全国人大代表和香港特别行政区全国政协委员也可以在其有密切联系的选举委员会其他界别分组登记为委员。如果香港特别行政区全国人大代表或者香港特别行政区全国政协委员登记为选举委员会其他界别分组的委员，则其计入相应界别分组的名额，该界别分组按照本款第三项规定产生的选举委员会委员的名额相应减少。香港特别行政区全国人大代表和香港特别行政区全国政协委员登记为选举委员会有关界别分组的委员后，在该届选举委员会任期内，根据上述规定确定的选举委员会各界别分组按照本款第一、二、三项规定产生的委员的名额维持不变。

（二）宗教界别分组的选举委员会委员由提名产生；科技创新界界别分组的部分委员（15 席）在中国科学院、中国工程院香港院士中提名产生；会计界别分组的部分委员（15 席）在国家财政部聘任的香港会计咨询专家中提名产生；法律界别分组的部分委员（9 席）在中国法学会香港理事中提名产生；体育演艺文化及出版界界别分组的部分委员（15 席）由中国香港体育协会暨奥林匹克委员会、中国文学艺术界联合会香港会员总会和香港出版总会分别提名产生；中医界界别分组的部分委员（15 席）在世界中医药学会联合会香港理事中提名产生；内地港人团体的代表界别分组的委员（27 席）由各内地港人团体提名产生。

（三）除本款第一、二项规定的选举委员会委员外，其他委员由相应界别分组的合资格团体选民选出。各界别分组的合资格团体选民由法律规定的具有代表性的机构、组织、团体或企业构成。除香港特别行政区选举法列明者外，有关团体和企业须获得其所在界别分组相应资格后持续运作三年以上方可成为该界别分组选民。第四界别的乡议局、港九分区委员会及地区扑灭罪行委员会、地区防火委员会委员的代表、"新界"分区委员会及地区扑灭罪行委员会、地区防火委员会委员的代表和第五界别的有关全国性团体香港成员的代表等界别分组的选举委员会委员，可由个人选民选出。选举委员会委员候选人须获得其所在界别分组 5 个选民的提名。每个选民可提名不超过其所在界别分组选举委员会委员名额的候选人。选举委员会各界别分组选民根据提名的名单,以无记名投票选举产生该界别分组的选举委员会委员。

上款规定涉及的选举委员会委员的具体产生办法,包括有关界别分组的法定机构、咨询组织、相关团体和合资格团体选民的界定、候选人提名办法、投票办法等,由香港特别行政区以选举法规定。

五、选举委员会设召集人制度,负责必要时召集选举委员会会议,办理有关事宜。总召集人由担任国家领导职务的选举委员会委员担任,总召集人在选举委员会每个界别各指定若干名召集人。

六、行政长官候选人须获得不少于188名选举委员会委员的提名,且上述五个界别中每个界别参与提名的委员须不少于15名。每名选举委员会委员只可提出一名候选人。

七、选举委员会根据提名的名单,经一人一票无记名投票选出行政长官候任人,行政长官候任人须获得超过750票。具体选举办法由香港特别行政区以选举法规定。

八、香港特别行政区候选人资格审查委员会负责审查并确认选举委员会委员候选人和行政长官候选人的资格。香港特别行政区维护国家安全委员会根据香港特别行政区政府警务处维护国家安全部门的审查情况,就选举委员会委员候选人和行政长官候选人是否符合拥护中华人民共和国香港特别行政区基本法、效忠中华人民共和国香港特别行政区的法定要求和条件作出判断,并就不符合上述法定要求和条件者向香港特别行政区候选人资格审查委员会出具审查意见书。

对香港特别行政区候选人资格审查委员会根据香港特别行政区维护国家安全委员会的审查意见书作出的选举委员会委员候选人和行政长官候选人资格确认的决定,不得提起诉讼。

九、香港特别行政区应当采取措施,依法规管操纵、破坏选举的行为。

十、全国人民代表大会常务委员会依法行使本办法的修改权。全国人民代表大会常务委员会作出修改前,以适当形式听取香港社会各界意见。

十一、依据本办法产生的选举委员会任期开始时,依据原办法产生的选举委员会任期即告终止。

十二、本办法自 2021 年 3 月 31 日起施行。原附件一及有关修正案不再施行。

附件二

香港特别行政区立法会的
产生办法和表决程序

（1990 年 4 月 4 日第七届全国人民代表大会第三次会议通过　2010 年 8 月 28 日第十一届全国人民代表大会常务委员会第十六次会议备案修正　2021 年 3 月 30 日第十三届全国人民代表大会常务委员会第二十七次会议修订）

一、香港特别行政区立法会议员每届 90 人，组成如下：

选举委员会选举的议员　　　　　　　40 人
功能团体选举的议员　　　　　　　　30 人
分区直接选举的议员　　　　　　　　20 人

上述选举委员会即本法附件一规定的选举委员会。

二、选举委员会选举的议员候选人须获得不少于 10 名、不多于 20 名选举委员会委员的提名，且每个界别参与提名的委员不少于 2 名、不多于 4 名。任何合资格选民均可被提名为候选人。每名选举委员会委员只可提出一名候选人。

选举委员会根据提名的名单进行无记名投票，每一选票所选的人数等于应选议员名额的有效，得票多的 40 名候选人当选。

三、功能团体选举设以下二十八个界别：渔农界、乡议局、工业界（第一）、工业界（第二）、纺织及制衣界、商界（第一）、商界（第二）、商界（第三）、金融界、金融服务界、保险界、地产及建造界、航运交通界、进出口界、旅游界、饮食界、批发及零售界、科技创新界、工程界、建筑测量都市规划及园境界、会计界、法律界、教育界、体育演艺文化及出版界、医疗卫生界、社会福利界、劳工界、香港特别行政区全国人大代表香港特别行政区全国政协委员及有关全国性团体代表界。其中，劳工界选举产生三名议员，其他界别各选举产生一名议员。

乡议局、工程界、建筑测量都市规划及园境界、会计界、法律界、教育界、医疗卫生界、社会福利界、香港特别行政区全国人大代表香港特别行政区全国政协委员及有关全国性团体代表界等界别的议员，由个人选民选出。其他界别的议员由合资格团体选民选举产生，各界别的合资格团体选民由法律规定的具有代表性的机构、组织、团体或企业构成。除香港特别行政区选举法列明者外，有关团体和企业须获得其所在界别相应资格后持续运作三年以上方可成为该界别选民。

候选人须获得所在界别不少于 10 个、不多于 20 个选民和选举委员会每个界别不少于 2 名、不多于 4 名委员的提名。每名选举委员会委员在功能团体选举中只可提出一名候选人。

各界别选民根据提名的名单，以无记名投票选举产生该界别立法会议员。

各界别有关法定团体的划分、合资格团体选民的界定、选举办法由香港特别行政区以选举法规定。

四、分区直接选举设立十个选区，每个选区选举产生两名议员。

候选人须获得所在选区不少于 100 个、不多于 200 个选民和选举委员会每个界别不少于 2 名、不多于 4 名委员的提名。每名选举委员会委员在分区直接选举中只可提出一名候选人。

选民根据提名的名单以无记名投票选择一名候选人，得票多的两名候选人当选。

选区划分、投票办法由香港特别行政区以选举法规定。

五、香港特别行政区候选人资格审查委员会负责审查并确认立法会议员候选人的资格。香港特别行政区维护国家安全委员会根据香港特别行政区政府警务处维护国家安全部门的审查情况，就立法会议员候选人是否符合拥护中华人民共和国香港特别行政区基本法、效忠中华人民共和国香港特别行政区的法定要求和条件作出判断，并就不符合上述法定要求和条件者向香港特别行政区候选人资格审查委员会出具审查意见书。

对香港特别行政区候选人资格审查委员会根据香港特别行政区维护国家安全委员会的审查意见书作出的立法会议员候选人资格确认的决定，不得提起诉讼。

六、香港特别行政区应当采取措施，依法规管操纵、破坏选举的行为。

七、除本法另有规定外，香港特别行政区立法会对法案和议案的表决采取下列程序：

政府提出的法案，如获得出席会议的全体议员的过半数票，即为通过。

立法会议员个人提出的议案、法案和对政府法案的修正案均须分别经选举委员会选举产生的议员和功能团体选举、分区直接选举产生的议员两部分出席会议议员各过半数通过。

八、全国人民代表大会常务委员会依法行使本办法和法案、议案的表决程序的修改权。全国人民代表大会常务委员会作出修改前，以适当形式听取香港社会各界意见。

九、本办法和法案、议案的表决程序自 2021 年 3 月 31 日起施行。原附件二及有关修正案不再施行。

附件三

在香港特别行政区实施的全国性法律

下列全国性法律,自一九九七年七月一日起由香港特别行政区在当地公布或立法实施。

一、《关于中华人民共和国国都、纪年、国歌、国旗的决议》

二、《关于中华人民共和国国庆日的决议》

三、《中央人民政府公布中华人民共和国国徽的命令》附:国徽图案、说明、使用办法

四、《中华人民共和国政府关于领海的声明》

五、《中华人民共和国国籍法》

六、《中华人民共和国外交特权与豁免条例》

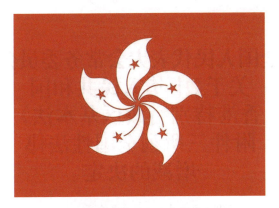

香港特别行政区区旗图案

香港特别行政区区徽图案

全国人民代表大会常务委员会关于《中华人民共和国香港特别行政区基本法》附件三所列全国性法律增减的决定

（1997 年 7 月 1 日第八届全国人民代表大会常务委员会第二十六次会议通过）

一、在《中华人民共和国香港特别行政区基本法》附件三中增加下列全国性法律：

1.《中华人民共和国国旗法》；

2.《中华人民共和国领事特权与豁免条例》；

3.《中华人民共和国国徽法》；

4.《中华人民共和国领海及毗连区法》；

5.《中华人民共和国香港特别行政区驻军法》。

以上全国性法律，自 1997 年 7 月 1 日起由香港特别行政区公布或立法实施。

二、在《中华人民共和国香港特别行政区基本法》附件三中删去下列全国性法律：

《中央人民政府公布中华人民共和国国徽的命令》附：国徽图案、说明、使用办法。

全国人民代表大会常务委员会关于增加《中华人民共和国香港特别行政区基本法》附件三所列全国性法律的决定

（1998 年 11 月 4 日第九届全国人民代表大会常务委员会第五次会议通过）

第九届全国人民代表大会常务委员会第五次会议决定：在《中华人民共和国香港特别行政区基本法》附件三中增加全国性法律《中华人民共和国专属经济区和大陆架法》。

全国人民代表大会常务委员会
关于增加《中华人民共和国
香港特别行政区基本法》
附件三所列全国性
法律的决定

（2005 年 10 月 27 日第十届全国人民代表
大会常务委员会第十八次会议通过）

第十届全国人民代表大会常务委员会第十八次会议
决定：在《中华人民共和国香港特别行政区基本法》附件
三中增加全国性法律《中华人民共和国外国中央银行财
产司法强制措施豁免法》。

全国人民代表大会常务委员会关于增加《中华人民共和国香港特别行政区基本法》附件三所列全国性法律的决定

（2017 年 11 月 4 日第十二届全国人民代表大会常务委员会第三十次会议通过）

第十二届全国人民代表大会常务委员会第三十次会议决定:在《中华人民共和国香港特别行政区基本法》附件三中增加全国性法律《中华人民共和国国歌法》。

全国人民代表大会常务委员会关于增加《中华人民共和国香港特别行政区基本法》附件三所列全国性法律的决定

（2020年6月30日第十三届全国人民代表大会常务委员会第二十次会议通过）

根据《全国人民代表大会关于建立健全香港特别行政区维护国家安全的法律制度和执行机制的决定》，第十三届全国人民代表大会常务委员会第二十次会议决定：在《中华人民共和国香港特别行政区基本法》附件三中增加全国性法律《中华人民共和国香港特别行政区维护国家安全法》，并由香港特别行政区在当地公布实施。

全国人大常委会关于
香港基本法的解释

全国人民代表大会常务委员会关于《中华人民共和国香港特别行政区基本法》第二十二条第四款和第二十四条第二款第(三)项的解释

(1999 年 6 月 26 日第九届全国人民代表大会常务委员会第十次会议通过)

第九届全国人民代表大会常务委员会第十次会议审议了国务院《关于提请解释〈中华人民共和国香港特别行政区基本法〉第二十二条第四款和第二十四条第二款第(三)项的议案》。国务院的议案是应香港特别行政区行政长官根据《中华人民共和国香港特别行政区基本法》第四十三条和第四十八条第(二)项的有关规定提交的报告提出的。鉴于议案中提出的问题涉及香港特别行政区终审法院 1999 年 1 月 29 日的判决对《中华人民共和国香港特别行政区基本法》有关条款的解释,该有关条款涉及中央管理的事务和中央与香港特别行政区的关系,终审法院在判决前没有依照《中华人民共和国香港特别行政区基本法》第一百五十八条第三款的规定请全国人民代表大会常务委员会作出解释,而终审法院的解释又不符合立法原意,经征询全国人民代表大会常务委员会香港特别行政区基本法委员会的意见,全国人民代表大会常务委员会决定,根据《中华人民共和国宪法》第六十七条第(四)项和《中华人民共和国香港特别行政区基本法》第一百五十八条第一款的规定,对《中华人民共和国香港特别行政区基本法》第二十二条第四款和第二十四条第二款第(三)项的规定,作如下解释:

一、《中华人民共和国香港特别行政区基本法》第二十二条第四款关于"中国其他地区的人进入香港特别行政区须办理批准手续"的规定,是指各省、自治区、直辖市的人,包括香港永久性居民在内地所生的中国籍子女,不论以何种事由要求进入香港特别行政区,均须依照国家有关法律、行政法规的规定,向其所在地区的有关机关申请办理批准手续,并须持有有关机关制发的有效证件方能进入香港特别行政区。各省、自治区、直辖市的人,包括香港永久性居民在内地所生的中国籍子女,进入香港特别行政区,如未按国家有关法律、行政法规的规定办理相应的批准手续,是不合法的。

二、《中华人民共和国香港特别行政区基本法》第二十四条第二款前三项规定:"香港特别行政区永久性居民为:(一)在香港特别行政区成立以前或以后在香港出生的中国公民;(二)在香港特别行政区成立以前或以后在香港通常居住连续七年以上的中国公民;(三)第(一)、(二)两项所列居民在香港以外所生的中国籍子女"。其中第(三)项关于"第(一)、(二)两项所列居民在香港以外所生的中国籍子女"的规定,是指无论本人是在香港特别行政区成立以前或以后出生,在其出生时,其父母双方或一方须是符合《中华人民共和国香港特别行政区基本法》第二十四条第二款第(一)项或第(二)项规定条件的人。本解释所阐明的立法原意以及《中华人民共和国香港特别行政区基本法》第二十四条第二款其他各项的立法原意,已体现在 1996 年 8 月 10 日全国人民代表大会香港特别行政区筹备委员会第四次全体会议通过的《关于实施〈中华人民共和国香港特别行政区基本法〉第二十四条第二款的意见》中。

本解释公布之后,香港特别行政区法院在引用《中华人民共和国香港特别行政区基本法》有关条款时,应以本解释为准。本解释不影响香港特别行政区终审法院1999年1月29日对有关案件判决的有关诉讼当事人所获得的香港特别行政区居留权。此外,其他任何人是否符合《中华人民共和国香港特别行政区基本法》第二十四条第二款第(三)项规定的条件,均须以本解释为准。

全国人民代表大会常务委员会关于《中华人民共和国香港特别行政区基本法》第五十三条第二款的解释

（2005 年 4 月 27 日第十届全国人民代表大会常务委员会第十五次会议通过）

第十届全国人民代表大会常务委员会第十五次会议审议了国务院《关于提请解释〈中华人民共和国香港特别行政区基本法〉第五十三条第二款的议案》。根据《中华人民共和国宪法》第六十七条第四项和《中华人民共和国香港特别行政区基本法》第一百五十八条第一款的规定，并征询全国人民代表大会常务委员会香港特别行政区基本法委员会的意见，全国人民代表大会常务委员会对《中华人民共和国香港特别行政区基本法》第五十三条第二款的规定，作如下解释：

《中华人民共和国香港特别行政区基本法》第五十三条第二款中规定："行政长官缺位时，应在六个月内依本法第四十五条的规定产生新的行政长官。"其中"依本法第四十五条的规定产生新的行政长官"，既包括新的行政长官应依据《中华人民共和国香港特别行政区基本法》第四十五条规定的产生办法产生，也包括新的行政长官的任期应依据《中华人民共和国香港特别行政区基本法》第四十五条规定的产生办法确定。

《中华人民共和国香港特别行政区基本法》第四十五条第三款规定："行政长官产生的具体办法由附件一《香

港特别行政区行政长官的产生办法》规定。"附件一第一条规定："行政长官由一个具有广泛代表性的选举委员会根据本法选出,由中央人民政府任命。"第二条规定："选举委员会每届任期五年。"第七条规定："二〇〇七年以后各任行政长官的产生办法如需修改,须经立法会全体议员三分之二多数通过,行政长官同意,并报全国人民代表大会常务委员会批准。"上述规定表明,二〇〇七年以前,在行政长官由任期五年的选举委员会选出的制度安排下,如出现行政长官未任满《中华人民共和国香港特别行政区基本法》第四十六条规定的五年任期导致行政长官缺位的情况,新的行政长官的任期应为原行政长官的剩余任期;二〇〇七年以后,如对上述行政长官产生办法作出修改,届时出现行政长官缺位的情况,新的行政长官的任期应根据修改后的行政长官具体产生办法确定。

现予公告。

全国人民代表大会常务委员会关于《中华人民共和国香港特别行政区基本法》第十三条第一款和第十九条的解释

(2011 年 8 月 26 日第十一届全国人民代表大会常务委员会第二十二次会议通过)

　　第十一届全国人民代表大会常务委员会第二十二次会议审议了委员长会议关于提请审议《全国人民代表大会常务委员会关于〈中华人民共和国香港特别行政区基本法〉第十三条第一款和第十九条的解释(草案)》的议案。委员长会议的议案是应香港特别行政区终审法院依据《中华人民共和国香港特别行政区基本法》第一百五十八条第三款的规定提请全国人民代表大会常务委员会解释《中华人民共和国香港特别行政区基本法》有关规定的报告提出的。

　　香港特别行政区终审法院在审理一起与刚果民主共和国有关的案件时,涉及香港特别行政区是否应适用中央人民政府决定采取的国家豁免规则或政策的问题。为此,香港特别行政区终审法院依据《中华人民共和国香港特别行政区基本法》第一百五十八条第三款的规定,提请全国人民代表大会常务委员会解释如下问题:"(1)根据第十三条第一款的真正解释,中央人民政府是否有权力决定中华人民共和国的国家豁免规则或政策;(2)如有此权力的话,根据第十三条第一款和第十九条的真正解释,香港特别行政区('香港特区')(包括香港特区的法院)是否:①有责任援用或实施中央人民政府根据第十三条第一款所决定的国家豁免规则或政策;或②反之,可随意偏离中央人民政府根据第十三条第一款所决定的国家豁免规则或政策,并采取一项不同的规则;(3)中央人民政府决定国家豁免规则或政策是否属于《基本法》第十九条第三款第一句中所说的'国防、外交等国家行为';以及(4)香港特区成立后,第十三条第一款、第十九条和香港作为中华人民共和国的特别行政区的地位,对香港原有(即1997年7月1日之前)的有关国家豁免的普通法(如果这些法律与中央人民政府根据第十三条第一款所决定的国家豁免规则或政策有抵触)所带来的影响,是否令到这些普通法法律,须按照《基本法》第八条和第一百六十条及于1997年2月23日根据第一百六十条作出的《全国人民代表大会常务委员会的决定》的规定,在适用时作出必要的变更、适应、限制或例外,以确保关于这方面的普通法符合中央人民政府所决定的国家豁免规则或政策。"香港特别行政区终审法院上述提请解释的做法符合《中华人民共和国香港特别行政区基本法》第一百五十八条第三款的规定。

根据《中华人民共和国宪法》第六十七条第(四)项和《中华人民共和国香港特别行政区基本法》第一百五十八条的规定,并征询全国人民代表大会常务委员会香港特别行政区基本法委员会的意见,全国人民代表大会常务委员会就香港特别行政区终审法院提请解释的《中华人民共和国香港特别行政区基本法》第十三条第一款和第十九条的规定以及相关问题,作如下解释:

一、关于香港特别行政区终审法院提请解释的第(1)个问题。依照《中华人民共和国宪法》第八十九条第(九)项的规定,国务院即中央人民政府行使管理国家对外事务的职权,国家豁免规则或政策属于国家对外事务中的外交事务范畴，中央人民政府有权决定中华人民共和国的国家豁免规则或政策，在中华人民共和国领域内统一实施。基于上述，根据《中华人民共和国香港特别行政区基本法》第十三条第一款关于"中央人民政府负责管理与香港特别行政区有关的外交事务"的规定，管理与香港特别行政区有关的外交事务属于中央人民政府的权力，中央人民政府有权决定在香港特别行政区适用的国家豁免规则或政策。

二、关于香港特别行政区终审法院提请解释的第（2）个问题。依照《中华人民共和国香港特别行政区基本法》第十三条第一款和本解释第一条的规定，中央人民政府有权决定在香港特别行政区适用的国家豁免规则或政策；依照《中华人民共和国香港特别行政区基本法》第十九条和本解释第三条的规定，香港特别行政区法院对中央人民政府决定国家豁免规则或政策的行为无管辖权。因此，香港特别行政区法院在审理案件时遇有外国国家及其财产管辖豁免和执行豁免问题，须适用和实施中央人民政府决定适用于香港特别行政区的国家豁免规则或政策。基于上述，根据《中华人民共和国香港特别行政区基本法》第十三条第一款和第十九条的规定，香港特别行政区，包括香港特别行政区法院，有责任适用或实施中央人民政府决定采取的国家豁免规则或政策，不得偏离上述规则或政策，也不得采取与上述规则或政策不同的规则。

三、关于香港特别行政区终审法院提请解释的第（3）个问题。国家豁免涉及一国法院对外国国家及其财产是否拥有管辖权，外国国家及其财产在一国法院是否享有豁免，直接关系到该国的对外关系和国际权利与义务。因此，决定国家豁免规则或政策是一种涉及外交的国家行为。基于上述，《中华人民共和国香港特别行政区基本法》第十九条第三款规定的"国防、外交等国家行为"包括中央人民政府决定国家豁免规则或政策的行为。

　　四、关于香港特别行政区终审法院提请解释的第（4）个问题。依照《中华人民共和国香港特别行政区基本法》第八条和第一百六十条的规定，香港原有法律只有在不抵触《中华人民共和国香港特别行政区基本法》的情况下才予以保留。根据《全国人民代表大会常务委员会关于根据〈中华人民共和国香港特别行政区基本法〉第一百六十条处理香港原有法律的决定》第四条的规定，采用为香港特别行政区法律的香港原有法律，自1997年7月1日起，在适用时，应作出必要的变更、适应、限制或例外，以符合中华人民共和国对香港恢复行使主权后香港的地位和《基本法》的有关规定。香港特别行政区作为中华人民共和国一个享有高度自治权的地方行政区域，直辖于中央人民政府，必须执行中央人民政府决定的国家豁免规则或政策。香港原有法律中有关国家豁免的规则必须符合上述规定才能在1997年7月1日后继续适用。基于上述，根据《中华人民共和国香港特别行政区基本法》第十三条第一款和第十九条的规定，依照《全国人民代表大会常务委员会关于根据〈中华人民共和国香港特别行政区基本法〉第一百六十条处理香港原有法律的决定》采用为香港特别行政区法律的香港原有法律中有关国家豁免的规则，从1997年7月1日起，在适用时，须作出必要的变更、适应、限制或例外，以符合中央人民政府决定采取的国家豁免规则或政策。

　　现予公告。

全国人民代表大会常务委员会
关于《中华人民共和国
香港特别行政区基本法》
第一百零四条的解释

（2016年11月7日第十二届全国人民代表
大会常务委员会第二十四次会议通过）

第十二届全国人民代表大会常务委员会第二十四次会议审议了委员长会议提请审议《全国人民代表大会常务委员会关于〈中华人民共和国香港特别行政区基本法〉第一百零四条的解释（草案）》的议案。经征询全国人民代表大会常务委员会香港特别行政区基本法委员会的意见，全国人民代表大会常务委员会决定，根据《中华人民共和国宪法》第六十七条第四项和《中华人民共和国香港特别行政区基本法》第一百五十八条第一款的规定，对《中华人民共和国香港特别行政区基本法》第一百零四条"香港特别行政区行政长官、主要官员、行政会议成员、立法会议员、各级法院法官和其他司法人员在就职时必须依法宣誓拥护中华人民共和国香港特别行政区基本法，效忠中华人民共和国香港特别行政区"的规定，作如下解释：

一、《中华人民共和国香港特别行政区基本法》第一百零四条规定的"拥护中华人民共和国香港特别行政区基本法，效忠中华人民共和国香港特别行政区"，既是该条规定的宣誓必须包含的法定内容，也是参选或者出任该条所列公职的法定要求和条件。

二、《中华人民共和国香港特别行政区基本法》第一百零四条规定相关公职人员"就职时必须依法宣誓",具有以下含义：

（一）宣誓是该条所列公职人员就职的法定条件和必经程序。未进行合法有效宣誓或者拒绝宣誓，不得就任相应公职，不得行使相应职权和享受相应待遇。

（二）宣誓必须符合法定的形式和内容要求。宣誓人必须真诚、庄重地进行宣誓，必须准确、完整、庄重地宣读包括"拥护中华人民共和国香港特别行政区基本法，效忠中华人民共和国香港特别行政区"内容的法定誓言。

（三）宣誓人拒绝宣誓，即丧失就任该条所列相应公职的资格。宣誓人故意宣读与法定誓言不一致的誓言或者以任何不真诚、不庄重的方式宣誓，也属于拒绝宣誓，所作宣誓无效，宣誓人即丧失就任该条所列相应公职的资格。

（四）宣誓必须在法律规定的监誓人面前进行。监誓人负有确保宣誓合法进行的责任，对符合本解释和香港特别行政区法律规定的宣誓，应确定为有效宣誓；对不符合本解释和香港特别行政区法律规定的宣誓，应确定为无效宣誓，并不得重新安排宣誓。

三、《中华人民共和国香港特别行政区基本法》第一百零四条所规定的宣誓，是该条所列公职人员对中华人民共和国及其香港特别行政区作出的法律承诺，具有法律约束力。宣誓人必须真诚信奉并严格遵守法定誓言。宣誓人作虚假宣誓或者在宣誓之后从事违反誓言行为的，依法承担法律责任。

现予公告。

全国人大及其常委会
涉港决定

全国人民代表大会关于成立中华人民共和国香港特别行政区基本法起草委员会的决定

(1985 年 4 月 10 日第六届全国人民代表大会第三次会议通过)

中华人民共和国第六届全国人民代表大会第三次会议决定成立中华人民共和国香港特别行政区基本法起草委员会,负责香港特别行政区基本法的起草工作。

香港特别行政区基本法起草委员会向全国人民代表大会负责,在全国人民代表大会闭会期间,向全国人民代表大会常务委员会负责。

香港特别行政区基本法起草委员会由包括香港同胞在内的各方面的人士和专家组成。具体名单由全国人民代表大会常务委员会决定并公布。

中华人民共和国香港特别行政区基本法起草委员会名单

（1985 年 6 月 18 日第六届全国人民代表大会常务委员会第十一次会议通过）

主 任 委 员

姬鹏飞

副主任委员

安子介	包玉刚	许家屯
费彝民	胡 绳	费孝通
王汉斌	李国宝	

委　　员（按姓名笔划排列）

马 临	王汉斌	王叔文
王铁崖	毛钧年	包玉刚
邝广杰	司徒华	邬维庸
刘皇发	安子介	许家屯
许崇德	芮 沐	李 后
李国宝	李柱铭	李裕民
李福善	李嘉诚	肖蔚云
吴大琨	吴建璠	张友渔
陈 欣（女）	陈 楚	邵天任
林亨元	周 南	郑正训
郑伟荣	项淳一	荣毅仁
胡 绳	柯在铄	查良镛
查济民	费孝通	费彝民

勇龙桂	莫应淮	贾　石
钱伟长	钱昌照	郭棣活
容永道	姬鹏飞	黄丽松
黄保欣	释觉光	鲁　平
袤劻恒	雷洁琼（女）	廖　晖
廖瑶珠（女）	端木正	谭惠珠（女）
谭耀宗	霍英东	

秘 书 长

李　后

副 秘 书 长

鲁　平　　　毛钧年

全国人民代表大会常务委员会决定

（1989 年 10 月 31 日通过）

第七届全国人民代表大会常务委员会第十次会议审议了香港特别行政区基本法起草委员会主任委员姬鹏飞关于起草委员会部分委员变动情况的报告，决定：

一、同意查良镛、邝广杰辞去起草委员会委员职务。希望他们对基本法起草工作继续作出贡献。

二、鉴于司徒华、李柱铭近期的言行同起草委员会委员的身份极不相符，在他们未放弃敌视中国政府和企图否定中英联合声明的立场之前，不能再参加起草委员会的工作。

全国人民代表大会关于设立
香港特别行政区的决定

（1990 年 4 月 4 日第七届全国人民代表大会第三次会议通过）

第七届全国人民代表大会第三次会议根据《中华人民共和国宪法》第三十一条和第六十二条第十三项的规定,决定:

一、自 1997 年 7 月 1 日起设立香港特别行政区。

二、香港特别行政区的区域包括香港岛、九龙半岛,以及所辖的岛屿和附近海域。香港特别行政区的行政区域图由国务院另行公布。

全国人民代表大会关于《中华人民共和国香港特别行政区基本法》的决定

（1990 年 4 月 4 日第七届全国人民代表大会第三次会议通过）

第七届全国人民代表大会第三次会议通过《中华人民共和国香港特别行政区基本法》，包括附件一：《香港特别行政区行政长官的产生办法》，附件二：《香港特别行政区立法会的产生办法和表决程序》，附件三：《在香港特别行政区实施的全国性法律》，以及香港特别行政区区旗和区徽图案。《中华人民共和国宪法》第三十一条规定："国家在必要时得设立特别行政区。在特别行政区内实行的制度按照具体情况由全国人民代表大会以法律规定。"香港特别行政区基本法是根据《中华人民共和国宪法》按照香港的具体情况制定的，是符合宪法的。香港特别行政区设立后实行的制度、政策和法律，以香港特别行政区基本法为依据。

《中华人民共和国香港特别行政区基本法》自 1997 年 7 月 1 日起实施。

全国人民代表大会关于批准香港特别行政区基本法起草委员会关于设立全国人民代表大会常务委员会香港特别行政区基本法委员会的建议的决定

(1990 年 4 月 4 日第七届全国人民代表大会第三次会议通过)

第七届全国人民代表大会第三次会议决定：

一、批准香港特别行政区基本法起草委员会关于设立全国人民代表大会常务委员会香港特别行政区基本法委员会的建议。

二、在《中华人民共和国香港特别行政区基本法》实施时，设立全国人民代表大会常务委员会香港特别行政区基本法委员会。

附:

香港特别行政区基本法起草委员会关于设立全国人民代表大会常务委员会香港特别行政区基本法委员会的建议

一、名称:全国人民代表大会常务委员会香港特别行政区基本法委员会。

二、隶属关系:是全国人民代表大会常务委员会下设的工作委员会。

三、任务:就有关香港特别行政区基本法第十七条、第十八条、第一百五十八条、第一百五十九条实施中的问题进行研究,并向全国人民代表大会常务委员会提供意见。

四、组成:成员十二人,由全国人民代表大会常务委员会任命内地和香港人士各六人组成,其中包括法律界人士,任期五年。香港委员须由在外国无居留权的香港特别行政区永久性居民中的中国公民担任,由香港特别行政区行政长官、立法会主席和终审法院首席法官联合提名,报全国人民代表大会常务委员会任命。

全国人民代表大会常务委员会关于《中华人民共和国香港特别行政区基本法》英文本的决定

（1990 年 6 月 28 日第七届全国人民代表大会常务委员会第十四次会议通过）

第七届全国人民代表大会常务委员会第十四次会议决定：全国人民代表大会法律委员会主持审定的《中华人民共和国香港特别行政区基本法》英译本为正式英文本，和中文本同样使用；英文本中的用语的含义如果有与中文本有出入的，以中文本为准。

全国人民代表大会关于授权全国人民代表大会常务委员会设立香港特别行政区筹备委员会的准备工作机构的决定

(1993 年 3 月 31 日第八届全国人民代表大会第一次会议通过)

第八届全国人民代表大会第一次会议审议了广东省代表团提出的建议成立香港特别行政区筹备委员会的预备工作委员会的议案,根据 1990 年 4 月 4 日第七届全国人民代表大会第三次会议通过的《全国人民代表大会关于香港特别行政区第一届政府和立法会产生办法的决定》中关于 1996 年内全国人民代表大会设立香港特别行政区筹备委员会的规定,考虑到 1997 年我国恢复对香港行使主权的时间日益临近,为了保证 1997 年的平稳过渡,有大量的准备工作需要进行,决定:授权第八届全国人民代表大会常务委员会设立香港特别行政区筹备委员会的准备工作机构,着手进行各项有关准备工作。

全国人民代表大会常务委员会
关于设立全国人民代表大会
常务委员会香港特别行政区
筹备委员会预备工作
委员会的决定

(1993 年 7 月 2 日第八届全国人民代表大
会常务委员会第二次会议通过)

根据第八届全国人民代表大会第一次会议《关于授权全国人民代表大会常务委员会设立香港特别行政区筹备委员会准备工作机构的决定》,第八届全国人民代表大会常务委员会第二次会议决定,设立全国人民代表大会常务委员会香港特别行政区筹备委员会预备工作委员会。该委员会是全国人民代表大会常务委员会的工作机构,其职责是在香港特别行政区筹备委员成立前,为1997 年我国对香港恢复行使主权,实现平稳过渡,进行各项有关准备工作。

香港特别行政区筹备委员会预备工作委员会由内地和香港的各方面人士和专家组成,其中香港委员不少于百分之五十。

香港特别行政区筹备委员会预备工作委员会在香港特别行政区筹备委员会成立后结束工作。

全国人民代表大会常务委员会香港特别行政区筹备委员会预备工作委员会组成人员名单

(1993 年 7 月 2 日第八届全国人民代表大会常务委员会第二次会议通过)

主　　任
　　钱其琛
副　主　任
　　安子介　　　　霍英东　　　　鲁　平
　　周　南　　　　姜恩柱　　　　郑　义
　　李福善
委　　员（按姓名笔划排列）
　　万绍芬(女)　　方黄吉雯(女)　　王凤超
　　王启人　　　　王叔文　　　　甘子玉
　　田期玉　　　　刘兆佳　　　　刘皇发
　　安子介　　　　朱幼麟　　　　邬维庸
　　李伟庭　　　　李泽添　　　　李国华(女)
　　李国宝　　　　李福善　　　　李嘉诚
　　肖蔚云　　　　吴建璠　　　　吴康民
　　邵天任　　　　邵友保　　　　陈　元
　　陈日新　　　　陈　伟　　　　陈滋英
　　郑　义　　　　范徐丽泰(女)　　罗叔清
　　罗康瑞　　　　罗德丞　　　　周小川
　　周成奎　　　　周　南　　　　经叔平

姜恩柱	赵稷华	查济民
钟士元	俞晓松	高尚全
秦文俊	倪少杰	徐四民
徐展堂	徐惠滋	钱其琛
梁振英	黄保欣	曾宪梓
曾钰成	鲁平	廖瑶珠(女)
谭惠珠(女)	谭耀宗	霍英东

秘 书 长

　　鲁　平(兼)

副 秘 书 长

　　秦文俊　　　　陈滋英

全国人民代表大会常务委员会决定

(1994 年 5 月 12 日通过)

　　第八届全国人民代表大会常务委员会第七次会议决定,增补王英伟、乌兰木伦、刘汉铨、李祖泽、吴家玮、吴清辉、张良栋、郑明训、贾施雅、徐泽、翁心桥、郭丰民、黄宜弘为香港特别行政区筹备委员会预备工作委员会委员。

全国人民代表大会
香港特别行政区筹备委员会
组成人员名单

(1995 年 12 月 28 日第八届全国人民代表
大会常务委员会第十七次会议通过)

主任委员

    钱其琛

副主任委员

王汉斌	安子介	霍英东
鲁 平	周 南	王英凡
李福善	董建华	梁振英

委　　员(按姓名笔划排列)

丁人林	王凤超	王汉斌
王启人	王英凡	王英伟
王叔文	王桂生	王雪冰
王敏刚	韦基舜	乌兰木伦
方 苞	方黄吉雯(女)	计佑铭
甘子玉	厉有为	叶国华
田期玉	邝广杰	冯国纶
冯检基	成缓三	朱幼麟
乔晓阳	邬维庸	刘汉铨
刘兆佳	刘延东(女)	刘皇发
刘积斌	刘 镇	安子介
许和震	许崇德	孙南生
李东海	李伟庭	李兆基

李　冰	李连生	李启明
李君夏	李国华(女)	李国宝
李国章	李泽添	李祖泽
李家祥	李储文	李鹏飞
李福善	李嘉诚	杨孙西
杨孝华	肖蔚云	吴光正
吴建璠	吴家玮	吴康民
吴清辉	何志平	余国春
邹灿基	汪明荃(女)	张永珍(女)
张伟超	张宏喜	张良栋
张家敏	陆达权	陈乃强
陈广文	陈　元	陈日新
陈永棋	陈有庆	陈　伟
陈佐洱	陈顺恒	陈滋英
邵天任	邵友保	邵逸夫
邵善波	范徐丽泰(女)	林贝聿嘉(女)
林百欣	罗叔清	罗康瑞
罗德丞	周永新	周　南
郑　义	郑明训	郑维健
郑裕彤	郑耀宗	郑耀棠
经叔平	项淳一	赵秉欣
赵稷华	胡法光	胡经昌
胡鸿烈	柯在铄	查良镛
查济民	钟士元	俞晓松
费宗祎	秦文俊	袁　武
贾施雅	钱其琛	倪少杰
徐四民	徐　泽	徐是雄
徐展堂	翁心桥	高尚全
郭丰民	郭炳湘	郭鹤年
唐树备	唐翔千	黄宜弘
黄保欣	黄景强	黄涤岩
梁钦荣	梁振英	梁锦松

隗福临	董建华	释觉光
鲁　平	曾宪梓	曾钰成
谢中民	谢志伟	简福饴
廖正亮	谭惠珠（女）	谭耀宗
潘宗光	薛凤旋	霍英东

秘　书　长

　　鲁　平

副秘书长

　　秦文俊　　　　陈滋英　　　　邵善波

全国人民代表大会常务委员会关于根据《中华人民共和国香港特别行政区基本法》第一百六十条处理香港原有法律的决定

（1997 年 2 月 23 日第八届全国人民代表大会常务委员会第二十四次会议通过）

《中华人民共和国香港特别行政区基本法》（以下简称《基本法》）第一百六十条规定："香港特别行政区成立时，香港原有法律除由全国人民代表大会常务委员会宣布为同本法抵触者外，采用为香港特别行政区法律，如以后发现有的法律与本法抵触，可依照本法规定的程序修改或停止生效。"第八条规定："香港原有法律，即普通法、衡平法、条例、附属立法和习惯法，除同本法相抵触或经香港特别行政区的立法机关作出修改者外，予以保留。"第八届全国人民代表大会常务委员会第二十四次会议根据上述规定，审议了香港特别行政区筹备委员会关于处理香港原有法律问题的建议，决定如下：

一、香港原有法律，包括普通法、衡平法、条例、附属立法和习惯法，除同《基本法》抵触外，采用为香港特别行政区法律。

二、列于本决定附件一的香港原有的条例及附属立法抵触《基本法》，不采用为香港特别行政区法律。

三、列于本决定附件二的香港原有的条例及附属立

162

法的部分条款抵触《基本法》,抵触的部分条款不采用为香港特别行政区法律。

四、采用为香港特别行政区法律的香港原有法律,自1997年7月1日起,在适用时,应作出必要的变更、适应、限制或例外,以符合中华人民共和国对香港恢复行使主权后香港的地位和《基本法》的有关规定,如《新界土地(豁免)条例》在适用时应符合上述原则。

除符合上述原则外,原有的条例或附属立法中:

(一)规定与香港特别行政区有关的外交事务的法律,如与在香港特别行政区实施的全国性法律不一致,应以全国性法律为准,并符合中央人民政府享有的国际权利和承担的国际义务。

(二)任何给予英国或英联邦其他国家或地区特权待遇的规定,不予保留,但有关香港与英国或英联邦其他国家或地区之间互惠性规定,不在此限。

(三)有关英国驻香港军队的权利、豁免及义务的规定,凡不抵触《基本法》和《中华人民共和国香港特别行政区驻军法》的规定者,予以保留,适用于中华人民共和国中央人民政府派驻香港特别行政区的军队。

(四)有关英文的法律效力高于中文的规定,应解释为中文和英文都是正式语文。

(五)在条款中引用的英国法律的规定,如不损害中华人民共和国的主权和不抵触《基本法》的规定,在香港特别行政区对其作出修改前,作为过渡安排,可继续参照适用。

五、在符合第四条规定的条件下,采用为香港特别行政区法律的香港原有法律,除非文意另有所指,对其中的名称或词句的解释或适用,须遵循本决定附件三所规定的替换原则。

六、采用为香港特别行政区法律的香港原有法律,如以后发现与《基本法》相抵触者,可依照《基本法》规定的程序修改或停止生效。

附件一

　　香港原有法律中下列条例及附属立法抵触《基本法》,不采用为香港特别行政区法律:

　　1.《受托人(香港政府证券)条例》(香港法例第77 章);

　　2.《英国法律应用条例》(香港法例第88 章);

　　3.《英国以外婚姻条例》(香港法例第180 章);

　　4.《华人引渡条例》(香港法例第235 章);

　　5.《香港徽帜(保护)条例》(香港法例第315 章);

　　6.《国防部大臣(产业承继)条例》(香港法例第193 章);

　　7.《皇家香港军团条例》(香港法例第199 章);

　　8.《强制服役条例》(香港法例第246 章);

　　9.《陆军及皇家空军法律服务处条例》(香港法例第286 章);

　　10.《英国国籍(杂项规定)条例》(香港法例第186 章);

　　11.《1981 年英国国籍法(相应修订)条例》(香港法例第373 章);

　　12.《选举规定条例》(香港法例第367 章);

　　13.《立法局(选举规定)条例》(香港法例第381 章);

　　14.《选区分界及选举事务委员会条例》(香港法例第432 章)。

附件二

香港原有法律中下列条例及附属立法的部分条款抵触《基本法》，不采用为香港特别行政区法律：

1.《人民入境条例》（香港法例第 115 章）第 2 条中有关"香港永久性居民"的定义和附表一"香港永久性居民"的规定；

2. 任何为执行在香港适用的英国国籍法所作出的规定；

3.《市政局条例》（香港法例第 101 章）中有关选举的规定；

4.《区域市政局条例》（香港法例第 385 章）中有关选举的规定；

5.《区议会条例》（香港法例第 366 章）中有关选举的规定；

6.《舞弊及非法行为条例》（香港法例第 288 章）中的附属立法 A《市政局、区域市政局以及议会选举费用令》、附属立法 C《立法局决议》；

7.《香港人权法案条例》（香港法例第 383 章）第 2 条第（3）款有关该条例的解释及应用目的的规定，第 3 条有关"对先前法例的影响"和第 4 条有关"日后的法例的释义"的规定；

8.《个人资料（私隐）条例》（香港法例第 486 章）第 3 条第（2）款有关该条例具有凌驾地位的规定；

9. 1992 年 7 月 17 日以来对《社团条例》（香港法例第 151 章）的重大修改；

10. 1995 年 7 月 27 日以来对《公安条例》（香港法例第 245 章）的重大修改。

附件三

采用为香港特别行政区法律的香港原有法律中的名称或词句在解释或适用时一般须遵循以下替换原则：

1. 任何提及"女王陛下"、"王室"、"英国政府"及"国务大臣"等相类似名称或词句的条款，如该条款内容是关于香港土地所有权或涉及《基本法》所规定的中央管理的事务和中央与香港特别行政区的关系，则该等名称或词句应相应地解释为中央或中国的其他主管机关，其他情况下应解释为香港特别行政区政府。

2. 任何提及"女王会同枢密院"或"枢密院"的条款，如该条款内容是关于上诉权事项，则该等名称或词句应解释为香港特别行政区终审法院，其他情况下，依第 1 项规定处理。

3. 任何冠以"皇家"的政府机构或半官方机构的名称应删去"皇家"字样，并解释为香港特别行政区相应的机构。

4. 任何"本殖民地"的名称应解释为香港特别行政区；任何有关香港领域的表述应依照国务院颁布的香港特别行政区行政区域图作出相应解释后适用。

5. 任何"最高法院"及"高等法院"等名称或词句应相应地解释为高等法院及高等法院原讼法庭。

6. 任何"总督"、"总督会同行政局"、"布政司"、"律政司"、"首席按察司"、"政务司"、"宪制事务司"、"海关总监"及"按察司"等名称或词句应相应地解释为香港特别行政区行政长官、行政长官会同行政会议、政务司长、律政司长、终审法院首席法官或高等法院首席法官、民政事务局局长、政制事务局局长、海关关长及高等法院法官。

7. 在香港原有法律中文文本中，任何有关立法局、司法机关或行政机关及其人员的名称或词句应相应地依照《基本法》的有关规定进行解释和适用。

8. 任何提及"中华人民共和国"和"中国"等相类似名称或词句的条款，应解释为包括台湾、香港和澳门在内的中华人民共和国；任何单独或同时提及大陆、台湾、香港和澳门的名称或词句的条款，应相应地将其解释为中华人民共和国的一个组成部分。

9. 任何提及"外国"等相类似名称或词句的条款，应解释为中华人民共和国以外的任何国家或地区，或者根据该项法律或条款的内容解释为"香港特别行政区以外的任何地方"；任何提及"外籍人士"等相类似名称或词句的条款，应解释为中华人民共和国公民以外的任何人士。

10. 任何提及"本条例的条文不影响亦不得视为影响女王陛下、其储君或其继位人的权利"的规定，应解释为"本条例的条文不影响亦不得视为影响中央或香港特别行政区政府根据《基本法》和其他法律的规定所享有的权利"。

全国人民代表大会关于全国人民代表大会香港特别行政区筹备委员会工作报告的决议

(1997 年 3 月 14 日第八届全国人民代表大会第五次会议通过)

第八届全国人民代表大会第五次会议审议了全国人民代表大会香港特别行政区筹备委员会主任委员钱其琛作的《全国人民代表大会香港特别行政区筹备委员会工作报告》。会议决定批准这个报告。

会议认为,全国人民代表大会香港特别行政区筹备委员会成立一年来,为筹建香港特别行政区所做的工作是富有成效的。筹备委员会根据《中华人民共和国香港特别行政区基本法》和全国人大及其常委会的有关决定中关于"一国两制"、高度自治、"港人治港"的方针,通过了《关于推选委员会产生办法的原则设想的决议》、《关于设立香港特别行政区临时立法会的决定》、《关于对〈中华人民共和国国籍法〉在香港特别行政区实施作出解释的建议》、《关于处理香港原有法律问题的建议》、《关于香港特别行政区第一任行政长官、临时立法会在 1997 年 6 月 30 日前开展工作的决定》等一系列决定、决议和建议;组建了香港特别行政区第一届政府推选委员会,主持推选委员会选举产生了香港特别行政区第一任行政长官和临时立法会议员,并对与香港政权交接和平稳过渡有关的重大经济问题、法律问题以及庆祝香港回归的有关活动安排等提出了建议和意见,为香港特别行政区的成立和香港的平稳过渡奠定了基础,并且有利于香港的长期稳定和繁荣。

会议希望香港特别行政区筹备委员会再接再厉,继续支持香港特别行政区第一任行政长官的工作,为圆满完成全国人民代表大会所赋予的任务而努力。

全国人民代表大会常务委员会关于批准全国人民代表大会香港特别行政区筹备委员会结束工作的建议的决定

（1997 年 7 月 3 日第八届全国人民代表大会常务委员会第二十六次会议通过）

第八届全国人民代表大会常务委员会第二十六次会议审议了全国人民代表大会香港特别行政区筹备委员会关于建议筹委会结束工作的报告。会议认为，全国人民代表大会香港特别行政区筹备委员会自 1996 年 1 月成立以来，按照《中华人民共和国香港特别行政区基本法》和全国人民代表大会及其常务委员会的有关决定，圆满地完成了筹备成立香港特别行政区的各项工作。会议决定，批准全国人民代表大会香港特别行政区筹备委员会关于筹委会结束工作的建议。

全国人民代表大会常务委员会关于授权香港特别行政区对深圳湾口岸港方口岸区实施管辖的决定

(2006 年 10 月 31 日第十届全国人民代表大会常务委员会第二十四次会议通过)

第十届全国人民代表大会常务委员会第二十三次会议审议了国务院关于提请审议授权香港特别行政区对深圳湾口岸港方口岸区实施管辖的议案,第二十四次会议审议了关于授权香港特别行政区对深圳湾口岸港方口岸区实施管辖的决定(草案)。会议认为,为了缓解内地与香港特别行政区交往日益增多带来的陆路通关压力,适应深圳市与香港特别行政区之间交通运输和便利通关的客观要求,促进内地和香港特别行政区之间的人员交流和经贸往来,推动两地经济共同发展,在深圳湾口岸内设立港方口岸区,专用于人员、交通工具、货物的通关查验,是必要的。全国人民代表大会常务委员会决定:

一、授权香港特别行政区自深圳湾口岸启用之日起,对该口岸所设港方口岸区依照香港特别行政区法律实施管辖。

香港特别行政区对深圳湾口岸港方口岸区实行禁区式管理。

二、深圳湾口岸港方口岸区的范围,由国务院规定。

三、深圳湾口岸港方口岸区土地使用期限,由国务院依照有关法律的规定确定。

全国人民代表大会常务委员会关于批准《内地与香港特别行政区关于在广深港高铁西九龙站设立口岸实施"一地两检"的合作安排》的决定

（2017 年 12 月 27 日第十二届全国人民代表大会常务委员会第三十一次会议通过）

第十二届全国人民代表大会常务委员会第三十一次会议审议了国务院关于提请审议《关于批准〈内地与香港特别行政区关于在广深港高铁西九龙站设立口岸实施"一地两检"的合作安排〉的决定（草案）》的议案。全国人民代表大会常务委员会在审议中充分考虑了香港特别行政区和内地各有关方面对广深港高铁连接口岸设置及通关查验模式的意见。

会议认为，建设广深港高铁并实现香港特别行政区与全国高铁网络的互联互通，有利于促进香港特别行政区与内地之间的人员往来和经贸活动，有利于深化香港特别行政区与内地的互利合作，有利于香港特别行政区更好地融入国家发展大局，对保持香港特别行政区长期繁荣稳定具有重要意义。为充分发挥高铁高速高效优势，使广大乘客充分享受快捷便利的服务，确保广深港高铁香港段的运输、经济和社会效益，在广深港高铁香港特别行政区西九龙站（以下简称西九龙站）实施"一地两检"，设立内地口岸区，专门用于高铁乘客及其随身物品和行李的通关查验，是必要的。

会议认为，《合作安排》符合"一国两制"方针，符合宪法和香港特别行政区基本法。根据宪法，香港特别行政区基本法授权香港特别行政区实行高度自治，包括实行单独的出入境管理制度等。香港特别行政区政府与内地有关方面就在西九龙站设立口岸并实施"一地两检"的相关问题协商作出适当安排，是香港特别行政区依法行使高度自治权的具体体现。在西九龙站设立内地口岸区，不改变香港特别行政区行政区域范围，不影响香港特别行政区依法享有的高度自治权，不减损香港特别行政区居民依法享有的权利和自由。出于在西九龙站实施"一地两检"的需要，《合作安排》对内地和香港特别行政区管辖权（包括司法管辖权）划分和法律适用作出规定，并明确西九龙站内地口岸区视为处于内地，是适当的。内地派驻西九龙站内地口岸区的机构依照内地法律履行职责，其范围严格限制在内地口岸区之内，不同于香港特别行政区基本法第十八条规定的将全国性法律在整个香港特别行政区实施的情况。西九龙站内地口岸区场地使用权的取得、期限和费用由香港特别行政区政府与内地有关机构签订合同作出规定，符合香港特别行政区基本法第七条关于香港特别行政区土地所有权和使用管理的规定。在西九龙站实施"一地两检"，符合香港特别行政区基本法关于香港特别行政区政府应当制定适当政策促进和协调各行业发展、提供适当的经济和法律环境促进经济发展等规定，符合"一国两制"方针和香港特别行政区基本法的根本宗旨。

根据《中华人民共和国宪法》和《中华人民共和国香港特别行政区基本法》，全国人民代表大会常务委员会决定：

一、批准 2017 年 11 月 18 日广东省人民政府与香港特别行政区政府签署的《合作安排》，并确认《合作安排》符合宪法和香港特别行政区基本法。

香港特别行政区应当立法保障《合作安排》得以落实。

二、西九龙站内地口岸区的设立及具体范围，由国务院批准。

西九龙站内地口岸区自启用之日起，由内地依照内地法律和《合作安排》实施管辖，并派驻出入境边防检查机关、海关、检验检疫机构、口岸综合管理机构和铁路公安机关依法履行职责，上述机构及其人员不在西九龙站内地口岸区以外区域执法。

三、西九龙站口岸启用后，对《合作安排》如有修改，由国务院批准，并报全国人民代表大会常务委员会备案。

附:

内地与香港特别行政区关于在广深港高铁西九龙站设立口岸实施"一地两检"的合作安排

为实现香港特别行政区（下称"香港特区"）与内地高速铁路交通设施互联互通，促进两地人员交流和经贸往来，推动两地经济实现优势互补、共同发展，充分发挥广深港高铁香港段的效益，经协商，内地和香港特区就在广深港高铁西九龙站设立口岸实施"一地两检"达成如下安排：

第一章 口 岸 设 置

第一条 双方同意在香港特区西九龙站设立口岸实施"一地两检"，由双方分别按照各自法律，对往来内地和香港特区的出入境人员及其随身物品和行李进行出入境边防检查、海关监管、检验检疫等出入境监管。

西九龙站口岸分为香港口岸区和内地口岸区。香港口岸区由香港特区依据特区法律设立和管辖，实行过境限制区管理。内地口岸区由内地根据本合作安排和内地法律设立和管辖，实行口岸管理制度。

第二条 内地口岸区的范围为西九龙站地下二、三层的划定区域、地下四层月台区域及有关连接通道，包括内地监管查验区、办公备勤区、离港乘客候车区、车站月台和连接通道及电梯。内地口岸区范围的详情见附件。

在香港特区境内的广深港高铁营运中的列车车厢

（包括行驶中、停留中和上下乘客期间）亦视作在内地口岸区范围之内。

除上述纳入内地口岸区范围的场地和高铁列车车厢，广深港高铁香港段的所有其他营运范围及设施（包括石岗列车停放处、路轨及行车隧道）均不属于内地口岸区范围。

内地口岸区由香港特区交予内地根据本合作安排使用和实施管辖。内地口岸区场地使用权的取得、期限及费用（包括内地口岸区内有关建筑物及相关设施的维修养护费用）等事宜，由双方签订合同作出规定。

第三条　内地口岸区的设立不影响广深港高铁香港段的建造权及施工权、服务经营权及营运和监管，亦不影响广深港高铁香港段相关资产（包括相关土地及土地上不动产或动产）及设施的权益，该等事宜仍由香港特区依特区法律处理及依照本合作安排行使管辖权。

第二章　内地口岸区的管辖权划分

第一节　内地管辖事项

第四条　内地口岸区自启用之日起，除本合作安排第三条和第七条规定的事项外，由内地根据本合作安排和内地法律实施管辖（包括司法管辖）。

处理上款规定的内地管辖事项时，就内地法律和香港特区法律的适用以及管辖权（包括司法管辖权）的划分而言，内地口岸区视为处于内地。

第五条　内地出入境边防检查机关、海关、检验检疫机构对列车按照进出境运输工具进行监管，在内地口岸区办理相关出入境边防检查、海关监管、检验检疫手续。

第六条　内地派驻出入境边防检查机关、海关、检验检疫机构、口岸综合管理机构和铁路公安机关（下称"内地派驻机构"），根据内地法律在内地口岸区履行职责，不进入内地口岸区以外的区域执法，在内地口岸区以外的区域没有执法权。

第二节　香港特区管辖事项

第七条　下列事项,由香港特区依据特区法律实施管辖(包括司法管辖):

1. 有关特定人员,即持有香港特区政府或广深港高铁香港营运商核发的有效证件进入内地口岸区或通过该口岸区进入西九龙站其他地点执行职务的工作人员,履行职务或与履行职务相关的事项,除以上情况外,该等人员在内地口岸区应遵守内地法律并接受内地派驻机构的监管;

2. 有关建筑物及相关设施(包括消防、危险品贮存设施、升降机、自动梯、水管装置、废物及污水装置、扩音系统、通风、电力及能源效益等)的建设、保险和设计、维修养护标准和责任的事项,但内地派驻机构自行提供或依据本合作安排执行职务时专用的设施设备除外;

3. 有关广深港高铁香港营运商及服务供应商的经营、相关保险、税务及其员工税务及雇佣责任和权益、保障和保险的事项,前述服务供应商不包括向内地派驻机构或广深港高铁内地营运商提供服务而又不在内地口岸区以外的香港特区区域范围经营之服务供应商;

4. 有关规管及监察广深港高铁香港段铁路系统安全运作及环境管制的事项;

5. 下列在内地口岸区的机构或人士之间的合约或其他民事法律关系的事宜:广深港高铁香港营运商、西九龙站承建商、物料或服务供应商、上述单位的员工及广深港高铁乘客;但当事人以协议(包括书面、口头或双方实际行为)作出相反意思表示者除外;

6. 由广深港高铁香港营运商及内地营运商签订的《广深港高铁运营合作协议》(包括日后的修改或补充协议)中规定应由广深港高铁香港营运商负责的事项。

第八条　西九龙站的铁路运输服务管理由香港特区

负责。有关铁路运输服务管理方面的制度由内地与香港特区相关机构另行协商制定，并应包括以下内容：

1. 香港特区对高铁（包括广深港高铁香港段）乘客实行实名制售票，并进行实名制查验；

2. 香港特区对进入西九龙站离境的高铁乘客进行安全检查。

第三章　对高铁香港段乘客的出入境监管

第九条　前往香港特区的乘客离开内地口岸区前视为处于内地，由内地出入境边防检查机关、海关、检验检疫机构依照内地法律对其进行出境监管。符合内地法律的，依法允许其出境。违反内地法律的，由上述内地机构根据具体情况依法采取相应法律措施。

第十条　前往内地的乘客进入内地口岸区后即视为处于内地，由内地出入境边防检查机关、海关、检验检疫机构依照内地法律对其进行入境监管。符合内地法律的，依法允许其入境。违反内地法律的，由上述内地机构根据具体情况依法采取相应法律措施。

第四章　联络协调与应急处理机制

第十一条　双方同意建立口岸协商联络机制，加强在通关协调、联合打私、治安消防、反恐防暴等各个方面的沟通与合作，确保内地口岸区安全、顺畅、高效运行和有效监管。

第十二条　双方同意建立应急处理机制，共同编制应急预案，以协助内地处理内地口岸区运行中可能出现的突发、紧急事件，包括突发公共卫生事件、重大水电供应事故、恐怖袭击、消防事故、严重暴力事件、危险化学品或爆炸品事件、传染病疫情、核生化事件、动植物疫病疫情、列车运行异常等。双方并同意为此建立联络员制度，进行沟通并定期安排联合演练。

为协助处理突发、紧急事件的目的，经内地派驻机构请求并授权,香港特区有关人员可在内地口岸区协助进行相关活动,并享有如在香港特区法律及内地法律享有的保障和豁免。

第十三条 双方同意在本合作安排确定的原则下,制定和签署关于西九龙站口岸运行管理的协作实施方案,规定双方在西九龙站口岸运行管理中的具体协作事宜。

第十四条 双方同意在内地口岸区进行任何活动和处理相关事项时,根据本合作安排和其他有关协议规定的原则,采取合理谨慎的措施,确保内地口岸区内人员和财产的安全。一方因违反上述规定导致另一方受到损害或损失的,须承担责任,包括合理的赔偿,并通过协商作出适当安排。

第五章 附 则

第十五条 双方同意本着互相合作、互相支持、互谅互让的精神,协商解决本合作安排实施中产生的争议。

第十六条 本合作安排未尽事宜,由双方协商一致后签署补充协议加以明确。

如因西九龙站口岸运行条件和监管发生变化或其他因素影响需对本合作安排进行修改,须经双方协商达成一致后签署书面文件,并报中央人民政府批准。

第十七条 本合作安排报中央人民政府提请全国人民代表大会常务委员会批准后生效,内地有关部门和香港特区各自履行相关法律程序(其中香港特区的法律程序包括进行本地立法)加以落实。

本合作安排于2017年11月18日在香港签署。一式8份,双方各执4份。

内地代表: 香港特区代表:

马兴瑞 林郑月娥

(广东省省长) (香港特区行政长官)

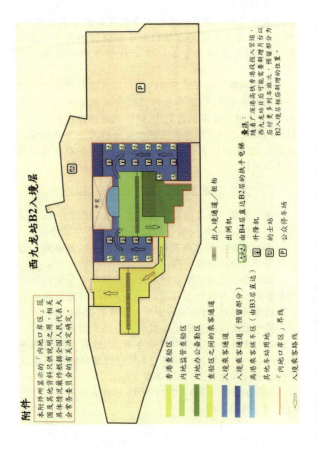

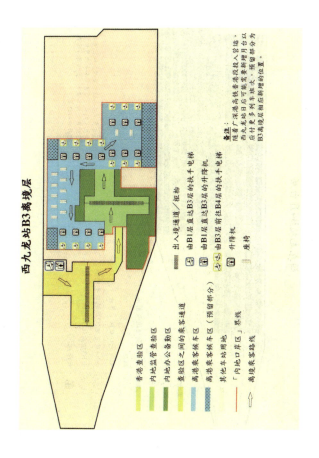

西九龙站B3离境层

香港查验区

内地监管查验区

内地办公备勤区

查验区之间的乘客通道

高港乘客候车区

高港乘客候车区（预留部分）

其他车站用地

「内地口岸区」界线

高境乘客路线

出入境通道／柜台

由B1层直达B3层的扶手电梯

由B1层直达B3层的升降机

由B3层前往B4层的扶手电梯

升降机

座椅

备注：
随着广深港高铁香港段投入营运，
西九龙站日后可能需要新增月台以
应付更多列车班次，预留部分为
B3离境层相应新增的位置。

181

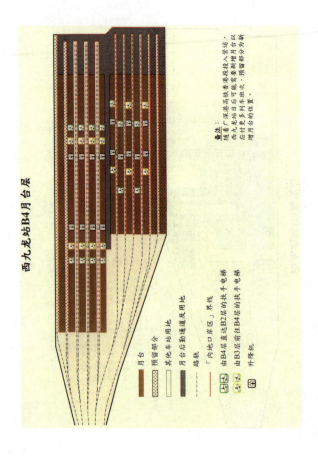

西九龙站B4月台层

- ▨ 月台
- ▨ 预留部分
- □ 其他车站用地
- ▨ 月台后勤通道及用地
- ▬ 路轨
- ┌「内地口岸区」界线
- 由B4层直达B2层的扶手电梯
- 由B3层前往B4层的扶手电梯
- ☒ 升降机

备注：
随着广深港高铁香港段投入营运，西九龙站日后可能需要新增月台以应付更多列车组次。预留部分为为新增月台的位置。

全国人民代表大会关于建立健全香港特别行政区维护国家安全的法律制度和执行机制的决定

(2020 年 5 月 28 日第十三届全国人民代表大会第三次会议通过)

第十三届全国人民代表大会第三次会议审议了全国人民代表大会常务委员会关于提请审议《全国人民代表大会关于建立健全香港特别行政区维护国家安全的法律制度和执行机制的决定(草案)》的议案。会议认为,近年来,香港特别行政区国家安全风险凸显,"港独"、分裂国家、暴力恐怖活动等各类违法活动严重危害国家主权、统一和领土完整,一些外国和境外势力公然干预香港事务,利用香港从事危害我国国家安全的活动。为了维护国家主权、安全、发展利益,坚持和完善"一国两制"制度体系,维护香港长期繁荣稳定,保障香港居民合法权益,根据《中华人民共和国宪法》第三十一条和第六十二条第二项、第十四项、第十六项的规定,以及《中华人民共和国香港特别行政区基本法》的有关规定,全国人民代表大会作出如下决定:

一、国家坚定不移并全面准确贯彻"一国两制"、"港人治港"、高度自治的方针,坚持依法治港,维护宪法和香港特别行政区基本法确定的香港特别行政区宪制秩序,采取必要措施建立健全香港特别行政区维护国家安全的法律制度和执行机制,依法防范、制止和惩治危害国家安全的行为和活动。

二、国家坚决反对任何外国和境外势力以任何方式干预香港特别行政区事务，采取必要措施予以反制，依法防范、制止和惩治外国和境外势力利用香港进行分裂、颠覆、渗透、破坏活动。

三、维护国家主权、统一和领土完整是香港特别行政区的宪制责任。香港特别行政区应当尽早完成香港特别行政区基本法规定的维护国家安全立法。香港特别行政区行政机关、立法机关、司法机关应当依据有关法律规定有效防范、制止和惩治危害国家安全的行为和活动。

四、香港特别行政区应当建立健全维护国家安全的机构和执行机制，强化维护国家安全执法力量，加强维护国家安全执法工作。中央人民政府维护国家安全的有关机关根据需要在香港特别行政区设立机构，依法履行维护国家安全相关职责。

五、香港特别行政区行政长官应当就香港特别行政区履行维护国家安全职责、开展国家安全教育、依法禁止危害国家安全的行为和活动等情况，定期向中央人民政府提交报告。

六、授权全国人民代表大会常务委员会就建立健全香港特别行政区维护国家安全的法律制度和执行机制制定相关法律，切实防范、制止和惩治任何分裂国家、颠覆国家政权、组织实施恐怖活动等严重危害国家安全的行为和活动以及外国和境外势力干预香港特别行政区事务的活动。全国人民代表大会常务委员会决定将上述相关法律列入《中华人民共和国香港特别行政区基本法》附件三，由香港特别行政区在当地公布实施。

七、本决定自公布之日起施行。

全国人民代表大会常务委员会
关于香港特别行政区
第六届立法会继续履行
职责的决定

(2020 年 8 月 11 日第十三届全国人民代表
大会常务委员会第二十一次会议通过)

第十三届全国人民代表大会常务委员会第二十一次会议审议了《国务院关于提请全国人民代表大会常务委员会就香港特别行政区第六届立法会继续运作作出决定的议案》。上述议案是应香港特别行政区行政长官向中央人民政府报送的有关报告提出的。香港特别行政区行政长官会同行政会议因应当地新冠肺炎疫情的严峻形势已决定将香港特别行政区第七届立法会选举推迟一年，在此情况下香港特别行政区立法机关将出现空缺。为维护香港特别行政区宪制秩序和法治秩序，确保香港特别行政区政府正常施政和社会正常运行，根据《中华人民共和国宪法》和《中华人民共和国香港特别行政区基本法》的有关规定，全国人民代表大会常务委员会作出如下决定：

2020 年 9 月 30 日后，香港特别行政区第六届立法会继续履行职责，不少于一年，直至香港特别行政区第七届立法会任期开始为止。香港特别行政区第七届立法会依法产生后，任期仍为四年。

全国人民代表大会常务委员会关于授权国务院在粤港澳大湾区内地九市开展香港法律执业者和澳门执业律师取得内地执业资质和从事律师职业试点工作的决定

（2020 年 8 月 11 日第十三届全国人民代表大会常务委员会第二十一次会议通过）

为促进粤港澳大湾区建设,发挥香港法律执业者和澳门执业律师的专业作用,第十三届全国人民代表大会常务委员会第二十一次会议决定:授权国务院在广东省广州市、深圳市、珠海市、佛山市、惠州市、东莞市、中山市、江门市、肇庆市开展试点工作,符合条件的香港法律执业者和澳门执业律师通过粤港澳大湾区律师执业考试,取得内地执业资质的,可以从事一定范围内的内地法律事务。具体试点办法由国务院制定,报全国人民代表大会常务委员会备案。试点期限为三年,自试点办法印发之日起算。试点期间,国务院要依法加强对试点工作的组织指导和监督检查,就试点情况向全国人大常委会作出报告。试点期满后,对实践证明可行的,修改完善有关法律。

本决定自公布之日起施行。

全国人民代表大会常务委员会
关于香港特别行政区立法会
议员资格问题的决定

（2020 年 11 月 11 日第十三届全国人民代表大会常务委员会第二十三次会议通过）

第十三届全国人民代表大会常务委员会第二十三次会议审议了《国务院关于提请就香港特别行政区立法会议员资格问题作出决定的议案》。上述议案是应香港特别行政区行政长官的请求而提出的。会议认为，为了全面准确贯彻落实"一国两制"方针和《中华人民共和国香港特别行政区基本法》，维护国家主权、安全和发展利益，维护香港长期繁荣稳定，必须确保香港特别行政区有关公职人员包括立法会议员符合拥护中华人民共和国香港特别行政区基本法、效忠中华人民共和国香港特别行政区的法定要求和条件。为此，全国人民代表大会常务委员会同意国务院 2020 年 11 月 7 日提出的议案，根据《中华人民共和国宪法》第五十二条、第五十四条、第六十七条第一项的规定和《中华人民共和国香港特别行政区基本法》、《全国人民代表大会关于建立健全香港特别行政区维护国家安全的法律制度和执行机制的决定》、《中华人民共和国香港特别行政区维护国家安全法》的有关规定以及《全国人民代表大会常务委员会关于〈中华人民共和国香港特别行政区基本法〉第一百零四条的解释》、《全国人民代表大会常务委员会关于香港特别行政区第六届立法会继续履行职责的决定》，作出如下决定：

一、香港特别行政区立法会议员，因宣扬或者支持"港独"主张、拒绝承认国家对香港拥有并行使主权、寻求外国或者境外势力干预香港特别行政区事务，或者具有其他危害国家安全等行为，不符合拥护中华人民共和国香港特别行政区基本法、效忠中华人民共和国香港特别行政区的法定要求和条件，一经依法认定，即时丧失立法会议员的资格。

二、本决定适用于在原定于 2020 年 9 月 6 日举行的香港特别行政区第七届立法会选举提名期间，因上述情形被香港特别行政区依法裁定提名无效的第六届立法会议员。

今后参选或者出任立法会议员的，如遇有上述情形，均适用本决定。

三、依据上述规定丧失立法会议员资格的，由香港特别行政区政府宣布。

全国人民代表大会关于
完善香港特别行政区
选举制度的决定

（2021 年 3 月 11 日第十三届全国人民代表
大会第四次会议通过）

　　第十三届全国人民代表大会第四次会议审议了全国
人民代表大会常务委员会关于提请审议《全国人民代表
大会关于完善香港特别行政区选举制度的决定（草案）》
的议案。会议认为，香港回归祖国后，重新纳入国家治理
体系，《中华人民共和国宪法》和《中华人民共和国香港
特别行政区基本法》共同构成香港特别行政区的宪制基
础。香港特别行政区实行的选举制度，包括行政长官和
立法会的产生办法，是香港特别行政区政治体制的重要
组成部分，应当符合"一国两制"方针，符合香港特别行政
区实际情况，确保爱国爱港者治港，有利于维护国家主
权、安全、发展利益，保持香港长期繁荣稳定。为完善香
港特别行政区选举制度，发展适合香港特别行政区实际
情况的民主制度，根据《中华人民共和国宪法》第三十一
条和第六十二条第二项、第十四项、第十六项的规定，以
及《中华人民共和国香港特别行政区基本法》、《中华人
民共和国香港特别行政区维护国家安全法》的有关规定，
全国人民代表大会作出如下决定：

　　一、完善香港特别行政区选举制度，必须全面准确贯
彻落实"一国两制"、"港人治港"、高度自治的方针，维护
《中华人民共和国宪法》和《中华人民共和国香港特别行

政区基本法》确定的香港特别行政区宪制秩序,确保以爱国者为主体的"港人治港",切实提高香港特别行政区治理效能,保障香港特别行政区永久性居民的选举权和被选举权。

二、香港特别行政区设立一个具有广泛代表性、符合香港特别行政区实际情况、体现社会整体利益的选举委员会。选举委员会负责选举行政长官候任人、立法会部分议员,以及提名行政长官候选人、立法会议员候选人等事宜。

选举委员会由工商、金融界,专业界,基层、劳工和宗教等界,立法会议员、地区组织代表等界,香港特别行政区全国人大代表、香港特别行政区全国政协委员和有关全国性团体香港成员的代表界等五个界别共 1500 名委员组成。

三、香港特别行政区行政长官由选举委员会选出,由中央人民政府任命。

行政长官候选人须获得选举委员会不少于 188 名委员联合提名,且上述五个界别中每个界别参与提名的委员不少于 15 名。选举委员会以一人一票无记名投票选出行政长官候任人,行政长官候任人须获得选举委员会全体委员过半数支持。

四、香港特别行政区立法会议员每届 90 人。通过选举委员会选举、功能团体选举、分区直接选举三种方式分别选举产生。

五、设立香港特别行政区候选人资格审查委员会,负责审查并确认选举委员会委员候选人、行政长官候选人和立法会议员候选人的资格。香港特别行政区应当健全和完善有关资格审查制度机制,确保候选人资格符合《中华人民共和国香港特别行政区基本法》、《中华人民共和国香港特别行政区维护国家安全法》、全国人民代表大会常务委员会关于《中华人民共和国香港特别行政区基本法》第一百零四条的解释和关于香港特别行政区立法会议员资格问题的决定以及香港特别行政区本地有关法律的规定。

六、授权全国人民代表大会常务委员会根据本决定修改《中华人民共和国香港特别行政区基本法》附件一《香港特别行政区行政长官的产生办法》和附件二《香港特别行政区立法会的产生办法和表决程序》。

七、香港特别行政区应当依照本决定和全国人民代表大会常务委员会修改后的《中华人民共和国香港特别行政区基本法》附件一《香港特别行政区行政长官的产生办法》和附件二《香港特别行政区立法会的产生办法和表决程序》,修改香港特别行政区本地有关法律,依法组织、规管相关选举活动。

八、香港特别行政区行政长官应当就香港特别行政区选举制度安排和选举组织等有关重要情况,及时向中央人民政府提交报告。

九、本决定自公布之日起施行。

中华人民共和国
香港特别行政区选举
第十四届全国人民代表
大会代表的办法

（2022 年 3 月 11 日第十三届全国人民代表
大会第五次会议通过）

第一条　根据《中华人民共和国宪法》、《中华人民共和国香港特别行政区基本法》以及《中华人民共和国全国人民代表大会和地方各级人民代表大会选举法》的规定，结合香港特别行政区的实际情况，制定本办法。

第二条　香港特别行政区选举第十四届全国人民代表大会代表由全国人民代表大会常务委员会主持。

第三条　香港特别行政区应选第十四届全国人民代表大会代表的名额为 36 名。

第四条　香港特别行政区选举的全国人民代表大会代表必须是年满十八周岁的香港特别行政区居民中的中国公民。

第五条　香港特别行政区成立第十四届全国人民代表大会代表选举会议。选举会议由香港特别行政区选举委员会委员中的中国公民组成。但本人提出不愿参加的除外。

香港特别行政区行政长官为香港特别行政区第十四届全国人民代表大会代表选举会议的成员。

选举会议成员名单由全国人民代表大会常务委员会公布。

第六条 选举会议第一次会议由全国人民代表大会常务委员会召集,根据全国人民代表大会常务委员会委员长会议的提名,推选 19 名选举会议成员组成主席团。主席团从其成员中推选常务主席一人。

主席团主持选举会议。主席团常务主席主持主席团会议。

第七条 选举会议举行全体会议,须有过半数成员出席。

第八条 选举会议成员以个人身份参加选举会议,并以个人身份履行职责。

选举会议成员应出席选举会议,如有特殊原因不能出席,应事先向主席团书面请假。

选举会议成员不得直接或者间接地索取、接受参选人和候选人的贿赂,不得直接或者间接地谋取其他任何利益,不得直接或者间接地以利益影响他人在选举中对参选人和候选人所持的立场。

第九条 选举日期由选举会议主席团确定。

第十条 全国人民代表大会代表候选人由选举会议成员 15 人以上提名。每名选举会议成员提名的代表候选人不得超过 36 名。

选举会议成员提他人为代表候选人,应填写《中华人民共和国香港特别行政区第十四届全国人民代表大会代表候选人提名信》。

第十一条 年满十八周岁的香港特别行政区居民中的中国公民,凡有意参选第十四届全国人民代表大会代表的,应领取和填写《中华人民共和国香港特别行政区第十四届全国人民代表大会代表参选人登记表》。在提名截止日期以前,送交参选人登记表和 15 名以上选举会议成员分别填写的候选人提名信。

选举会议成员本人参选的,需要由其他 15 名以上选举会议成员为其填写候选人提名信。

参选人在登记表中应当作出声明:拥护中华人民共

和国宪法和香港特别行政区基本法,拥护"一国两制"方针政策,效忠中华人民共和国和香港特别行政区;未直接或者间接接受外国机构、组织、个人提供的与选举有关的任何形式的资助。参选人须对所填事项的真实性负责。

任何人因危害国家安全被法院判决有罪的,即丧失参加全国人民代表大会代表选举的资格。

第十二条 代表候选人的提名时间由选举会议主席团确定。

第十三条 选举会议主席团公布第十四届全国人民代表大会代表候选人名单和简介,并印发给选举会议全体成员。

主席团公布代表候选人名单后,选举会议成员可以查阅代表候选人的提名情况。

在选举日之前,对违反本办法第十一条规定的登记表所声明内容,或者因危害国家安全被法院判决有罪的参选人,经过审查核实,由主席团决定不将其列入候选人名单或者从候选人名单中除名。

第十四条 选举会议选举第十四届全国人民代表大会代表的候选人应多于应选名额,进行差额选举。

第十五条 选举会议选举第十四届全国人民代表大会代表采用无记名投票的方式。

选举会议进行选举时,所投的票数多于投票人数的无效,等于或者少于投票人数的有效。

每一选票所选的人数,等于应选代表名额的有效,多于或者少于应选代表名额的作废。

第十六条 代表候选人获得参加投票的选举会议成员过半数的选票时,始得当选。

获得过半数选票的代表候选人的人数超过应选代表名额时,以得票多的当选。如遇票数相等不能确定当选人时,应当就票数相等的候选人再次投票,以得票多的当选。

获得过半数选票的当选代表的人数少于应选代表的

名额时,不足的名额另行选举。另行选举时,根据在第一次投票时得票多少的顺序,按照候选人比应选名额多五分之一至二分之一的差额比例,由主席团确定候选人名单;如果只选一人,候选人应为二人。另行选举时,代表候选人获得参加投票的选举会议成员过半数的选票,始得当选。

第十七条 选举会议设总监票人一人、监票人若干人,由选举会议主席团在不是代表候选人的选举会议成员中提名,选举会议通过。总监票人和监票人对发票、投票、计票工作进行监督。

第十八条 在选举日不得进行拉票活动。

选举会议举行全体会议进行投票。会场按座区设投票箱,选举会议成员按座区分别到指定的票箱投票。

投票时,首先由总监票人、监票人投票,然后主席团成员和选举会议其他成员按顺序投票。

选举会议成员不得委托他人投票。

第十九条 计票完毕,总监票人向主席团报告计票结果。选举结果由主席团予以宣布,并报全国人民代表大会常务委员会代表资格审查委员会。

选举会议主席团向全国人民代表大会常务委员会代表资格审查委员会报送选举结果前,发现当选人违反本办法第十一条规定的登记表所声明内容的,或者因危害国家安全被法院判决有罪的,应当在向全国人民代表大会常务委员会代表资格审查委员会报送选举结果的同时,提出当选人违反登记表所声明内容或者因危害国家安全被法院判决有罪的情况的报告。代表资格审查委员会经审查核实后,应当向全国人民代表大会常务委员会提出确定代表当选无效的报告。

全国人民代表大会常务委员会根据代表资格审查委员会提出的报告,确认代表的资格或者确定代表的当选无效,并公布代表名单。

第二十条 选举会议主席团接受与选举第十四届全

国人民代表大会代表有关的投诉,并转报全国人民代表大会常务委员会代表资格审查委员会处理。

第二十一条 香港特别行政区第十四届全国人民代表大会代表可以向全国人民代表大会常务委员会书面提出辞职,由全国人民代表大会常务委员会决定接受辞职后予以公告。

第二十二条 香港特别行政区第十四届全国人民代表大会代表违反本办法第十一条规定的登记表所声明内容的,或者因危害国家安全被法院判决有罪的,由全国人民代表大会常务委员会代表资格审查委员会提出终止其代表资格的意见,全国人民代表大会常务委员会根据代表资格审查委员会的意见,确定终止其代表资格,并予以公告。

第二十三条 香港特别行政区第十四届全国人民代表大会代表因故出缺,由选举香港特别行政区第十四届全国人民代表大会代表时未当选的代表候选人,按得票多少顺序依次递补,但是被递补为全国人民代表大会代表的候选人的得票数不得少于选票的三分之一。全国人民代表大会常务委员会根据代表资格审查委员会提出的报告,确认递补的代表资格,公布递补的代表名单。

选举第十四届全国人民代表大会代表时,在未当选的代表候选人中,如遇票数相等不能确定代表出缺时的递补顺序,由主席团决定就票数相等的候选人再次投票,按得票多少确定递补顺序。

全国人民代表大会常务委员会关于延长授权国务院在粤港澳大湾区内地九市开展香港法律执业者和澳门执业律师取得内地执业资质和从事律师职业试点工作期限的决定

（2023 年 9 月 1 日第十四届全国人民代表大会常务委员会第五次会议通过）

为推进粤港澳大湾区建设，进一步发挥香港法律执业者和澳门执业律师的专业作用，深入推进香港法律执业者和澳门执业律师在粤港澳大湾区内地九市取得内地执业资质和从事律师职业试点，更好地总结试点经验，第十四届全国人民代表大会常务委员会第五次会议决定：将 2020 年 8 月 11 日第十三届全国人民代表大会常务委员会第二十一次会议授权国务院在粤港澳大湾区内地九市开展香港法律执业者和澳门执业律师取得内地执业资质和从事律师职业试点工作的期限延长三年至 2026 年 10 月 4 日。延长期满，国务院应当就试点工作情况向全国人民代表大会常务委员会作出报告。对实践证明可行的，修改完善有关法律。

本决定自公布之日起施行。

在香港特别行政区
实施的全国性法律

关于中华人民共和国国都、纪年、国歌、国旗的决议

(1949 年 9 月 27 日中国人民政治协商会议第一届全体会议通过)

一、全体一致通过:中华人民共和国的国都定于北平。自即日起,改名北平为北京。

二、全体一致通过:中华人民共和国的纪年采用公元。今年为一九四九年。

三、全体一致通过:在中华人民共和国的国歌未正式制定前,以"义勇军进行曲"为国歌。

四、全体一致通过:中华人民共和国的国旗为红地五星旗,象征中国革命人民大团结。

关于中华人民共和国
国庆日的决议

（1949 年 12 月 2 日中央人民政府委员会第
四次会议通过）

中国人民政治协商会议第一届全国委员会在一九四九年十月九日的第一次会议中，通过《请政府明定十月一日为中华人民共和国国庆日，以代替十月十日的旧国庆日》的建议案，送请中央人民政府采择施行。

中央人民政府委员会认为中国人民政治协商会议第一届全国委员会的这个建议是符合历史实际和代表人民意志的，决定加以采纳。

中央人民政府委员会兹宣告：自一九五零年起，即以每年的十月一日，即中华人民共和国宣告成立的伟大的日子，为中华人民共和国的国庆日。

中华人民共和国政府
关于领海的声明

（一九五八年九月四日全国人民代表大会
常务委员会第一〇〇次会议通过）

中华人民共和国政府宣布：

（一）中华人民共和国的领海宽度为十二海里（浬）。这项规定适用于中华人民共和国的一切领土，包括中国大陆及其沿海岛屿，和同大陆及其沿海岛屿隔有公海的台湾及其周围各岛、澎湖列岛、东沙群岛、西沙群岛、中沙群岛、南沙群岛以及其他属于中国的岛屿。

（二）中国大陆及其沿海岛屿的领海以连接大陆岸上和沿海岸外缘岛屿上各基点之间的各直线为基线，从基线向外延伸十二海里（浬）的水域是中国的领海。在基线以内的水域，包括渤海湾、琼州海峡在内，都是中国的内海。在基线以内的岛屿，包括东引岛、高登岛、马祖列岛、白犬列岛、乌坵岛、大小金门岛、大担岛、二担岛、东椗岛在内，都是中国的内海岛屿。

（三）一切外国飞机和军用船舶，未经中华人民共和国政府的许可，不得进入中国的领海和领海上空。

任何外国船舶在中国领海航行，必须遵守中华人民共和国政府的有关法令。

（四）以上（二）（三）两项规定的原则同样适用于台湾及其周围各岛、澎湖列岛、东沙群岛、西沙群岛、中沙群岛、南沙群岛以及其他属于中国的岛屿。

台湾和澎湖地区现在仍然被美国武力侵占，这是侵犯中华人民共和国领土完整和主权的非法行为。台湾和澎湖等地尚待收复,中华人民共和国政府有权采取一切适当的方法,在适当的时候,收复这些地区,这是中国的内政,不容外国干涉。

中华人民共和国国籍法

（1980 年 9 月 10 日第五届全国人民代表大会第三次会议通过　1980 年 9 月 10 日全国人民代表大会常务委员会委员长令第八号公布）

第一条　中华人民共和国国籍的取得、丧失和恢复，都适用本法。

第二条　中华人民共和国是统一的多民族的国家，各民族的人都具有中国国籍。

第三条　中华人民共和国不承认中国公民具有双重国籍。

第四条　父母双方或一方为中国公民，本人出生在中国，具有中国国籍。

第五条　父母双方或一方为中国公民，本人出生在外国，具有中国国籍；但父母双方或一方为中国公民并定居在外国，本人出生时即具有外国国籍的，不具有中国国籍。

第六条　父母无国籍或国籍不明，定居在中国，本人出生在中国，具有中国国籍。

第七条　外国人或无国籍人，愿意遵守中国宪法和法律，并具有下列条件之一的，可以经申请批准加入中国国籍：

一、中国人的近亲属；

二、定居在中国的；

三、有其它正当理由。

第八条　申请加入中国国籍获得批准的，即取得中国国籍；被批准加入中国国籍的，不得再保留外国国籍。

第九条　定居外国的中国公民，自愿加入或取得外国国籍的,即自动丧失中国国籍。

第十条　中国公民具有下列条件之一的,可以经申请批准退出中国国籍:

一、外国人的近亲属;

二、定居在外国的;

三、有其它正当理由。

第十一条　申请退出中国国籍获得批准的,即丧失中国国籍。

第十二条　国家工作人员和现役军人,不得退出中国国籍。

第十三条　曾有过中国国籍的外国人,具有正当理由,可以申请恢复中国国籍;被批准恢复中国国籍的,不得再保留外国国籍。

第十四条　中国国籍的取得、丧失和恢复,除第九条规定的以外,必须办理申请手续。未满十八周岁的人,可由其父母或其他法定代理人代为办理申请。

第十五条　受理国籍申请的机关,在国内为当地市、县公安局,在国外为中国外交代表机关和领事机关。

第十六条　加入、退出和恢复中国国籍的申请,由中华人民共和国公安部审批。经批准的,由公安部发给证书。

第十七条　本法公布前,已经取得中国国籍的或已经丧失中国国籍的,继续有效。

第十八条　本法自公布之日起施行。

全国人民代表大会常务委员会关于《中华人民共和国国籍法》在香港特别行政区实施的几个问题的解释

(1996年5月15日第八届全国人民代表大会常务委员会第十九次会议通过)

根据《中华人民共和国香港特别行政区基本法》第十八条和附件三的规定,《中华人民共和国国籍法》自1997年7月1日起在香港特别行政区实施。考虑到香港的历史背景和现实情况,对《中华人民共和国国籍法》在香港特别行政区实施作如下解释:

一、凡具有中国血统的香港居民,本人出生在中国领土(含香港)者,以及其他符合《中华人民共和国国籍法》规定的具有中国国籍的条件者,都是中国公民。

二、所有香港中国同胞,不论其是否持有"英国属土公民护照"或者"英国国民(海外)护照",都是中国公民。自1997年7月1日起,上述中国公民可继续使用英国政府签发的有效旅行证件去其他国家或地区旅行,但在香港特别行政区和中华人民共和国其他地区不得因持有上述英国旅行证件而享有英国的领事保护的权利。

三、任何在香港的中国公民,因英国政府的"居英权计划"而获得的英国公民身份,根据《中华人民共和国国籍法》不予承认。这类人仍为中国公民,在香港特别行政区和中华人民共和国其他地区不得享有英国的领事保护的权利。

四、在外国有居留权的香港特别行政区的中国公民,可使用外国政府签发的有关证件去其他国家或地区旅行,但在香港特别行政区和中华人民共和国其他地区不得因持有上述证件而享有外国领事保护的权利。

五、香港特别行政区的中国公民的国籍发生变更,可凭有效证件向香港特别行政区受理国籍申请的机关申报。

六、授权香港特别行政区政府指定其入境事务处为香港特别行政区受理国籍申请的机关,香港特别行政区入境事务处根据《中华人民共和国国籍法》和以上规定对所有国籍申请事宜作出处理。

中华人民共和国
外交特权与豁免条例

(1986年9月5日第六届全国人民代表大会常务委员会第十七次会议通过　1986年9月5日中华人民共和国主席令第四十四号公布)

第一条　为确定外国驻中国使馆和使馆人员的外交特权与豁免,便于外国驻中国使馆代表其国家有效地执行职务,特制定本条例。

第二条　使馆外交人员原则上应当是具有派遣国国籍的人。如果委派中国或者第三国国籍的人为使馆外交人员,必须征得中国主管机关的同意,中国主管机关可以随时撤销此项同意。

第三条　使馆及其馆长有权在使馆馆舍和使馆馆长交通工具上,使用派遣国的国旗或者国徽。

第四条　使馆馆舍不受侵犯。中国国家工作人员进入使馆馆舍,须经使馆馆长或者其授权人员的同意。中国有关机关应当采取适当措施,保护使馆馆舍免受侵犯或者损害。

使馆的馆舍、设备及馆舍内其他财产和使馆交通工具免受搜查、征用、扣押或者强制执行。

第五条　使馆馆舍免纳捐税,但为其提供特定服务所收的费用不在此限。

使馆办理公务所收规费和手续费免纳捐税。

第六条　使馆的档案和文件不受侵犯。

第七条　使馆人员在中国境内有行动和旅行的自由,中国政府规定禁止或者限制进入的区域除外。

第八条　使馆为公务目的可以与派遣国政府以及派遣国其他使馆和领事馆自由通讯。通讯可以采用一切适当方法,包括外交信使、外交邮袋和明码、密码电信在内。

第九条　使馆设置和使用供通讯用的无线电收发信机,必须经中国政府同意。使馆运进上述设备,按中国政府的有关规定办理。

第十条　使馆来往的公文不受侵犯。

外交邮袋不得开拆或者扣留。

外交邮袋以装载外交文件或者公务用品为限,应予加封并附有可资识别的外部标记。

第十一条　外交信使必须持有派遣国主管机关出具的信使证明书。外交信使人身不受侵犯,不受逮捕或者拘留。

临时外交信使必须持有派遣国主管机关出具的临时信使证明书,在其负责携带外交邮袋期间,享有与外交信使同等的豁免。

商业飞机机长受委托可以转递外交邮袋,但机长必须持有委托国官方证明文件,注明所携带的外交邮袋件数。机长不得视为外交信使。使馆应当派使馆人员向机长接交外交邮袋。

第十二条　外交代表人身不受侵犯,不受逮捕或者拘留。中国有关机关应当采取适当措施,防止外交代表的人身自由和尊严受到侵犯。

第十三条　外交代表的寓所不受侵犯,并受保护。

外交代表的文书和信件不受侵犯。外交代表的财产不受侵犯,但第十四条另有规定的除外。

第十四条　外交代表享有刑事管辖豁免。

外交代表享有民事管辖豁免和行政管辖豁免,但下列各项除外:

(一)外交代表以私人身份进行的遗产继承的诉讼;

(二)外交代表违反第二十五条第三项规定在中国境内从事公务范围以外的职业或者商业活动的诉讼。

外交代表免受强制执行，但对前款所列情况，强制执行其人身和寓所不构成侵犯的，不在此限。

外交代表没有以证人身份作证的义务。

第十五条 外交代表和第二十条规定享有豁免的人员的管辖豁免可以由派遣国政府明确表示放弃。

外交代表和第二十条规定享有豁免的人员如果主动提起诉讼，对与本诉直接有关的反诉，不得援用管辖豁免。

放弃民事管辖豁免或者行政管辖豁免，不包括对判决的执行也放弃豁免。放弃对判决执行的豁免须另作明确表示。

第十六条 外交代表免纳捐税，但下列各项除外：

（一）通常计入商品价格或者服务价格内的捐税；

（二）有关遗产的各种捐税，但外交代表亡故，其在中国境内的动产不在此限；

（三）对来源于中国境内的私人收入所征的捐税；

（四）为其提供特定服务所收的费用。

第十七条 外交代表免除一切个人和公共劳务以及军事义务。

第十八条 使馆运进的公务用品、外交代表运进的自用物品，按照中国政府的有关规定免纳关税和其他捐税。

外交代表的私人行李免受查验，但中国有关机关有重大理由推定其中装有不属于前款规定免税的物品或者中国法律和政府规定禁止运进、运出或者检疫法规规定管制的物品的，可以查验。查验时，须有外交代表或者其授权人员在场。

第十九条 使馆和使馆人员携运自用的枪支、子弹入境，必须经中国政府批准，并且按中国政府的有关规定办理。

第二十条 与外交代表共同生活的配偶及未成年子女，如果不是中国公民，享有第十二条至第十八条所规定的特权与豁免。

使馆行政技术人员和与其共同生活的配偶及未成年子女，如果不是中国公民并且不是在中国永久居留的，享有第十二条至第十七条所规定的特权与豁免，但民事管辖豁免和行政管辖豁免，仅限于执行公务的行为。使馆行政技术人员到任后半年内运进的安家物品享有第十八条第一款所规定的免税的特权。

使馆服务人员如果不是中国公民并且不是在中国永久居留的，其执行公务的行为享有豁免，其受雇所得报酬免纳所得税。其到任后半年内运进的安家物品享有第十八条第一款所规定的免税的特权。

使馆人员的私人服务员如果不是中国公民并且不是在中国永久居留的，其受雇所得的报酬免纳所得税。

第二十一条 外交代表如果是中国公民或者获得在中国永久居留资格的外国人，仅就其执行公务的行为，享有管辖豁免和不受侵犯。

第二十二条 下列人员享有在中国过境或者逗留期间所必需的豁免和不受侵犯：

（一）途经中国的外国驻第三国的外交代表和与其共同生活的配偶及未成年子女；

（二）持有中国外交签证或者持有外交护照（仅限互免签证的国家）来中国的外国官员；

（三）经中国政府同意给予本条所规定的特权与豁免的其他来中国访问的外国人士。

对途经中国的第三国外交信使及其所携带的外交邮袋，参照第十条、第十一条的规定办理。

第二十三条 来中国访问的外国国家元首、政府首脑、外交部长及其他具有同等身份的官员，享有本条例所规定的特权与豁免。

第二十四条 来中国参加联合国及其专门机构召开的国际会议的外国代表、临时来中国的联合国及其专门机构的官员和专家、联合国及其专门机构驻中国的代表机构和人员的待遇，按中国已加入的有关国际公约和中国与有关国际组织签订的协议办理。

第二十五条 享有外交特权与豁免的人员：

（一）应当尊重中国的法律、法规；

（二）不得干涉中国的内政；

（三）不得在中国境内为私人利益从事任何职业或者商业活动；

（四）不得将使馆馆舍和使馆工作人员寓所充作与使馆职务不相符合的用途。

第二十六条 如果外国给予中国驻该国使馆、使馆人员以及临时去该国的有关人员的外交特权与豁免，低于中国按本条例给予该国驻中国使馆、使馆人员以及临时来中国的有关人员的外交特权与豁免，中国政府根据对等原则，可以给予该国驻中国使馆、使馆人员以及临时来中国的有关人员以相应的外交特权与豁免。

第二十七条 中国缔结或者参加的国际条约另有规定的，按照国际条约的规定办理，但中国声明保留的条款除外。

中国与外国签订的外交特权与豁免协议另有规定的，按照协议的规定执行。

第二十八条 本条例中下列用语的含义是：

（一）"使馆馆长"是指派遣国委派担任此项职位的大使、公使、代办以及其他同等级别的人；

（二）"使馆人员"是指使馆馆长和使馆工作人员；

（三）"使馆工作人员"是指使馆外交人员、行政技术人员和服务人员；

（四）"使馆外交人员"是指具有外交官衔的使馆工作人员；

（五）"外交代表"是指使馆馆长或者使馆外交人员；

（六）"使馆行政技术人员"是指从事行政和技术工作的使馆工作人员；

（七）"使馆服务人员"是指从事服务工作的使馆工

作人员；

（八）"私人服务员"是指使馆人员私人雇用的人员；

（九）"使馆馆舍"是指使馆使用和使馆馆长官邸的建筑物及其附属的土地。

第二十九条 本条例自公布之日起施行。

中华人民共和国国旗法

(1990年6月28日第七届全国人民代表大会常务委员会第十四次会议通过 根据2009年8月27日第十一届全国人民代表大会常务委员会第十次会议《关于修改部分法律的决定》第一次修正 根据2020年10月17日第十三届全国人民代表大会常务委员会第二十二次会议《关于修改〈中华人民共和国国旗法〉的决定》第二次修正)

第一条 为了维护国旗的尊严,规范国旗的使用,增强公民的国家观念,弘扬爱国主义精神,培育和践行社会主义核心价值观,根据宪法,制定本法。

第二条 中华人民共和国国旗是五星红旗。

中华人民共和国国旗按照中国人民政治协商会议第一届全体会议主席团公布的国旗制法说明制作。

第三条 国旗的通用尺度为国旗制法说明中所列明的五种尺度。特殊情况使用其他尺度的国旗,应当按照通用尺度成比例适当放大或者缩小。

国旗、旗杆的尺度比例应当适当,并与使用目的、周围建筑、周边环境相适应。

第四条 中华人民共和国国旗是中华人民共和国的象征和标志。

每个公民和组织,都应当尊重和爱护国旗。

第五条 下列场所或者机构所在地,应当每日升挂国旗:

(一)北京天安门广场、新华门;

(二)中国共产党中央委员会,全国人民代表大会常

务委员会,国务院,中央军事委员会,中国共产党中央纪律检查委员会、国家监察委员会,最高人民法院,最高人民检察院;

中国人民政治协商会议全国委员会;

(三)外交部;

(四)出境入境的机场、港口、火车站和其他边境口岸,边防海防哨所。

第六条 下列机构所在地应当在工作日升挂国旗:

(一)中国共产党中央各部门和地方各级委员会;

(二)国务院各部门;

(三)地方各级人民代表大会常务委员会;

(四)地方各级人民政府;

(五)中国共产党地方各级纪律检查委员会、地方各级监察委员会;

(六)地方各级人民法院和专门人民法院;

(七)地方各级人民检察院和专门人民检察院;

(八)中国人民政治协商会议地方各级委员会;

(九)各民主党派、各人民团体;

(十)中央人民政府驻香港特别行政区有关机构、中央人民政府驻澳门特别行政区有关机构。

学校除寒假、暑假和休息日外,应当每日升挂国旗。有条件的幼儿园参照学校的规定升挂国旗。

图书馆、博物馆、文化馆、美术馆、科技馆、纪念馆、展览馆、体育馆、青少年宫等公共文化体育设施应当在开放日升挂、悬挂国旗。

第七条 国庆节、国际劳动节、元旦、春节和国家宪法日等重要节日、纪念日,各级国家机关、各人民团体以及大型广场、公园等公共活动场所应当升挂国旗;企业事业组织、村民委员会、居民委员会,居民院(楼、小区)有条件的应当升挂国旗。

民族自治地方在民族自治地方成立纪念日和主要传统民族节日应当升挂国旗。

举行宪法宣誓仪式时,应当在宣誓场所悬挂国旗。

第八条 举行重大庆祝、纪念活动,大型文化、体育活动,大型展览会,可以升挂国旗。

第九条 国家倡导公民和组织在适宜的场合使用国旗及其图案,表达爱国情感。

公民和组织在网络中使用国旗图案,应当遵守相关网络管理规定,不得损害国旗尊严。

网络使用的国旗图案标准版本在中国人大网和中国政府网上发布。

第十条 外交活动以及国家驻外使馆领馆和其他外交代表机构升挂、使用国旗的办法,由外交部规定。

第十一条 中国人民解放军和中国人民武装警察部队升挂、使用国旗的办法,由中央军事委员会规定。

第十二条 民用船舶和进入中国领水的外国船舶升挂国旗的办法,由国务院交通主管部门规定。

执行出入境边防检查、边境管理、治安任务的船舶升挂国旗的办法,由国务院公安部门规定。

国家综合性消防救援队伍的船舶升挂国旗的办法,由国务院应急管理部门规定。

第十三条 依照本法第五条、第六条、第七条的规定升挂国旗的,应当早晨升起,傍晚降下。

依照本法规定应当升挂国旗的,遇有恶劣天气,可以不升挂。

第十四条 升挂国旗时,可以举行升旗仪式。

举行升旗仪式时,应当奏唱国歌。在国旗升起的过程中,在场人员应当面向国旗肃立,行注目礼或者按照规定要求敬礼,不得有损害国旗尊严的行为。

北京天安门广场每日举行升旗仪式。

学校除假期外,每周举行一次升旗仪式。

第十五条 下列人士逝世,下半旗志哀:

(一)中华人民共和国主席、全国人民代表大会常务委员会委员长、国务院总理、中央军事委员会主席;

（二）中国人民政治协商会议全国委员会主席；

（三）对中华人民共和国作出杰出贡献的人；

（四）对世界和平或者人类进步事业作出杰出贡献的人。

举行国家公祭仪式或者发生严重自然灾害、突发公共卫生事件以及其他不幸事件造成特别重大伤亡的，可以在全国范围内下半旗志哀，也可以在部分地区或者特定场所下半旗志哀。

依照本条第一款第三项、第四项和第二款的规定下半旗，由国务院有关部门或者省、自治区、直辖市人民政府报国务院决定。

依照本条规定下半旗的日期和场所，由国家成立的治丧机构或者国务院决定。

第十六条 下列人士逝世，举行哀悼仪式时，其遗体、灵柩或者骨灰盒可以覆盖国旗：

（一）本法第十五条第一款第一项至第三项规定的人士；

（二）烈士；

（三）国家规定的其他人士。

覆盖国旗时，国旗不得触及地面，仪式结束后应当将国旗收回保存。

第十七条 升挂国旗，应当将国旗置于显著的位置。

列队举持国旗和其他旗帜行进时，国旗应当在其他旗帜之前。

国旗与其他旗帜同时升挂时，应当将国旗置于中心、较高或者突出的位置。

在外事活动中同时升挂两个以上国家的国旗时，应当按照外交部的规定或者国际惯例升挂。

第十八条 在直立的旗杆上升降国旗，应当徐徐升降。升起时，必须将国旗升至杆顶；降下时，不得使国旗落地。

下半旗时，应当先将国旗升至杆顶，然后降至旗顶与杆顶之间的距离为旗杆全长的三分之一处;降下时,应当先将国旗升至杆顶,然后再降下。

第十九条 不得升挂或者使用破损、污损、褪色或者不合规格的国旗,不得倒挂、倒插或者以其他有损国旗尊严的方式升挂、使用国旗。

不得随意丢弃国旗。破损、污损、褪色或者不合规格的国旗应当按照国家有关规定收回、处置。大型群众性活动结束后,活动主办方应当收回或者妥善处置活动现场使用的国旗。

第二十条 国旗及其图案不得用作商标、授予专利权的外观设计和商业广告,不得用于私人丧事活动等不适宜的情形。

第二十一条 国旗应当作为爱国主义教育的重要内容。

中小学应当教育学生了解国旗的历史和精神内涵、遵守国旗升挂使用规范和升旗仪式礼仪。

新闻媒体应当积极宣传国旗知识,引导公民和组织正确使用国旗及其图案。

第二十二条 国务院办公厅统筹协调全国范围内国旗管理有关工作。地方各级人民政府统筹协调本行政区域内国旗管理有关工作。

各级人民政府市场监督管理部门对国旗的制作和销售实施监督管理。

县级人民政府确定的部门对本行政区域内国旗的升挂、使用和收回实施监督管理。

外交部、国务院交通主管部门、中央军事委员会有关部门对各自管辖范围内国旗的升挂、使用和收回实施监督管理。

第二十三条 在公共场合故意以焚烧、毁损、涂划、玷污、践踏等方式侮辱中华人民共和国国旗的,依法追究刑事责任;情节较轻的,由公安机关处以十五日以下拘留。

第二十四条 本法自 1990 年 10 月 1 日起施行。

附:

国旗制法说明

（1949 年 9 月 28 日中国人民政治协商会议
第一届全体会议主席团公布）

国旗的形状、颜色两面相同,旗上五星两面相对。为
便利计,本件仅以旗杆在左之一面为说明之标准。对于旗
杆在右之一面,凡本件所称左均应改右,所称右均应改左。

（一）旗面为红色,长方形,其长与高为三与二之比,
旗面左上方缀黄色五角星五颗。一星较大,其外接圆直
径为旗高十分之三,居左;四星较小,其外接圆直径为旗
高十分之一,环拱于大星之右。旗杆套为白色。

（二）五星之位置与画法如下:

甲、为便于确定五星之位置,先将旗面对分为四个相
等的长方形,将左上方之长方形上下划为十等分,左右划
为十五等分。

乙、大五角星的中心点,在该长方形上五下五、左五
右十之处。其画法为:以此点为圆心,以三等分为半径作
一圆。在此圆周上,定出五个等距离的点,其一点须位于
圆之正上方。然后将此五点中各相隔的两点相联,使各
成一直线。此五直线所构成之外轮廓线,即为所需之大
五角星。五角星之一个角尖正向上方。

丙、四颗小五角星的中心点,第一点在该长方形上二
下八、左十右五之处,第二点在上四下六、左十二右三之
处,第三点在上七下三、左十二右三之处,第四点在上九
下一、左十右五之处。其画法为:以以上四点为圆心,各
以一等分为半径,分别作四个圆。在每个圆上各定出五
个等距离的点,其中均须各有一点位于大五角星中心点
与以上四个圆心的各联线线上。然后用构成大五角星的

同样方法,构成小五角星。此四颗小五角星均各有一个角尖正对大五角星的中心点。

(三)国旗之通用尺度定为如下五种,各界酌情选用:

甲、长 288 公分,高 192 公分。

乙、长 240 公分,高 160 公分。

丙、长 192 公分,高 128 公分。

丁、长 144 公分,高 96 公分。

戊、长 96 公分,高 64 公分。

国旗制法图案

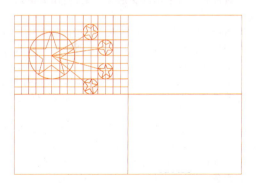

中华人民共和国
领事特权与豁免条例

(1990 年 10 月 30 日第七届全国人民代表
大会常务委员会第十六次会议通过　1990 年
10 月 30 日中华人民共和国主席令第三十五号
公布)

第一条　为确定外国驻中国领馆和领馆成员的领事
特权与豁免,便于外国驻中国领馆在领区内代表其国家
有效地执行职务,制定本条例。

第二条　领事官员应当是具有派遣国国籍的人。如
果委派具有中国或者第三国国籍的人或者派遣国在中国
永久居留的人为领事官员,必须征得中国主管机关的同
意。中国主管机关可以随时撤销此项同意。

第三条　领馆及其馆长有权在领馆馆舍、馆长寓所
和馆长执行职务所乘用的交通工具上,使用派遣国国旗
或者国徽。

第四条　领馆馆舍不受侵犯。中国国家工作人员进
入领馆馆舍,须经领馆馆长或者派遣国使馆馆长或者他
们两人中一人授权的人员同意。遇有火灾或者其他灾害
须迅速采取保护行动时,可以推定领馆馆长已经同意。
中国有关机关应当采取适当措施保护领馆馆舍免受侵犯
或者损害。

第五条　领馆馆舍和馆长寓所免纳捐税,但为其提
供特定服务所收的费用不在此限。

领馆办理公务所收规费和手续费免纳捐税。

第六条　领馆的档案和文件不受侵犯。

第七条 领馆成员在中国境内有行动和旅行的自由,但中国政府规定禁止或者限制进入的区域除外。

第八条 领馆为公务目的可以同派遣国政府以及派遣国使馆和其他领馆自由通讯。通讯可以采用一切适当方法,包括外交信使或者领事信使、外交邮袋或者领事邮袋和明码、密码电信在内。

第九条 领馆设置和使用无线电收发信机,必须经中国政府同意。领馆运进上述设备,按照中国政府的有关规定办理。

第十条 领事邮袋不得开拆或者扣留。

领事邮袋以装载来往公文、公务文件及公务用品为限,应予加封并附有可资识别的外部标记。如中国有关机关有重大理由认为领事邮袋装有上述物品以外的物品时,可要求领事官员或者其授权的人员在中国有关机关人员在场的情况下开拆;如领事官员拒绝此项要求,领事邮袋应予退回至原发送地点。

第十一条 领事信使必须是具有派遣国国籍的人,并且不得是在中国永久居留的。领事信使必须持有派遣国主管机关出具的信使证明书。领事信使人身不受侵犯,不受逮捕或者拘留。

临时领事信使必须持有派遣国主管机关出具的临时信使证明书,在其负责携带领事邮袋期间享有与领事信使同等的豁免。

商业飞机机长或者商业船舶船长受委托可以转递领事邮袋,但机长或者船长必须持有委托国官方证明文件,注明所携带的领事邮袋件数。机长或者船长不得视为领事信使。经与中国地方人民政府主管机关商定,领馆可以派领馆成员与机长或者船长接交领事邮袋。

第十二条 领事官员人身不受侵犯。中国有关机关应当采取适当措施,防止领事官员的人身自由和尊严受到侵犯。

领事官员不受逮捕或者拘留,但有严重犯罪情形,依照法定程序予以逮捕或者拘留的不在此限。

领事官员不受监禁，但为执行已经发生法律效力的判决的不在此限。

第十三条 领事官员的寓所不受侵犯。

领事官员的文书和信件不受侵犯。

领事官员的财产不受侵犯，但本条例第十四条另有规定的除外。

第十四条 领事官员和领馆行政技术人员执行职务的行为享有司法和行政管辖豁免。领事官员执行职务以外的行为的管辖豁免，按照中国与外国签订的双边条约、协定或者根据对等原则办理。

领事官员和领馆行政技术人员享有的司法管辖豁免不适用于下列各项民事诉讼：

（一）涉及未明示以派遣国代表身份所订的契约的诉讼；

（二）涉及在中国境内的私有不动产的诉讼，但以派遣国代表身份所拥有的为领馆使用的不动产不在此限；

（三）以私人身份进行的遗产继承的诉讼；

（四）因车辆、船舶或者航空器在中国境内造成的事故涉及损害赔偿的诉讼。

第十五条 领馆成员可以被要求在司法或者行政程序中到场作证，但没有义务就其执行职务所涉及事项作证。领馆成员有权拒绝以鉴定人身份就派遣国的法律提出证词。

领事官员拒绝作证，不得对其采取强制措施或者给予处罚。

领馆行政技术人员和领馆服务人员除执行职务所涉及事项外，不得拒绝作证。

第十六条 本条例规定的有关人员所享有的管辖豁免可以由派遣国政府明确表示放弃。

依照本条例规定享有管辖豁免的人员如果主动提起诉讼，对与本诉直接有关的反诉，不得援用管辖豁免。

放弃民事管辖豁免或者行政管辖豁免,不包括对判决的执行也放弃豁免。放弃对判决执行的豁免须由派遣国政府另作明确表示。

第十七条 领事官员和领馆行政技术人员免纳捐税,但下列各项除外:

(一)通常计入商品价格或者服务价格内的捐税;

(二)对在中国境内私有不动产所征的捐税,但用作领馆馆舍的不在此限;

(三)有关遗产的各种捐税,但领事官员亡故,其在中国境内的动产的有关遗产的各种捐税免纳;

(四)对来源于中国境内的私人收入所征的捐税;

(五)为其提供特定服务所收的费用。

领馆服务人员在领馆服务所得工资,免纳捐税。

第十八条 领馆成员免除一切个人和公共劳务以及军事义务。

领事官员和领馆行政技术人员免除中国法律、法规关于外国人登记和居留许可所规定的义务。

第十九条 领馆运进的公务用品,领事官员运进的自用物品和领馆行政技术人员到任后半年内运进的自用物品包括安家物品,按照中国政府的有关规定免纳关税和其他捐税,但保管、运输及类似服务费用除外。

领事官员和领馆行政技术人员运进的前款所述自用物品,不得超过直接需要的数量。

领事官员的私人行李免受查验,但中国有关机关有重大理由认为其中装有不属于本条第一款规定的自用物品或者中国法律和政府规定禁止运进、运出或者管制的物品,可以查验。查验时,须有领事官员或者其授权的人员到场。

第二十条 领馆和领馆成员携带自用的枪支、子弹入出境,必须经中国政府批准,并且按照中国政府的有关规定办理。

第二十一条 与领事官员、领馆行政技术人员、领馆服务人员共同生活的配偶及未成年子女,分别享有领事官员、领馆行政技术人员、领馆服务人员根据本条例第七条、第十七条、第十八条、第十九条的规定所享有的特权与豁免,但身为中国公民或者在中国永久居留的外国人除外。

第二十二条　领事官员如果是中国公民或者在中国永久居留的外国人,仅就其执行职务的行为,享有本条例规定的特权与豁免。

领馆行政技术人员或者领馆服务人员如果是中国公民或者在中国永久居留的外国人,除没有义务就其执行职务所涉及事项作证外,不享有本条例规定的特权与豁免。

私人服务人员不享有本条例规定的特权与豁免。

第二十三条　下列人员在中国过境或者逗留期间享有所必需的豁免和不受侵犯:

(一)途经中国的外国驻第三国的领事官员和与其共同生活的配偶及未成年子女;

(二)持有中国外交签证或者持有与中国互免签证国家外交护照的外国领事官员。

第二十四条　享有领事特权与豁免的人员:

(一)应当尊重中国的法律、法规;

(二)不得干涉中国的内政;

(三)不得将领馆馆舍和领馆成员的寓所充作与执行领事职务不相符合的用途。

第二十五条　领事官员不得在中国境内为私人利益从事任何职务范围以外的职业或者商业活动。

第二十六条　如果外国给予中国驻该国领馆、领馆成员以及途经或者临时去该国的中国驻第三国领事官员的领事特权与豁免,不同于中国给予该国驻中国领馆、领馆成员以及途经或者临时来中国的该国驻第三国领事官员的领事特权与豁免,中国政府根据对等原则,可以给予该国驻中国领馆、领馆成员以及途经或者临时来中国的该国驻第三国领事官员以相应的领事特权与豁免。

第二十七条 中国缔结或者参加的国际条约对领事特权与豁免另有规定的,按照国际条约的规定办理,但中国声明保留的条款除外。

中国与外国签订的双边条约或者协定对领事特权与豁免另有规定的,按照条约或者协定的规定执行。

第二十八条 本条例中下列用语的含义是:

(一)"领馆"是指总领事馆、领事馆、副领事馆或者领事代理处;

(二)"领区"是指为领馆执行领事职务而设定的区域;

(三)"领馆馆长"是指派遣国委派领导领馆的总领事、领事、副领事或者领事代理人;

(四)"领事官员"是指总领事、副总领事、领事、副领事、领事随员或者领事代理人;

(五)"领馆行政技术人员"是指从事领馆行政或者技术工作的人员;

(六)"领馆服务人员"是指从事领馆服务工作的人员;

(七)"领馆成员"是指领事官员、领馆行政技术人员和领馆服务人员;

(八)"私人服务人员"是指领馆成员私人雇用的服务人员;

(九)"领馆馆舍"是指专供领馆使用的建筑物或者部分建筑物及其附属的土地。

第二十九条 本条例自公布之日起施行。

中华人民共和国国徽法

（1991年3月2日第七届全国人民代表大会常务委员会第十八次会议通过 根据2009年8月27日第十一届全国人民代表大会常务委员会第十次会议《关于修改部分法律的决定》第一次修正 根据2020年10月17日第十三届全国人民代表大会常务委员会第二十二次会议《关于修改〈中华人民共和国国徽法〉的决定》第二次修正）

第一条 为了维护国徽的尊严，正确使用国徽，增强公民的国家观念，弘扬爱国主义精神，培育和践行社会主义核心价值观，根据宪法，制定本法。

第二条 中华人民共和国国徽，中间是五星照耀下的天安门，周围是谷穗和齿轮。

中华人民共和国国徽按照1950年中央人民政府委员会通过的《中华人民共和国国徽图案》和中央人民政府委员会办公厅公布的《中华人民共和国国徽图案制作说明》制作。

第三条 中华人民共和国国徽是中华人民共和国的象征和标志。

一切组织和公民，都应当尊重和爱护国徽。

第四条 下列机构应当悬挂国徽：

（一）各级人民代表大会常务委员会；

（二）各级人民政府；

（三）中央军事委员会；

（四）各级监察委员会；

（五）各级人民法院和专门人民法院；

（六）各级人民检察院和专门人民检察院；

（七）外交部；

（八）国家驻外使馆、领馆和其他外交代表机构；

（九）中央人民政府驻香港特别行政区有关机构、中央人民政府驻澳门特别行政区有关机构。

国徽应当悬挂在机关正门上方正中处。

第五条 下列场所应当悬挂国徽：

（一）北京天安门城楼、人民大会堂；

（二）县级以上各级人民代表大会及其常务委员会会议厅，乡、民族乡、镇的人民代表大会会场；

（三）各级人民法院和专门人民法院的审判庭；

（四）宪法宣誓场所；

（五）出境入境口岸的适当场所。

第六条 下列机构的印章应当刻有国徽图案：

（一）全国人民代表大会常务委员会，国务院，中央军事委员会，国家监察委员会，最高人民法院，最高人民检察院；

（二）全国人民代表大会各专门委员会和全国人民代表大会常务委员会办公厅、工作委员会，国务院各部、各委员会、各直属机构、国务院办公厅以及国务院规定应当使用刻有国徽图案印章的办事机构，中央军事委员会办公厅以及中央军事委员会规定应当使用刻有国徽图案印章的其他机构；

（三）县级以上地方各级人民代表大会常务委员会、人民政府、监察委员会、人民法院、人民检察院，专门人民法院，专门人民检察院；

（四）国家驻外使馆、领馆和其他外交代表机构。

第七条 本法第六条规定的机构应当在其网站首页显著位置使用国徽图案。

网站使用的国徽图案标准版本在中国人大网和中国政府网上发布。

第八条 下列文书、出版物等应当印有国徽图案：

（一）全国人民代表大会常务委员会、中华人民共和国主席和国务院颁发的荣誉证书、任命书、外交文书；

（二）中华人民共和国主席、副主席，全国人民代表大会常务委员会委员长、副委员长，国务院总理、副总理、国务委员，中央军事委员会主席、副主席，国家监察委员会主任，最高人民法院院长和最高人民检察院检察长以职务名义对外使用的信封、信笺、请柬等；

（三）全国人民代表大会常务委员会公报、国务院公报、最高人民法院公报和最高人民检察院公报的封面；

（四）国家出版的法律、法规正式版本的封面。

第九条 标示国界线的界桩、界碑和标示领海基点方位的标志碑以及其他用于显示国家主权的标志物可以使用国徽图案。

中国人民银行发行的法定货币可以使用国徽图案。

第十条 下列证件、证照可以使用国徽图案：

（一）国家机关工作人员的工作证件、执法证件等；

（二）国家机关颁发的营业执照、许可证书、批准证书、资格证书、权利证书等；

（三）居民身份证，中华人民共和国护照等法定出入境证件。

国家机关和武装力量的徽章可以将国徽图案作为核心图案。

公民在庄重的场合可以佩戴国徽徽章，表达爱国情感。

第十一条 外事活动和国家驻外使馆、领馆以及其他外交代表机构对外使用国徽图案的办法，由外交部规定，报国务院批准后施行。

第十二条 在本法规定的范围以外需要悬挂国徽或者使用国徽图案的，由全国人民代表大会常务委员会办公厅或者国务院办公厅会同有关主管部门规定。

第十三条 国徽及其图案不得用于：

（一）商标、授予专利权的外观设计、商业广告；

（二）日常用品、日常生活的陈设布置；

（三）私人庆吊活动；

（四）国务院办公厅规定不得使用国徽及其图案的其他场合。

第十四条　不得悬挂破损、污损或者不合规格的国徽。

第十五条　国徽应当作为爱国主义教育的重要内容。

中小学应当教育学生了解国徽的历史和精神内涵。

新闻媒体应当积极宣传国徽知识，引导公民和组织正确使用国徽及其图案。

第十六条　悬挂的国徽由国家指定的企业统一制作，其直径的通用尺度为下列三种：

（一）一百厘米；

（二）八十厘米；

（三）六十厘米。

需要悬挂非通用尺度国徽的，应当按照通用尺度成比例适当放大或者缩小，并与使用目的、所在建筑物、周边环境相适应。

第十七条　国务院办公厅统筹协调全国范围内国徽管理有关工作。地方各级人民政府统筹协调本行政区域内国徽管理有关工作。

各级人民政府市场监督管理部门对国徽的制作和销售实施监督管理。

县级人民政府确定的部门对本行政区域内国徽的悬挂、使用和收回实施监督管理。

第十八条　在公共场合故意以焚烧、毁损、涂划、玷污、践踏等方式侮辱中华人民共和国国徽的，依法追究刑事责任；情节较轻的，由公安机关处以十五日以下拘留。

第十九条　本法自 1991 年 10 月 1 日起施行。

附件：

中华人民共和国国徽图案

（1950 年 6 月 28 日中央人民政府委员会第八次会议通过）

　　说明：国徽的内容为国旗、天安门、齿轮和麦稻穗，象征中国人民自"五四"运动以来的新民主主义革命斗争和工人阶级领导的以工农联盟为基础的人民民主专政的新中国的诞生。

中华人民共和国国徽图案制作说明

（1950 年 9 月 20 日中央人民政府委员会办公厅公布）

一、两把麦稻组成正圆形的环。齿轮安在下方麦稻杆的交叉点上。齿轮的中心交结着红绶。红绶向左右绾住麦稻而下垂，把齿轮分成上下两部。

二、从图案正中垂直画一直线，其左右两部分，完全对称。

三、图案各部分之地位、尺寸，可根据方格墨线图之比例，放大或缩小。

四、如制作浮雕，其各部位之高低，可根据断面图之比例放大或缩小。

五、国徽之涂色为金红二色：麦稻、五星、天安门、齿轮为金色，圆环内之底子及垂绶为红色；红为正红（同于国旗），金为大赤金（淡色而有光泽之金）。

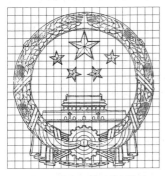

中华人民共和国国徽方格墨线图

中华人民共和国国徽纵断面图

233

中华人民共和国
领海及毗连区法

(1992 年 2 月 25 日第七届全国人民代表大会
常务委员会第二十四次会议通过　1992 年 2 月 25
日中华人民共和国主席令第五十五号公布)

第一条　为行使中华人民共和国对领海的主权和对
毗连区的管制权,维护国家安全和海洋权益,制定本法。

第二条　中华人民共和国领海为邻接中华人民共和
国陆地领土和内水的一带海域。

中华人民共和国的陆地领土包括中华人民共和国大
陆及其沿海岛屿、台湾及其包括钓鱼岛在内的附属各岛、
澎湖列岛、东沙群岛、西沙群岛、中沙群岛、南沙群岛以及
其他一切属于中华人民共和国的岛屿。

中华人民共和国领海基线向陆地一侧的水域为中华
人民共和国的内水。

第三条　中华人民共和国领海的宽度从领海基线量
起为十二海里。

中华人民共和国领海基线采用直线基线法划定,由
各相邻基点之间的直线连线组成。

中华人民共和国领海的外部界限为一条其每一点与
领海基线的最近点距离等于十二海里的线。

第四条　中华人民共和国毗连区为领海以外邻接领
海的一带海域。毗连区的宽度为十二海里。

中华人民共和国毗连区的外部界限为一条其每一点
与领海基线的最近点距离等于二十四海里的线。

第五条　中华人民共和国对领海的主权及于领海上

空、领海的海床及底土。

第六条　外国非军用船舶，享有依法无害通过中华人民共和国领海的权利。

外国军用船舶进入中华人民共和国领海，须经中华人民共和国政府批准。

第七条　外国潜水艇和其他潜水器通过中华人民共和国领海，必须在海面航行，并展示其旗帜。

第八条　外国船舶通过中华人民共和国领海，必须遵守中华人民共和国法律、法规，不得损害中华人民共和国的和平、安全和良好秩序。

外国核动力船舶和载运核物质、有毒物质或者其他危险物质的船舶通过中华人民共和国领海，必须持有有关证书，并采取特别预防措施。

中华人民共和国政府有权采取一切必要措施，以防止和制止对领海的非无害通过。

外国船舶违反中华人民共和国法律、法规的，由中华人民共和国有关机关依法处理。

第九条　为维护航行安全和其他特殊需要，中华人民共和国政府可以要求通过中华人民共和国领海的外国船舶使用指定的航道或者依照规定的分道通航制航行，具体办法由中华人民共和国政府或者其有关主管部门公布。

第十条　外国军用船舶或者用于非商业目的的外国政府船舶在通过中华人民共和国领海时，违反中华人民共和国法律、法规的，中华人民共和国有关主管机关有权令其立即离开领海，对所造成的损失或者损害，船旗国应当负国际责任。

第十一条　任何国际组织、外国的组织或者个人，在中华人民共和国领海内进行科学研究、海洋作业等活动，须经中华人民共和国政府或者其有关主管部门批准，遵守中华人民共和国法律、法规。

违反前款规定，非法进入中华人民共和国领海进行科学研究、海洋作业等活动的,由中华人民共和国有关机关依法处理。

第十二条 外国航空器只有根据该国政府与中华人民共和国政府签订的协定、协议,或者经中华人民共和国政府或者其授权的机关批准或者接受,方可进入中华人民共和国领海上空。

第十三条 中华人民共和国有权在毗连区内,为防止和惩处在其陆地领土、内水或者领海内违反有关安全、海关、财政、卫生或者入境出境管理的法律、法规的行为行使管制权。

第十四条 中华人民共和国有关主管机关有充分理由认为外国船舶违反中华人民共和国法律、法规时,可以对该外国船舶行使紧追权。

追逐须在外国船舶或者其小艇之一或者以被追逐的船舶为母船进行活动的其他船艇在中华人民共和国的内水、领海或者毗连区内时开始。

如果外国船舶是在中华人民共和国毗连区内,追逐只有在本法第十三条所列有关法律、法规规定的权利受到侵犯时方可进行。

追逐只要没有中断,可以在中华人民共和国领海或者毗连区外继续进行。在被追逐的船舶进入其本国领海或者第三国领海时,追逐终止。

本条规定的紧追权由中华人民共和国军用船舶、军用航空器或者中华人民共和国政府授权的执行政府公务的船舶、航空器行使。

第十五条 中华人民共和国领海基线由中华人民共和国政府公布。

第十六条 中华人民共和国政府依据本法制定有关规定。

第十七条 本法自公布之日起施行。

中华人民共和国
香港特别行政区驻军法

(1996年12月30日第八届全国人民代表大会常务委员会第二十三次会议通过 1996年12月30日中华人民共和国主席令第八十号公布)

目 录

第一章 总 则

第一条 为了保障中央人民政府派驻香港特别行政区负责防务的军队依法履行职责,维护国家的主权、统一、领土完整和香港的安全,根据宪法和香港特别行政区基本法,制定本法。

第二条 中央人民政府派驻香港特别行政区负责防务的军队,由中国人民解放军陆军、海军、空军部队组成,称中国人民解放军驻香港部队(以下称香港驻军)。

第三条 香港驻军由中华人民共和国中央军事委员会领导,其员额根据香港特别行政区防务的需要确定。

香港驻军实行人员轮换制度。

第四条 香港驻军费用由中央人民政府负担。

第二章 香港驻军的职责

第五条 香港驻军履行下列防务职责:

(一)防备和抵抗侵略,保卫香港特别行政区的安全;

(二)担负防卫勤务;

(三)管理军事设施;

(四)承办有关的涉外军事事宜。

第六条 全国人民代表大会常务委员会决定宣布战争状态或者因香港特别行政区内发生香港特别行政区政府不能控制的危及国家统一或者安全的动乱而决定香港特别行政区进入紧急状态时,香港驻军根据中央人民政府决定在香港特别行政区实施的全国性法律的规定履行职责。

第七条 香港驻军的飞行器、舰船等武器装备和物资以及持有香港驻军制发的证件或者证明文件的执行职务的人员和车辆,不受香港特别行政区执法人员检查、搜查和扣押。

香港驻军和香港驻军人员并享有在香港特别行政区实施的法律规定的其他权利和豁免。

第八条 香港驻军人员对妨碍其执行职务的行为,可以依照在香港特别行政区实施的法律的规定采取措施予以制止。

第三章 香港驻军与香港特别行政区政府的关系

第九条 香港驻军不干预香港特别行政区的地方事务。

第十条 香港特别行政区政府应当支持香港驻军履行防务职责,保障香港驻军和香港驻军人员的合法权益。

香港特别行政区制定政策和拟定法案,涉及香港驻军的,应当征求香港驻军的意见。

第十一条 香港驻军进行训练、演习等军事活动,涉及香港特别行政区公共利益的,应当事先通报香港特别行政区政府。

第十二条 香港驻军和香港特别行政区政府共同保护香港特别行政区内的军事设施。

香港驻军会同香港特别行政区政府划定军事禁区。军事禁区的位置、范围由香港特别行政区政府宣布。

香港特别行政区政府应当协助香港驻军维护军事禁区的安全。

香港驻军以外的人员、车辆、船舶和飞行器未经香港驻军最高指挥官或者其授权的军官批准,不得进入军事禁区。军事禁区的警卫人员有权依法制止擅自进入军事禁区和破坏、危害军事设施的行为。

香港驻军对军事禁区内的自然资源、文物古迹以及非军事权益,应当依照香港特别行政区的法律予以保护。

第十三条 香港驻军的军事用地,经中央人民政府批准不再用于防务目的的,无偿交由香港特别行政区政府处理。

香港特别行政区政府如需将香港驻军的部分军事用地用于公共用途,必须经中央人民政府批准;经批准的,香港特别行政区政府应当在中央人民政府同意的地点,为香港驻军重新提供军事地和军事设施,并负担所有费用。

第十四条 香港特别行政区政府根据香港特别行政区基本法的规定,在必要时可以向中央人民政府请求香港驻军协助维持社会治安和救助灾害。

香港特别行政区政府的请求经中央人民政府批准后,香港驻军根据中央军事委员会的命令派出部队执行协助维持社会治安和救助灾害的任务,任务完成后即返回驻地。

香港驻军协助维持社会治安和救助灾害时,在香港特别行政区政府的安排下,由香港驻军最高指挥官或者其授权的军官实施指挥。

香港驻军人员在协助维持社会治安和救助灾害时,行使香港特别行政区法律规定的权力。

第十五条 香港驻军和香港特别行政区政府应当建立必要的联系,协商处理与驻军有关的事宜。

第四章 香港驻军人员的义务与纪律

第十六条 香港驻军人员应当履行下列义务:

(一)忠于祖国,履行职责,维护祖国的安全、荣誉和利益,维护香港的安全;

(二)遵守全国性的法律和香港特别行政区的法律,遵守军队的纪律;

(三)尊重香港特别行政区政权机构,尊重香港特别行政区的社会制度和生活方式;

(四)爱护香港特别行政区的公共财产和香港居民及其他人的私有财产;

(五)遵守社会公德,讲究文明礼貌。

第十七条 香港驻军人员不得参加香港的政治组织、宗教组织和社会团体。

第十八条 香港驻军和香港驻军人员不得以任何形式从事营利性经营活动。香港驻军人员并不得从事与军人职责不相称的其他任何活动。

第十九条 香港驻军人员违反全国性的法律和香港特别行政区的法律的,依法追究法律责任。

香港驻军人员违反军队纪律的,给予纪律处分。

第五章 香港驻军人员的司法管辖

第二十条 香港驻军人员犯罪的案件由军事司法机关管辖;但是,香港驻军人员非执行职务的行为,侵犯香港居民、香港驻军以外的其他人的人身权、财产权以及其他违反香港特别行政区法律构成犯罪的案件,由香港特别行政区法院以及有关的执法机关管辖。

军事司法机关和香港特别行政区法院以及有关的执法机关对各自管辖的香港驻军人员犯罪的案件,如果认为由对方管辖更为适宜,经双方协商一致后,可以移交对方管辖。

军事司法机关管辖的香港驻军人员犯罪的案件中,涉及的被告人中的香港居民、香港驻军人员以外的其他人,由香港特别行政区法院审判。

第二十一条 香港特别行政区执法人员依法拘捕的涉嫌犯罪的人员,查明是香港驻军人员的,应当移交香港驻军羁押。被羁押的人员所涉及的案件,依照本法第二十条的规定确定管辖。

第二十二条 香港驻军人员被香港特别行政区法院判处剥夺或者限制人身自由的刑罚的,依照香港特别行政区的法律规定送交执行;但是,香港特别行政区有关执法机关与军事司法机关对执行的地点另行协商确定的除外。

第二十三条 香港驻军人员违反香港特别行政区的法律,侵害香港居民、香港驻军以外的其他人的民事权利的,当事人可以通过协商、调解解决;不愿通过协商、调解解决或者协商、调解不成的,被侵权人可以向法院提起诉讼。香港驻军人员非执行职务的行为引起的民事侵权案件,由香港特别行政区法院管辖;执行职务的行为引起的民事侵权案件,由中华人民共和国最高人民法院管辖,侵权行为的损害赔偿适用香港特别行政区法律。

第二十四条 香港驻军的机关或者单位在香港特别行政区与香港居民、香港驻军以外的其他人发生合同纠纷时,当事人可以通过协商、调解解决。当事人不愿通过协商、调解解决或者协商、调解不成的,可以依据合同中的仲裁条款或者事后达成的书面仲裁协议,向仲裁机构申请仲裁。当事人没有在合同中订立仲裁条款,事后又没有达成书面仲裁协议的,可以向香港特别行政区法院提起诉讼;但是,当事人对提起诉讼的法院另有约定的除外。

第二十五条 在香港特别行政区法院的诉讼活动中,香港驻军对香港驻军人员身份、执行职务的行为等事实发出的证明文件为有效证据。但是,相反证据成立的除外。

第二十六条 香港驻军的国防等国家行为不受香港特别行政区法院管辖。

第二十七条 香港特别行政区法院作出的判决、裁定涉及香港驻军的机关或者单位的财产执行的,香港驻军的机关或者单位必须履行;但是,香港特别行政区法院不得对香港驻军的武器装备、物资和其他财产实施强制执行。

第二十八条 军事司法机关可以与香港特别行政区法院和有关执法机关通过协商进行司法方面的联系和相互提供协助。

第六章　附　　则

第二十九条 本法的解释权属于全国人民代表大会常务委员会。

第三十条 本法自1997年7月1日起施行。

中华人民共和国
专属经济区和大陆架法

（1998 年 6 月 26 日第九届全国人民代表大会常务委员会第三次会议通过 1998 年 6 月 26 日中华人民共和国主席令第六号公布）

第一条 为保障中华人民共和国对专属经济区和大陆架行使主权权利和管辖权，维护国家海洋权益，制定本法。

第二条 中华人民共和国的专属经济区，为中华人民共和国领海以外并邻接领海的区域，从测算领海宽度的基线量起延至二百海里。

中华人民共和国的大陆架，为中华人民共和国领海以外依本国陆地领土的全部自然延伸，扩展到大陆边外缘的海底区域的海床和底土；如果从测算领海宽度的基线量起至大陆边外缘的距离不足二百海里，则扩展至二百海里。

中华人民共和国与海岸相邻或者相向国家关于专属经济区和大陆架的主张重叠的，在国际法的基础上按照公平原则以协议划定界限。

第三条 中华人民共和国在专属经济区为勘查、开发、养护和管理海床上覆水域、海床及其底土的自然资源，以及进行其他经济性开发和勘查，如利用海水、海流和风力生产能等活动，行使主权权利。

中华人民共和国对专属经济区的人工岛屿、设施和结构的建造、使用和海洋科学研究、海洋环境的保护和保全，行使管辖权。

本法所称专属经济区的自然资源,包括生物资源和非生物资源。

第四条 中华人民共和国为勘查大陆架和开发大陆架的自然资源,对大陆架行使主权权利。

中华人民共和国对大陆架的人工岛屿、设施和结构的建造、使用和海洋科学研究、海洋环境的保护和保全,行使管辖权。

中华人民共和国拥有授权和管理为一切目的在大陆架上进行钻探的专属权利。

本法所称大陆架的自然资源,包括海床和底土的矿物和其他非生物资源,以及属于定居种的生物,即在可捕捞阶段在海床上或者海床下不能移动或者其躯体须与海床或者底土保持接触才能移动的生物。

第五条 任何国际组织、外国的组织或者个人进入中华人民共和国的专属经济区从事渔业活动,必须经中华人民共和国主管机关批准,并遵守中华人民共和国的法律、法规及中华人民共和国与有关国家签订的条约、协定。

中华人民共和国主管机关有权采取各种必要的养护和管理措施,确保专属经济区的生物资源不受过度开发的危害。

第六条 中华人民共和国主管机关有权对专属经济区的跨界种群、高度洄游鱼种、海洋哺乳动物、源自中华人民共和国河流的溯河产卵种群、在中华人民共和国水域内度过大部分生命周期的降河产卵鱼种,进行养护和管理。

中华人民共和国对源自本国河流的溯河产卵种群,享有主要利益。

第七条 任何国际组织、外国的组织或者个人对中华人民共和国的专属经济区和大陆架的自然资源进行勘查、开发活动或者在中华人民共和国的大陆架上为任何目的进行钻探,必须经中华人民共和国主管机关批准,并遵守中华人民共和国的法律、法规。

第八条　中华人民共和国在专属经济区和大陆架有专属权利建造并授权和管理建造、操作和使用人工岛屿、设施和结构。

中华人民共和国对专属经济区和大陆架的人工岛屿、设施和结构行使专属管辖权，包括有关海关、财政、卫生、安全和出境入境的法律和法规方面的管辖权。

中华人民共和国主管机关有权在专属经济区和大陆架的人工岛屿、设施和结构周围设置安全地带，并可以在该地带采取适当措施，确保航行安全以及人工岛屿、设施和结构的安全。

第九条　任何国际组织、外国的组织或者个人在中华人民共和国的专属经济区和大陆架进行海洋科学研究，必须经中华人民共和国主管机关批准，并遵守中华人民共和国的法律、法规。

第十条　中华人民共和国主管机关有权采取必要的措施，防止、减少和控制海洋环境的污染，保护和保全专属经济区和大陆架的海洋环境。

第十一条　任何国家在遵守国际法和中华人民共和国的法律、法规的前提下，在中华人民共和国的专属经济区享有航行、飞越的自由，在中华人民共和国的专属经济区和大陆架享有铺设海底电缆和管道的自由，以及与上述自由有关的其他合法使用海洋的便利。铺设海底电缆和管道的路线，必须经中华人民共和国主管机关同意。

第十二条　中华人民共和国在行使勘查、开发、养护和管理专属经济区的生物资源的主权权利时，为确保中华人民共和国的法律、法规得到遵守，可以采取登临、检查、逮捕、扣留和进行司法程序等必要的措施。

中华人民共和国对在专属经济区和大陆架违反中华人民共和国法律、法规的行为，有权采取必要措施、依法追究法律责任，并可以行使紧追权。

第十三条　中华人民共和国在专属经济区和大陆架

享有的权利,本法未作规定的,根据国际法和中华人民共和国其他有关法律、法规行使。

第十四条 本法的规定不影响中华人民共和国享有的历史性权利。

第十五条 中华人民共和国政府可以根据本法制定有关规定。

第十六条 本法自公布之日起施行。

中华人民共和国
外国中央银行财产
司法强制措施豁免法

（2005 年 10 月 25 日第十届全国人民代表大会常务委员会第十八次会议通过　2005 年 10 月 25 日中华人民共和国主席令第四十一号公布）

第一条　中华人民共和国对外国中央银行财产给予财产保全和执行的司法强制措施的豁免；但是，外国中央银行或者其所属国政府书面放弃豁免的或者指定用于财产保全和执行的财产除外。

第二条　本法所称外国中央银行，是指外国的和区域经济一体化组织的中央银行或者履行中央银行职能的金融管理机构。

本法所称外国中央银行财产，是指外国中央银行的现金、票据、银行存款、有价证券、外汇储备、黄金储备以及该银行的不动产和其他财产。

第三条　外国不给予中华人民共和国中央银行或者中华人民共和国特别行政区金融管理机构的财产以豁免，或者所给予的豁免低于本法的规定的，中华人民共和国根据对等原则办理。

第四条　本法自公布之日起施行。

中华人民共和国国歌法

（2017 年 9 月 1 日第十二届全国人民代表大会常务委员会第二十九次会议通过　2017 年 9 月 1 日中华人民共和国主席令第七十五号公布）

第一条　为了维护国歌的尊严，规范国歌的奏唱、播放和使用，增强公民的国家观念，弘扬爱国主义精神，培育和践行社会主义核心价值观，根据宪法，制定本法。

第二条　中华人民共和国国歌是《义勇军进行曲》。

第三条　中华人民共和国国歌是中华人民共和国的象征和标志。

一切公民和组织都应当尊重国歌，维护国歌的尊严。

第四条　在下列场合，应当奏唱国歌：

（一）全国人民代表大会会议和地方各级人民代表大会会议的开幕、闭幕；

中国人民政治协商会议全国委员会会议和地方各级委员会会议的开幕、闭幕；

（二）各政党、各人民团体的各级代表大会等；

（三）宪法宣誓仪式；

（四）升国旗仪式；

（五）各级机关举行或者组织的重大庆典、表彰、纪念仪式等；

（六）国家公祭仪式；

（七）重大外交活动；

（八）重大体育赛事；

（九）其他应当奏唱国歌的场合。

第五条　国家倡导公民和组织在适宜的场合奏唱国歌，表达爱国情感。

第六条 奏唱国歌,应当按照本法附件所载国歌的歌词和曲谱,不得采取有损国歌尊严的奏唱形式。

第七条 奏唱国歌时,在场人员应当肃立,举止庄重,不得有不尊重国歌的行为。

第八条 国歌不得用于或者变相用于商标、商业广告,不得在私人丧事活动等不适宜的场合使用,不得作为公共场所的背景音乐等。

第九条 外交活动中奏唱国歌的场合和礼仪,由外交部规定。

军队奏唱国歌的场合和礼仪,由中央军事委员会规定。

第十条 在本法第四条规定的场合奏唱国歌,应当使用国歌标准演奏曲谱或者国歌官方录音版本。

外交部及驻外外交机构应当向有关国家外交部门和有关国际组织提供国歌标准演奏曲谱和国歌官方录音版本,供外交活动中使用。

国务院体育行政部门应当向有关国际体育组织和赛会主办方提供国歌标准演奏曲谱和国歌官方录音版本,供国际体育赛会使用。

国歌标准演奏曲谱、国歌官方录音版本由国务院确定的部门组织审定、录制,并在中国人大网和中国政府网上发布。

第十一条 国歌纳入中小学教育。

中小学应当将国歌作为爱国主义教育的重要内容,组织学生学唱国歌,教育学生了解国歌的历史和精神内涵、遵守国歌奏唱礼仪。

第十二条 新闻媒体应当积极开展对国歌的宣传,普及国歌奏唱礼仪知识。

第十三条 国庆节、国际劳动节等重要的国家法定节日、纪念日,中央和省、自治区、直辖市的广播电台、电视台应当按照国务院广播电视主管部门规定的时点播放国歌。

第十四条 县级以上各级人民政府及其有关部门在

各自职责范围内,对国歌的奏唱、播放和使用进行监督管理。

第十五条 在公共场合,故意篡改国歌歌词、曲谱,以歪曲、贬损方式奏唱国歌,或者以其他方式侮辱国歌的,由公安机关处以警告或者十五日以下拘留;构成犯罪的,依法追究刑事责任。

第十六条 本法自 2017 年 10 月 1 日起施行。

附件：中华人民共和国国歌（五线谱版、简谱版）

中华人民共和国国歌

（义勇军进行曲）

田　汉作词
聂　耳作曲

进行曲速度

起来！不愿做奴隶的人们！把我们的血肉，

筑成我们新的长城！中华民族

到了最危险的时候，每个人被迫着发出

最后的吼声。起来！起来！起来！

我们万众一心，冒着敌人的炮火前进！

冒着敌人的炮火前进！前进！前进！进！

中华人民共和国国歌

（义勇军进行曲）

1=G 2/4

进行曲速度

田 汉作词
聂 耳作曲

中华人民共和国香港特别
行政区维护国家安全法

（2020 年 6 月 30 日第十三届全国人民代表大会常务委员会第二十次会议通过　2020 年 6 月 30 日中华人民共和国主席令第四十九号公布）

目　　录

第一章　总　　则

第一条　为坚定不移并全面准确贯彻"一国两制"、

"港人治港"、高度自治的方针,维护国家安全,防范、制止和惩治与香港特别行政区有关的分裂国家、颠覆国家政权、组织实施恐怖活动和勾结外国或者境外势力危害国家安全等犯罪,保持香港特别行政区的繁荣和稳定,保障香港特别行政区居民的合法权益,根据中华人民共和国宪法、中华人民共和国香港特别行政区基本法和全国人民代表大会关于建立健全香港特别行政区维护国家安全的法律制度和执行机制的决定,制定本法。

第二条 关于香港特别行政区法律地位的香港特别行政区基本法第一条和第十二条规定是香港特别行政区基本法的根本性条款。香港特别行政区任何机构、组织和个人行使权利和自由,不得违背香港特别行政区基本法第一条和第十二条的规定。

第三条 中央人民政府对香港特别行政区有关的国家安全事务负有根本责任。

香港特别行政区负有维护国家安全的宪制责任,应当履行维护国家安全的职责。

香港特别行政区行政机关、立法机关、司法机关应当依据本法和其他有关法律规定有效防范、制止和惩治危害国家安全的行为和活动。

第四条 香港特别行政区维护国家安全应当尊重和保障人权,依法保护香港特别行政区居民根据香港特别行政区基本法和《公民权利和政治权利国际公约》、《经济、社会与文化权利的国际公约》适用于香港的有关规定享有的包括言论、新闻、出版的自由,结社、集会、游行、示威的自由在内的权利和自由。

第五条 防范、制止和惩治危害国家安全犯罪,应当坚持法治原则。法律规定为犯罪行为的,依照法律定罪处刑;法律没有规定为犯罪行为的,不得定罪处刑。

任何人未经司法机关判罪之前均假定无罪。保障犯罪嫌疑人、被告人和其他诉讼参与人依法享有的辩护权和其他诉讼权利。任何人已经司法程序被最终确定有罪或者宣告无罪的,不得就同一行为再予审判或者惩罚。

第六条 维护国家主权、统一和领土完整是包括香港同胞在内的全中国人民的共同义务。

在香港特别行政区的任何机构、组织和个人都应当遵守本法和香港特别行政区有关维护国家安全的其他法律,不得从事危害国家安全的行为和活动。

香港特别行政区居民在参选或者就任公职时应当依法签署文件确认或者宣誓拥护中华人民共和国香港特别行政区基本法,效忠中华人民共和国香港特别行政区。

第二章 香港特别行政区维护国家安全的职责和机构

第一节 职 责

第七条 香港特别行政区应当尽早完成香港特别行政区基本法规定的维护国家安全立法,完善相关法律。

第八条 香港特别行政区执法、司法机关应当切实执行本法和香港特别行政区现行法律有关防范、制止和惩治危害国家安全行为和活动的规定,有效维护国家安全。

第九条 香港特别行政区应当加强维护国家安全和防范恐怖活动的工作。对学校、社会团体、媒体、网络等涉及国家安全的事宜,香港特别行政区政府应当采取必要措施,加强宣传、指导、监督和管理。

第十条 香港特别行政区应当通过学校、社会团体、媒体、网络等开展国家安全教育,提高香港特别行政区居民的国家安全意识和守法意识。

第十一条 香港特别行政区行政长官应当就香港特别行政区维护国家安全事务向中央人民政府负责,并就香港特别行政区履行维护国家安全职责的情况提交年度报告。

如中央人民政府提出要求,行政长官应当就维护国家安全特定事项及时提交报告。

第二节　机　　构

第十二条　香港特别行政区设立维护国家安全委员会,负责香港特别行政区维护国家安全事务,承担维护国家安全的主要责任,并接受中央人民政府的监督和问责。

第十三条　香港特别行政区维护国家安全委员会由行政长官担任主席,成员包括政务司长、财政司长、律政司长、保安局局长、警务处处长、本法第十六条规定的警务处维护国家安全部门的负责人、入境事务处处长、海关关长和行政长官办公室主任。

香港特别行政区维护国家安全委员会下设秘书处,由秘书长领导。秘书长由行政长官提名,报中央人民政府任命。

第十四条　香港特别行政区维护国家安全委员会的职责为:

(一)分析研判香港特别行政区维护国家安全形势,规划有关工作,制定香港特别行政区维护国家安全政策;

(二)推进香港特别行政区维护国家安全的法律制度和执行机制建设;

(三)协调香港特别行政区维护国家安全的重点工作和重大行动。

香港特别行政区维护国家安全委员会的工作不受香港特别行政区任何其他机构、组织和个人的干涉,工作信息不予公开。香港特别行政区维护国家安全委员会作出的决定不受司法复核。

第十五条　香港特别行政区维护国家安全委员会设立国家安全事务顾问,由中央人民政府指派,就香港特别行政区维护国家安全委员会履行职责相关事务提供意见。国家安全事务顾问列席香港特别行政区维护国家安全委员会会议。

第十六条　香港特别行政区政府警务处设立维护国

家安全的部门,配备执法力量。

警务处维护国家安全部门负责人由行政长官任命,行政长官任命前须书面征求本法第四十八条规定的机构的意见。警务处维护国家安全部门负责人在就职时应当宣誓拥护中华人民共和国香港特别行政区基本法,效忠中华人民共和国香港特别行政区,遵守法律,保守秘密。

警务处维护国家安全部门可以从香港特别行政区以外聘请合格的专门人员和技术人员,协助执行维护国家安全相关任务。

第十七条 警务处维护国家安全部门的职责为:

(一)收集分析涉及国家安全的情报信息;

(二)部署、协调、推进维护国家安全的措施和行动;

(三)调查危害国家安全犯罪案件;

(四)进行反干预调查和开展国家安全审查;

(五)承办香港特别行政区维护国家安全委员会交办的维护国家安全工作;

(六)执行本法所需的其他职责。

第十八条 香港特别行政区律政司设立专门的国家安全犯罪案件检控部门,负责危害国家安全犯罪案件的检控工作和其他相关法律事务。该部门检控官由律政司长征得香港特别行政区维护国家安全委员会同意后任命。

律政司国家安全犯罪案件检控部门负责人由行政长官任命,行政长官任命前须书面征求本法第四十八条规定的机构的意见。律政司国家安全犯罪案件检控部门负责人在就职时应当宣誓拥护中华人民共和国香港特别行政区基本法,效忠中华人民共和国香港特别行政区,遵守法律,保守秘密。

第十九条 经行政长官批准,香港特别行政区政府财政司长应当从政府一般收入中拨出专门款项支付关于维护国家安全的开支并核准所涉及的人员编制,不受香港特别行政区现行有关法律规定的限制。财政司长须每年就该款项的控制和管理向立法会提交报告。

第三章　罪行和处罚

第一节　分裂国家罪

第二十条　任何人组织、策划、实施或者参与实施以下旨在分裂国家、破坏国家统一行为之一的,不论是否使用武力或者以武力相威胁,即属犯罪:

(一)将香港特别行政区或者中华人民共和国其他任何部分从中华人民共和国分离出去;

(二)非法改变香港特别行政区或者中华人民共和国其他任何部分的法律地位;

(三)将香港特别行政区或者中华人民共和国其他任何部分转归外国统治。

犯前款罪,对首要分子或者罪行重大的,处无期徒刑或者十年以上有期徒刑;对积极参加的,处三年以上十年以下有期徒刑;对其他参加的,处三年以下有期徒刑、拘役或者管制。

第二十一条　任何人煽动、协助、教唆、以金钱或者其他财物资助他人实施本法第二十条规定的犯罪的,即属犯罪。情节严重的,处五年以上十年以下有期徒刑;情节较轻的,处五年以下有期徒刑、拘役或者管制。

第二节　颠覆国家政权罪

第二十二条　任何人组织、策划、实施或者参与实施以下以武力、威胁使用武力或者其他非法手段旨在颠覆国家政权行为之一的,即属犯罪:

(一)推翻、破坏中华人民共和国宪法所确立的中华人民共和国根本制度;

(二)推翻中华人民共和国中央政权机关或者香港特别行政区政权机关;

(三)严重干扰、阻挠、破坏中华人民共和国中央政权机关或者香港特别行政区政权机关依法履行职能；

（四）攻击、破坏香港特别行政区政权机关履职场所及其设施，致使其无法正常履行职能。

犯前款罪，对首要分子或者罪行重大的，处无期徒刑或者十年以上有期徒刑；对积极参加的，处三年以上十年以下有期徒刑；对其他参加的，处三年以下有期徒刑、拘役或者管制。

第二十三条 任何人煽动、协助、教唆、以金钱或者其他财物资助他人实施本法第二十二条规定的犯罪的，即属犯罪。情节严重的，处五年以上十年以下有期徒刑；情节较轻的，处五年以下有期徒刑、拘役或者管制。

第三节 恐怖活动罪

第二十四条 为胁迫中央人民政府、香港特别行政区政府或者国际组织或者威吓公众以图实现政治主张，组织、策划、实施、参与实施或者威胁实施以下造成或者意图造成严重社会危害的恐怖活动之一的，即属犯罪：

（一）针对人的严重暴力；

（二）爆炸、纵火或者投放毒害性、放射性、传染病病原体等物质；

（三）破坏交通工具、交通设施、电力设备、燃气设备或者其他易燃易爆设备；

（四）严重干扰、破坏水、电、燃气、交通、通讯、网络等公共服务和管理的电子控制系统；

（五）以其他危险方法严重危害公众健康或者安全。

犯前款罪，致人重伤、死亡或者使公私财产遭受重大损失的，处无期徒刑或者十年以上有期徒刑；其他情形，处三年以上十年以下有期徒刑。

第二十五条 组织、领导恐怖活动组织的，即属犯罪，处无期徒刑或者十年以上有期徒刑，并处没收财产；积极参加的，处三年以上十年以下有期徒刑，并处罚金；其他参加的，处三年以下有期徒刑、拘役或者管制，可以并处罚金。

本法所指的恐怖活动组织,是指实施或者意图实施本法第二十四条规定的恐怖活动罪行或者参与或者协助实施本法第二十四条规定的恐怖活动罪行的组织。

第二十六条　为恐怖活动组织、恐怖活动人员、恐怖活动实施提供培训、武器、信息、资金、物资、劳务、运输、技术或者场所等支持、协助、便利,或者制造、非法管有爆炸性、毒害性、放射性、传染病病原体等物质以及以其他形式准备实施恐怖活动的,即属犯罪。情节严重的,处五年以上十年以下有期徒刑,并处罚金或者没收财产;其他情形,处五年以下有期徒刑、拘役或者管制,并处罚金。

有前款行为,同时构成其他犯罪的,依照处罚较重的规定定罪处罚。

第二十七条　宣扬恐怖主义、煽动实施恐怖活动的,即属犯罪。情节严重的,处五年以上十年以下有期徒刑,并处罚金或者没收财产;其他情形,处五年以下有期徒刑、拘役或者管制,并处罚金。

第二十八条　本节规定不影响依据香港特别行政区法律对其他形式的恐怖活动犯罪追究刑事责任并采取冻结财产等措施。

第四节　勾结外国或者境外势力危害国家安全罪

第二十九条　为外国或者境外机构、组织、人员窃取、刺探、收买、非法提供涉及国家安全的国家秘密或者情报的;请求外国或者境外机构、组织、人员实施,与外国或者境外机构、组织、人员串谋实施,或者直接或者间接接受外国或者境外机构、组织、人员的指使、控制、资助或者其他形式的支援实施以下行为之一的,均属犯罪:

(一)对中华人民共和国发动战争,或者以武力或者武力相威胁,对中华人民共和国主权、统一和领土完整造成严重危害;

(二)对香港特别行政区政府或者中央人民政府制定

和执行法律、政策进行严重阻挠并可能造成严重后果;

(三)对香港特别行政区选举进行操控、破坏并可能造成严重后果;

(四)对香港特别行政区或者中华人民共和国进行制裁、封锁或者采取其他敌对行动;

(五)通过各种非法方式引发香港特别行政区居民对中央人民政府或者香港特别行政区政府的憎恨并可能造成严重后果。

犯前款罪,处三年以上十年以下有期徒刑;罪行重大的,处无期徒刑或者十年以上有期徒刑。

本条第一款规定涉及的境外机构、组织、人员,按共同犯罪定罪处刑。

第三十条 为实施本法第二十条、第二十二条规定的犯罪,与外国或者境外机构、组织、人员串谋,或者直接或者间接接受外国或者境外机构、组织、人员的指使、控制、资助或者其他形式的支援的,依照本法第二十条、第二十二条的规定从重处罚。

第五节 其他处罚规定

第三十一条 公司、团体等法人或者非法人组织实施本法规定的犯罪的,对该组织判处罚金。

公司、团体等法人或者非法人组织因犯本法规定的罪行受到刑事处罚的,应责令其暂停运作或者吊销其执照或者营业许可证。

第三十二条 因实施本法规定的犯罪而获得的资助、收益、报酬等违法所得以及用于或者意图用于犯罪的资金和工具,应当予以追缴、没收。

第三十三条 有以下情形的,对有关犯罪行为人、犯罪嫌疑人、被告人可以从轻、减轻处罚;犯罪较轻的,可以免除处罚:

(一)在犯罪过程中,自动放弃犯罪或者自动有效地防止犯罪结果发生的;

（二）自动投案，如实供述自己的罪行的；

（三）揭发他人犯罪行为，查证属实，或者提供重要线索得以侦破其他案件的。

被采取强制措施的犯罪嫌疑人、被告人如实供述执法、司法机关未掌握的本人犯有本法规定的其他罪行的，按前款第二项规定处理。

第三十四条　不具有香港特别行政区永久性居民身份的人实施本法规定的犯罪的，可以独立适用或者附加适用驱逐出境。

不具有香港特别行政区永久性居民身份的人违反本法规定，因任何原因不对其追究刑事责任的，也可以驱逐出境。

第三十五条　任何人经法院判决犯危害国家安全罪行的，即丧失作为候选人参加香港特别行政区举行的立法会、区议会选举或者出任香港特别行政区任何公职或者行政长官选举委员会委员的资格；曾经宣誓或者声明拥护中华人民共和国香港特别行政区基本法、效忠中华人民共和国香港特别行政区的立法会议员、政府官员及公务人员、行政会议成员、法官及其他司法人员、区议员，即时丧失该等职务，并丧失参选或者出任上述职务的资格。

前款规定资格或者职务的丧失，由负责组织、管理有关选举或者公职任免的机构宣布。

第六节　效力范围

第三十六条　任何人在香港特别行政区内实施本法规定的犯罪的，适用本法。犯罪的行为或者结果有一项发生在香港特别行政区内的，就认为是在香港特别行政区内犯罪。

在香港特别行政区注册的船舶或者航空器内实施本法规定的犯罪的，也适用本法。

第三十七条　香港特别行政区永久性居民或者在香

港特别行政区成立的公司、团体等法人或者非法人组织在香港特别行政区以外实施本法规定的犯罪的,适用本法。

　　第三十八条　不具有香港特别行政区永久性居民身份的人在香港特别行政区以外针对香港特别行政区实施本法规定的犯罪的,适用本法。

　　第三十九条　本法施行以后的行为,适用本法定罪处刑。

第四章　案件管辖、法律适用和程序

　　第四十条　香港特别行政区对本法规定的犯罪案件行使管辖权,但本法第五十五条规定的情形除外。

　　第四十一条　香港特别行政区管辖危害国家安全犯罪案件的立案侦查、检控、审判和刑罚的执行等诉讼程序事宜,适用本法和香港特别行政区本地法律。

　　未经律政司长书面同意,任何人不得就危害国家安全犯罪案件提出检控。但该规定不影响就有关犯罪依法逮捕犯罪嫌疑人并将其羁押,也不影响该等犯罪嫌疑人申请保释。

　　香港特别行政区管辖的危害国家安全犯罪案件的审判循公诉程序进行。

　　审判应当公开进行。因为涉及国家秘密、公共秩序等情形不宜公开审理的,禁止新闻界和公众旁听全部或者一部分审理程序,但判决结果应当一律公开宣布。

　　第四十二条　香港特别行政区执法、司法机关在适用香港特别行政区现行法律有关羁押、审理期限等方面的规定时,应当确保危害国家安全犯罪案件公正、及时办理,有效防范、制止和惩治危害国家安全犯罪。

　　对犯罪嫌疑人、被告人,除非法官有充足理由相信其不会继续实施危害国家安全行为的,不得准予保释。

　　第四十三条　香港特别行政区政府警务处维护国家安全部门办理危害国家安全犯罪案件时,可以采取香港特别行政区现行法律准予警方等执法部门在调查严重犯罪案件时采取的各种措施，并可以采取以下措施：

（一）搜查可能存有犯罪证据的处所、车辆、船只、航空器以及其他有关地方和电子设备；

（二）要求涉嫌实施危害国家安全犯罪行为的人员交出旅行证件或者限制其离境；

（三）对用于或者意图用于犯罪的财产、因犯罪所得的收益等与犯罪相关的财产，予以冻结，申请限制令、押记令、没收令以及充公；

（四）要求信息发布人或者有关服务商移除信息或者提供协助；

（五）要求外国及境外政治性组织，外国及境外当局或者政治性组织的代理人提供资料；

（六）经行政长官批准，对有合理理由怀疑涉及实施危害国家安全犯罪的人员进行截取通讯和秘密监察；

（七）对有合理理由怀疑拥有与侦查有关的资料或者管有有关物料的人员，要求其回答问题和提交资料或者物料。

香港特别行政区维护国家安全委员会对警务处维护国家安全部门等执法机构采取本条第一款规定措施负有监督责任。

授权香港特别行政区行政长官会同香港特别行政区维护国家安全委员会为采取本条第一款规定措施制定相关实施细则。

第四十四条 香港特别行政区行政长官应当从裁判官、区域法院法官、高等法院原讼法庭法官、上诉法庭法官以及终审法院法官中指定若干名法官，也可从暂委或者特委法官中指定若干名法官，负责处理危害国家安全犯罪案件。行政长官在指定法官前可征询香港特别行政区维护国家安全委员会和终审法院首席法官的意见。上述指定法官任期一年。

凡有危害国家安全言行的，不得被指定为审理危害国家安全犯罪案件的法官。在获任指定法官期间,如有危害国家安全言行的,终止其指定法官资格。

在裁判法院、区域法院、高等法院和终审法院就危害国家安全犯罪案件提起的刑事检控程序应当分别由各该法院的指定法官处理。

第四十五条 除本法另有规定外,裁判法院、区域法院、高等法院和终审法院应当按照香港特别行政区的其他法律处理就危害国家安全犯罪案件提起的刑事检控程序。

第四十六条 对高等法院原讼法庭进行的就危害国家安全犯罪案件提起的刑事检控程序,律政司长可基于保护国家秘密、案件具有涉外因素或者保障陪审员及其家人的人身安全等理由,发出证书指示相关诉讼毋须在有陪审团的情况下进行审理。凡律政司长发出上述证书,高等法院原讼法庭应当在没有陪审团的情况下进行审理,并由三名法官组成审判庭。

凡律政司长发出前款规定的证书,适用于相关诉讼的香港特别行政区任何法律条文关于"陪审团"或者"陪审团的裁决",均应当理解为指法官或者法官作为事实裁断者的职能。

第四十七条 香港特别行政区法院在审理案件中遇有涉及有关行为是否涉及国家安全或者有关证据材料是否涉及国家秘密的认定问题,应取得行政长官就该等问题发出的证明书,上述证明书对法院有约束力。

第五章 中央人民政府驻香港特别行政区维护国家安全机构

第四十八条 中央人民政府在香港特别行政区设立维护国家安全公署。中央人民政府驻香港特别行政区维护国家安全公署依法履行维护国家安全职责,行使相关权力。

驻香港特别行政区维护国家安全公署人员由中央人

民政府维护国家安全的有关机关联合派出。

第四十九条 驻香港特别行政区维护国家安全公署的职责为:

(一)分析研判香港特别行政区维护国家安全形势,就维护国家安全重大战略和重要政策提出意见和建议;

(二)监督、指导、协调、支持香港特别行政区履行维护国家安全的职责;

(三)收集分析国家安全情报信息;

(四)依法办理危害国家安全犯罪案件。

第五十条 驻香港特别行政区维护国家安全公署应当严格依法履行职责,依法接受监督,不得侵害任何个人和组织的合法权益。

驻香港特别行政区维护国家安全公署人员除须遵守全国性法律外,还应当遵守香港特别行政区法律。

驻香港特别行政区维护国家安全公署人员依法接受国家监察机关的监督。

第五十一条 驻香港特别行政区维护国家安全公署的经费由中央财政保障。

第五十二条 驻香港特别行政区维护国家安全公署应当加强与中央人民政府驻香港特别行政区联络办公室、外交部驻香港特别行政区特派员公署、中国人民解放军驻香港部队的工作联系和工作协同。

第五十三条 驻香港特别行政区维护国家安全公署应当与香港特别行政区维护国家安全委员会建立协调机制,监督、指导香港特别行政区维护国家安全工作。

驻香港特别行政区维护国家安全公署的工作部门应当与香港特别行政区维护国家安全的有关机关建立协作机制,加强信息共享和行动配合。

第五十四条 驻香港特别行政区维护国家安全公署、外交部驻香港特别行政区特派员公署会同香港特别行政区政府采取必要措施,加强对外国和国际组织驻香港特别行政区机构、在香港特别行政区的外国和境外非政府组织和新闻机构的管理和服务。

第五十五条 有以下情形之一的,经香港特别行政区政府或者驻香港特别行政区维护国家安全公署提出,并报中央人民政府批准,由驻香港特别行政区维护国家安全公署对本法规定的危害国家安全犯罪案件行使管辖权:

(一)案件涉及外国或者境外势力介入的复杂情况,香港特别行政区管辖确有困难的;

(二)出现香港特别行政区政府无法有效执行本法的严重情况的;

(三)出现国家安全面临重大现实威胁的情况的。

第五十六条 根据本法第五十五条规定管辖有关危害国家安全犯罪案件时,由驻香港特别行政区维护国家安全公署负责立案侦查,最高人民检察院指定有关检察机关行使检察权,最高人民法院指定有关法院行使审判权。

第五十七条 根据本法第五十五条规定管辖案件的立案侦查、审查起诉、审判和刑罚的执行等诉讼程序事宜,适用《中华人民共和国刑事诉讼法》等相关法律的规定。

根据本法第五十五条规定管辖案件时,本法第五十六条规定的执法、司法机关依法行使相关权力,其为决定采取强制措施、侦查措施和司法裁判而签发的法律文书在香港特别行政区具有法律效力。对于驻香港特别行政区维护国家安全公署依法采取的措施,有关机构、组织和个人必须遵从。

第五十八条 根据本法第五十五条规定管辖案件时,犯罪嫌疑人自被驻香港特别行政区维护国家安全公署第一次讯问或者采取强制措施之日起,有权委托律师作为辩护人。辩护律师可以依法为犯罪嫌疑人、被告人提供法律帮助。

犯罪嫌疑人、被告人被合法拘捕后,享有尽早接受司法机关公正审判的权利。

第五十九条 根据本法第五十五条规定管辖案件时,任何人如果知道本法规定的危害国家安全犯罪案件情况,都有如实作证的义务。

第六十条 驻香港特别行政区维护国家安全公署及其人员依据本法执行职务的行为,不受香港特别行政区管辖。

持有驻香港特别行政区维护国家安全公署制发的证件或者证明文件的人员和车辆等在执行职务时不受香港特别行政区执法人员检查、搜查和扣押。

驻香港特别行政区维护国家安全公署及其人员享有香港特别行政区法律规定的其他权利和豁免。

第六十一条 驻香港特别行政区维护国家安全公署依据本法规定履行职责时,香港特别行政区政府有关部门须提供必要的便利和配合,对妨碍有关执行职务的行为依法予以制止并追究责任。

第六章 附 则

第六十二条 香港特别行政区本地法律规定与本法不一致的,适用本法规定。

第六十三条 办理本法规定的危害国家安全犯罪案件的有关执法、司法机关及其人员或者办理其他危害国家安全犯罪案件的香港特别行政区执法、司法机关及其人员,应当对办案过程中知悉的国家秘密、商业秘密和个人隐私予以保密。

担任辩护人或者诉讼代理人的律师应当保守在执业活动中知悉的国家秘密、商业秘密和个人隐私。

配合办案的有关机构、组织和个人应当对案件有关情况予以保密。

第六十四条 香港特别行政区适用本法时,本法规定的"有期徒刑""无期徒刑""没收财产"和"罚金"分别指"监禁""终身监禁""充公犯罪所得"和"罚款","拘役"参照适用香港特别行政区相关法律规定的"监禁"
"入劳役中心""入教导所","管制"参照适用香港特别行
政区相关法律规定的"社会服务令""入感化院","吊销
执照或者营业许可证"指香港特别行政区相关法律规定
的"取消注册或者注册豁免,或者取消牌照"。

  第六十五条 本法的解释权属于全国人民代表大会
常务委员会。

  第六十六条 本法自公布之日起施行。

全国人民代表大会常务委员会关于《中华人民共和国香港特别行政区维护国家安全法》第十四条和第四十七条的解释

(2022 年 12 月 30 日第十三届全国人民代表大会常务委员会第三十八次会议通过)

第十三届全国人民代表大会常务委员会第三十八次会议审议了《国务院关于提请解释〈中华人民共和国香港特别行政区维护国家安全法〉有关条款的议案》。国务院的议案是应香港特别行政区行政长官向中央人民政府提交的有关报告提出的。根据《中华人民共和国宪法》第六十七条第四项和《中华人民共和国香港特别行政区维护国家安全法》第六十五条的规定，全国人民代表大会常务委员会对《中华人民共和国香港特别行政区维护国家安全全法》第十四条和第四十七条规定的含义和适用作如下解释：

一、根据《中华人民共和国香港特别行政区维护国家安全法》第十四条的规定，香港特别行政区维护国家安全委员会承担香港特别行政区维护国家安全的法定职责，有权对是否涉及国家安全问题作出判断和决定，工作信息不予公开。香港特别行政区维护国家安全委员会作出的决定不受司法复核，具有可执行的法律效力。香港特别行政区任何行政、立法、司法等机构和任何组织、个人均不得干涉香港特别行政区维护国家安全委员会的工作，均应当尊重并执行香港特别行政区维护国家安全委员会的决定。

二、根据《中华人民共和国香港特别行政区维护国家安全法》第四十七条的规定，香港特别行政区法院在审理危害国家安全犯罪案件中遇有涉及有关行为是否涉及国家安全或者有关证据材料是否涉及国家秘密的认定问题，应当向行政长官提出并取得行政长官就该等问题发出的证明书，上述证明书对法院有约束力。

三、香港特别行政区行政长官依据《中华人民共和国香港特别行政区维护国家安全法》第十一条的规定于 11 月 28 日向中央人民政府提交的有关报告认为，不具有香港特别行政区全面执业资格的海外律师担任危害国家安全犯罪案件的辩护人或者诉讼代理人可能引发国家安全风险。不具有香港特别行政区全面执业资格的海外律师是否可以担任危害国家安全犯罪案件的辩护人或者诉讼代理人的问题，属于《中华人民共和国香港特别行政区维护国家安全法》第四十七条所规定的需要认定的问题，应当取得行政长官发出的证明书。如香港特别行政区法院没有向行政长官提出并取得行政长官就该等问题发出的证明书，香港特别行政区维护国家安全委员会应当根据《中华人民共和国香港特别行政区维护国家安全法》第十四条的规定履行法定职责，对该等情况和问题作出相关判断和决定。

现予公告。

澳门特别行政区基本法

中华人民共和国主席令

第三号

《中华人民共和国澳门特别行政区基本法》,包括附件一:《澳门特别行政区行政长官的产生办法》,附件二:《澳门特别行政区立法会的产生办法》,附件三:《在澳门特别行政区实施的全国性法律》,以及澳门特别行政区区旗、区徽图案,已由中华人民共和国第八届全国人民代表大会第一次会议于 1993 年 3 月 31 日通过,现予公布,自1999 年 12 月 20 日起实施。

中华人民共和国主席　江泽民
1993 年 3 月 31 日

中华人民共和国
澳门特别行政区基本法

（1993 年 3 月 31 日第八届全国人民代表大
会第一次会议通过　1993 年 3 月 31 日中华人
民共和国主席令第三号公布　自 1999 年 12 月
20 日起实施）

目　　录

序　　言

澳门,包括澳门半岛、氹仔岛和路环岛,自古以来就是中国的领土,十六世纪中叶以后被葡萄牙逐步占领。一九八七年四月十三日,中葡两国政府签署了关于澳门问题的联合声明,确认中华人民共和国政府于一九九九年十二月二十日恢复对澳门行使主权,从而实现了长期以来中国人民收回澳门的共同愿望。

为了维护国家的统一和领土完整,有利于澳门的社会稳定和经济发展,考虑到澳门的历史和现实情况,国家决定,在对澳门恢复行使主权时,根据中华人民共和国宪法第三十一条的规定,设立澳门特别行政区,并按照"一个国家,两种制度"的方针,不在澳门实行社会主义的制度和政策。国家对澳门的基本方针政策,已由中国政府在中葡联合声明中予以阐明。

根据中华人民共和国宪法,全国人民代表大会特制定中华人民共和国澳门特别行政区基本法,规定澳门特别行政区实行的制度,以保障国家对澳门的基本方针政策的实施。

第一章　总　　则

第一条　澳门特别行政区是中华人民共和国不可分离的部分。

第二条　中华人民共和国全国人民代表大会授权澳门特别行政区依照本法的规定实行高度自治,享有行政管理权、立法权、独立的司法权和终审权。

第三条　澳门特别行政区的行政机关和立法机关由澳门特别行政区永久性居民依照本法有关规定组成。

第四条　澳门特别行政区依法保障澳门特别行政区居民和其他人的权利和自由。

第五条 澳门特别行政区不实行社会主义的制度和政策,保持原有的资本主义制度和生活方式,五十年不变。

第六条 澳门特别行政区以法律保护私有财产权。

第七条 澳门特别行政区境内的土地和自然资源,除在澳门特别行政区成立前已依法确认的私有土地外,属于国家所有,由澳门特别行政区政府负责管理、使用、开发、出租或批给个人、法人使用或开发,其收入全部归澳门特别行政区政府支配。

第八条 澳门原有的法律、法令、行政法规和其他规范性文件,除同本法相抵触或经澳门特别行政区的立法机关或其他有关机关依照法定程序作出修改者外,予以保留。

第九条 澳门特别行政区的行政机关、立法机关和司法机关,除使用中文外,还可使用葡文,葡文也是正式语文。

第十条 澳门特别行政区除悬挂和使用中华人民共和国国旗和国徽外,还可悬挂和使用澳门特别行政区区旗和区徽。

澳门特别行政区的区旗是绘有五星、莲花、大桥、海水图案的绿色旗帜。

澳门特别行政区的区徽,中间是五星、莲花、大桥、海水,周围写有"中华人民共和国澳门特别行政区"和葡文"澳门"。

第十一条 根据中华人民共和国宪法第三十一条,澳门特别行政区的制度和政策,包括社会、经济制度,有关保障居民的基本权利和自由的制度,行政管理、立法和司法方面的制度,以及有关政策,均以本法的规定为依据。

澳门特别行政区的任何法律、法令、行政法规和其他规范性文件均不得同本法相抵触。

第二章 中央和澳门特别行政区的关系

第十二条 澳门特别行政区是中华人民共和国的一

个享有高度自治权的地方行政区域,直辖于中央人民政府。

第十三条 中央人民政府负责管理与澳门特别行政区有关的外交事务。

中华人民共和国外交部在澳门设立机构处理外交事务。

中央人民政府授权澳门特别行政区依照本法自行处理有关的对外事务。

第十四条 中央人民政府负责管理澳门特别行政区的防务。

澳门特别行政区政府负责维持澳门特别行政区的社会治安。

第十五条 中央人民政府依照本法有关规定任免澳门特别行政区行政长官、政府主要官员和检察长。

第十六条 澳门特别行政区享有行政管理权,依照本法有关规定自行处理澳门特别行政区的行政事务。

第十七条 澳门特别行政区享有立法权。

澳门特别行政区的立法机关制定的法律须报全国人民代表大会常务委员会备案。备案不影响该法律的生效。

全国人民代表大会常务委员会在征询其所属的澳门特别行政区基本法委员会的意见后,如认为澳门特别行政区立法机关制定的任何法律不符合本法关于中央管理的事务及中央和澳门特别行政区关系的条款,可将有关法律发回,但不作修改。经全国人民代表大会常务委员会发回的法律立即失效。该法律的失效,除澳门特别行政区的法律另有规定外,无溯及力。

第十八条 在澳门特别行政区实行的法律为本法以及本法第八条规定的澳门原有法律和澳门特别行政区立法机关制定的法律。

全国性法律除列于本法附件三者外,不在澳门特别行政区实施。凡列于本法附件三的法律,由澳门特别行政区在当地公布或立法实施。

全国人民代表大会常务委员会在征询其所属的澳门特别行政区基本法委员会和澳门特别行政区政府的意见后,可对列于本法附件三的法律作出增减。列入附件三的法律应限于有关国防、外交和其他依照本法规定不属于澳门特别行政区自治范围的法律。

在全国人民代表大会常务委员会决定宣布战争状态或因澳门特别行政区内发生澳门特别行政区政府不能控制的危及国家统一或安全的动乱而决定澳门特别行政区进入紧急状态时,中央人民政府可发布命令将有关全国性法律在澳门特别行政区实施。

第十九条 澳门特别行政区享有独立的司法权和终审权。

澳门特别行政区法院除继续保持澳门原有法律制度和原则对法院审判权所作的限制外,对澳门特别行政区所有的案件均有审判权。

澳门特别行政区法院对国防、外交等国家行为无管辖权。澳门特别行政区法院在审理案件中遇有涉及国防、外交等国家行为的事实问题,应取得行政长官就该等问题发出的证明文件,上述文件对法院有约束力。行政长官在发出证明文件前,须取得中央人民政府的证明书。

第二十条 澳门特别行政区可享有全国人民代表大会、全国人民代表大会常务委员会或中央人民政府授予的其他权力。

第二十一条 澳门特别行政区居民中的中国公民依法参与国家事务的管理。

根据全国人民代表大会确定的代表名额和代表产生办法,由澳门特别行政区居民中的中国公民在澳门选出澳门特别行政区的全国人民代表大会代表,参加最高国家权力机关的工作。

第二十二条 中央人民政府所属各部门、各省、自治区、直辖市均不得干预澳门特别行政区依照本法自行管理的事务。

中央各部门、各省、自治区、直辖市如需在澳门特别行政区设立机构,须征得澳门特别行政区政府同意并经中央人民政府批准。

中央各部门、各省、自治区、直辖市在澳门特别行政区设立的一切机构及其人员均须遵守澳门特别行政区的法律。

各省、自治区、直辖市的人进入澳门特别行政区须办理批准手续,其中进入澳门特别行政区定居的人数由中央人民政府主管部门征求澳门特别行政区政府的意见后确定。

澳门特别行政区可在北京设立办事机构。

第二十三条 澳门特别行政区应自行立法禁止任何叛国、分裂国家、煽动叛乱、颠覆中央人民政府及窃取国家机密的行为,禁止外国的政治性组织或团体在澳门特别行政区进行政治活动,禁止澳门特别行政区的政治性组织或团体与外国的政治性组织或团体建立联系。

第三章 居民的基本权利和义务

第二十四条 澳门特别行政区居民,简称澳门居民,包括永久性居民和非永久性居民。

澳门特别行政区永久性居民为:

(一)在澳门特别行政区成立以前或以后在澳门出生的中国公民及其在澳门以外所生的中国籍子女;

(二)在澳门特别行政区成立以前或以后在澳门通常居住连续七年以上的中国公民及其成为永久性居民后在澳门以外所生的中国籍子女;

(三)在澳门特别行政区成立以前或以后在澳门出生并以澳门为永久居住地的葡萄牙人;

(四)在澳门特别行政区成立以前或以后在澳门通常居住连续七年以上并以澳门为永久居住地的葡萄牙人;

(五)在澳门特别行政区成立以前或以后在澳门通常

居住连续七年以上并以澳门为永久居住地的其他人;

(六)第(五)项所列永久性居民在澳门特别行政区成立以前或以后在澳门出生的未满十八周岁的子女。

以上居民在澳门特别行政区享有居留权并有资格领取澳门特别行政区永久性居民身份证。

澳门特别行政区非永久性居民为:有资格依照澳门特别行政区法律领取澳门居民身份证,但没有居留权的人。

第二十五条 澳门居民在法律面前一律平等,不因国籍、血统、种族、性别、语言、宗教、政治或思想信仰、文化程度、经济状况或社会条件而受到歧视。

第二十六条 澳门特别行政区永久性居民依法享有选举权和被选举权。

第二十七条 澳门居民享有言论、新闻、出版的自由,结社、集会、游行、示威的自由,组织和参加工会、罢工的权利和自由。

第二十八条 澳门居民的人身自由不受侵犯。

澳门居民不受任意或非法的逮捕、拘留、监禁。对任意或非法的拘留、监禁,居民有权向法院申请颁发人身保护令。

禁止非法搜查居民的身体、剥夺或者限制居民的人身自由。

禁止对居民施行酷刑或予以非人道的对待。

第二十九条 澳门居民除其行为依照当时法律明文规定为犯罪和应受惩处外,不受刑罚处罚。

澳门居民在被指控犯罪时,享有尽早接受法院审判的权利,在法院判罪之前均假定无罪。

第三十条 澳门居民的人格尊严不受侵犯。禁止用任何方法对居民进行侮辱、诽谤和诬告陷害。

澳门居民享有个人的名誉权、私人生活和家庭生活的隐私权。

第三十一条 澳门居民的住宅和其他房屋不受侵

犯。禁止任意或非法搜查、侵入居民的住宅和其他房屋。

第三十二条　澳门居民的通讯自由和通讯秘密受法律保护。除因公共安全和追查刑事犯罪的需要,由有关机关依照法律规定对通讯进行检查外,任何部门或个人不得以任何理由侵犯居民的通讯自由和通讯秘密。

第三十三条　澳门居民有在澳门特别行政区境内迁徙的自由,有移居其他国家和地区的自由。澳门居民有旅行和出入境的自由,有依照法律取得各种旅行证件的权利。有效旅行证件持有人,除非受到法律制止,可自由离开澳门特别行政区,无需特别批准。

第三十四条　澳门居民有信仰的自由。

澳门居民有宗教信仰的自由,有公开传教和举行、参加宗教活动的自由。

第三十五条　澳门居民有选择职业和工作的自由。

第三十六条　澳门居民有权诉诸法律,向法院提起诉讼,得到律师的帮助以保护自己的合法权益,以及获得司法补救。

澳门居民有权对行政部门和行政人员的行为向法院提起诉讼。

第三十七条　澳门居民有从事教育、学术研究、文学艺术创作和其他文化活动的自由。

第三十八条　澳门居民的婚姻自由、成立家庭和自愿生育的权利受法律保护。

妇女的合法权益受澳门特别行政区的保护。

未成年人、老年人和残疾人受澳门特别行政区的关怀和保护。

第三十九条　澳门居民有依法享受社会福利的权利。劳工的福利待遇和退休保障受法律保护。

第四十条　《公民权利和政治权利国际公约》、《经济、社会与文化权利的国际公约》和国际劳工公约适用于澳门的有关规定继续有效,通过澳门特别行政区的法律予以实施。

澳门居民享有的权利和自由,除依法规定外不得限制,此种限制不得与本条第一款规定抵触。

第四十一条 澳门居民享有澳门特别行政区法律保障的其他权利和自由。

第四十二条 在澳门的葡萄牙后裔居民的利益依法受澳门特别行政区的保护,他们的习俗和文化传统应受尊重。

第四十三条 在澳门特别行政区境内的澳门居民以外的其他人,依法享有本章规定的澳门居民的权利和自由。

第四十四条 澳门居民和在澳门的其他人有遵守澳门特别行政区实行的法律的义务。

第四章 政 治 体 制

第一节 行 政 长 官

第四十五条 澳门特别行政区行政长官是澳门特别行政区的首长,代表澳门特别行政区。

澳门特别行政区行政长官依照本法规定对中央人民政府和澳门特别行政区负责。

第四十六条 澳门特别行政区行政长官由年满四十周岁,在澳门通常居住连续满二十年的澳门特别行政区永久性居民中的中国公民担任。

第四十七条 澳门特别行政区行政长官在当地通过选举或协商产生,由中央人民政府任命。

行政长官的产生办法由附件一《澳门特别行政区行政长官的产生办法》规定。

第四十八条 澳门特别行政区行政长官任期五年,可连任一次。

第四十九条 澳门特别行政区行政长官在任职期内不得具有外国居留权,不得从事私人赢利活动。行政长官就任时应向澳门特别行政区终审法院院长申报财产,记录在案。

第五十条 澳门特别行政区行政长官行使下列职权：

（一）领导澳门特别行政区政府；

（二）负责执行本法和依照本法适用于澳门特别行政区的其他法律；

（三）签署立法会通过的法案，公布法律；

签署立法会通过的财政预算案，将财政预算、决算报中央人民政府备案；

（四）决定政府政策，发布行政命令；

（五）制定行政法规并颁布执行；

（六）提名并报请中央人民政府任命下列主要官员：各司司长、廉政专员、审计长、警察部门主要负责人和海关主要负责人；建议中央人民政府免除上述官员职务；

（七）委任部分立法会议员；

（八）任免行政会委员；

（九）依照法定程序任免各级法院院长和法官，任免检察官；

（十）依照法定程序提名并报请中央人民政府任命检察长，建议中央人民政府免除检察长的职务；

（十一）依照法定程序任免公职人员；

（十二）执行中央人民政府就本法规定的有关事务发出的指令；

（十三）代表澳门特别行政区政府处理中央授权的对外事务和其他事务；

（十四）批准向立法会提出有关财政收入或支出的动议；

（十五）根据国家和澳门特别行政区的安全或重大公共利益的需要，决定政府官员或其他负责政府公务的人员是否向立法会或其所属的委员会作证和提供证据；

（十六）依法颁授澳门特别行政区奖章和荣誉称号；

（十七）依法赦免或减轻刑事罪犯的刑罚；

（十八）处理请愿、申诉事项。

第五十一条 澳门特别行政区行政长官如认为立法会通过的法案不符合澳门特别行政区的整体利益，可在九十日内提出书面理由并将法案发回立法会重议。立法会如以不少于全体议员三分之二多数再次通过原案，行政长官必须在三十日内签署公布或依照本法第五十二条的规定处理。

第五十二条 澳门特别行政区行政长官遇有下列情况之一时，可解散立法会：

（一）行政长官拒绝签署立法会再次通过的法案；

（二）立法会拒绝通过政府提出的财政预算案或行政长官认为关系到澳门特别行政区整体利益的法案，经协商仍不能取得一致意见。

行政长官在解散立法会前，须征询行政会的意见，解散时应向公众说明理由。

行政长官在其一任任期内只能解散立法会一次。

第五十三条 澳门特别行政区行政长官在立法会未通过政府提出的财政预算案时，可按上一财政年度的开支标准批准临时短期拨款。

第五十四条 澳门特别行政区行政长官如有下列情况之一者必须辞职：

（一）因严重疾病或其他原因无力履行职务；

（二）因两次拒绝签署立法会通过的法案而解散立法会，重选的立法会仍以全体议员三分之二多数通过所争议的原案，而行政长官在三十日内拒绝签署；

（三）因立法会拒绝通过财政预算案或关系到澳门特别行政区整体利益的法案而解散立法会，重选的立法会仍拒绝通过所争议的原案。

第五十五条 澳门特别行政区行政长官短期不能履行职务时，由各司司长按各司的排列顺序临时代理其职务。各司的排列顺序由法律规定。

行政长官出缺时，应在一百二十日内依照本法第四十七条的规定产生新的行政长官。行政长官出缺期间的职务代理,依照本条第一款规定办理,并报中央人民政府批准。代理行政长官应遵守本法第四十九条的规定。

第五十六条 澳门特别行政区行政会是协助行政长官决策的机构。

第五十七条 澳门特别行政区行政会的委员由行政长官从政府主要官员、立法会议员和社会人士中委任,其任免由行政长官决定。行政会委员的任期不超过委任他的行政长官的任期,但在新的行政长官就任前,原行政会委员暂时留任。

澳门特别行政区行政会委员由澳门特别行政区永久性居民中的中国公民担任。

行政会委员的人数为七至十一人。行政长官认为必要时可邀请有关人士列席行政会会议。

第五十八条 澳门特别行政区行政会由行政长官主持。行政会的会议每月至少举行一次。行政长官在作出重要决策、向立法会提交法案、制定行政法规和解散立法会前,须征询行政会的意见,但人事任免、纪律制裁和紧急情况下采取的措施除外。

行政长官如不采纳行政会多数委员的意见,应将具体理由记录在案。

第五十九条 澳门特别行政区设立廉政公署,独立工作。廉政专员对行政长官负责。

第六十条 澳门特别行政区设立审计署,独立工作。审计长对行政长官负责。

第二节　行　政　机　关

第六十一条 澳门特别行政区政府是澳门特别行政区的行政机关。

第六十二条 澳门特别行政区政府的首长是澳门特别行政区行政长官。澳门特别行政区政府设司、局、厅、处。

第六十三条 澳门特别行政区政府的主要官员由在澳门通常居住连续满十五年的澳门特别行政区永久性居民中的中国公民担任。

澳门特别行政区主要官员就任时应向澳门特别行政区终审法院院长申报财产,记录在案。

第六十四条 澳门特别行政区政府行使下列职权:

(一)制定并执行政策;

(二)管理各项行政事务;

(三)办理本法规定的中央人民政府授权的对外事务;

(四)编制并提出财政预算、决算;

(五)提出法案、议案,草拟行政法规;

(六)委派官员列席立法会会议听取意见或代表政府发言。

第六十五条 澳门特别行政区政府必须遵守法律,对澳门特别行政区立法会负责:执行立法会通过并已生效的法律;定期向立法会作施政报告;答复立法会议员的质询。

第六十六条 澳门特别行政区行政机关可根据需要设立咨询组织。

第三节　立　法　机　关

第六十七条 澳门特别行政区立法会是澳门特别行政区的立法机关。

第六十八条 澳门特别行政区立法会议员由澳门特别行政区永久性居民担任。

立法会多数议员由选举产生。

立法会的产生办法由附件二《澳门特别行政区立法会的产生办法》规定。

立法会议员就任时应依法申报经济状况。

第六十九条 澳门特别行政区立法会除第一届另有规定外,每届任期四年。

第七十条 澳门特别行政区立法会如经行政长官依照本法规定解散,须于九十日内依照本法第六十八条的规定重新产生。

第七十一条 澳门特别行政区立法会行使下列职权:

(一)依照本法规定和法定程序制定、修改、暂停实施和废除法律;

(二)审核、通过政府提出的财政预算案;审议政府提出的预算执行情况报告;

(三)根据政府提案决定税收,批准由政府承担的债务;

(四)听取行政长官的施政报告并进行辩论;

(五)就公共利益问题进行辩论;

(六)接受澳门居民申诉并作出处理;

(七)如立法会全体议员三分之一联合动议,指控行政长官有严重违法或渎职行为而不辞职,经立法会通过决议,可委托终审法院院长负责组成独立的调查委员会进行调查。调查委员会如认为有足够证据构成上述指控,立法会以全体议员三分之二多数通过,可提出弹劾案,报请中央人民政府决定;

(八)在行使上述各项职权时,如有需要,可传召和要求有关人士作证和提供证据。

第七十二条 澳门特别行政区立法会设主席、副主席各一人。主席、副主席由立法会议员互选产生。

澳门特别行政区立法会主席、副主席由在澳门通常居住连续满十五年的澳门特别行政区永久性居民中的中国公民担任。

第七十三条 澳门特别行政区立法会主席缺席时由副主席代理。

澳门特别行政区立法会主席或副主席出缺时,另行选举。

第七十四条 澳门特别行政区立法会主席行使下列职权:

（一）主持会议；

（二）决定议程，应行政长官的要求将政府提出的议案优先列入议程；

（三）决定开会日期；

（四）在休会期间可召开特别会议；

（五）召开紧急会议或应行政长官的要求召开紧急会议；

（六）立法会议事规则所规定的其他职权。

第七十五条 澳门特别行政区立法会议员依照本法规定和法定程序提出议案。凡不涉及公共收支、政治体制或政府运作的议案，可由立法会议员个别或联名提出。凡涉及政府政策的议案，在提出前必须得到行政长官的书面同意。

第七十六条 澳门特别行政区立法会议员有权依照法定程序对政府的工作提出质询。

第七十七条 澳门特别行政区立法会举行会议的法定人数为不少于全体议员的二分之一。除本法另有规定外，立法会的法案、议案由全体议员过半数通过。

立法会议事规则由立法会自行制定，但不得与本法相抵触。

第七十八条 澳门特别行政区立法会通过的法案，须经行政长官签署、公布，方能生效。

第七十九条 澳门特别行政区立法会议员在立法会会议上的发言和表决，不受法律追究。

第八十条 澳门特别行政区立法会议员非经立法会许可不受逮捕，但现行犯不在此限。

第八十一条 澳门特别行政区立法会议员如有下列情况之一，经立法会决定，即丧失其立法会议员的资格：

（一）因严重疾病或其他原因无力履行职务；

（二）担任法律规定不得兼任的职务；

（三）未得到立法会主席同意，连续五次或间断十五次缺席会议而无合理解释；

（四）违反立法会议员誓言；

（五）在澳门特别行政区区内或区外犯有刑事罪行，被判处监禁三十日以上。

第四节　司法机关

第八十二条　澳门特别行政区法院行使审判权。

第八十三条　澳门特别行政区法院独立进行审判，只服从法律，不受任何干涉。

第八十四条　澳门特别行政区设立初级法院、中级法院和终审法院。

澳门特别行政区终审权属于澳门特别行政区终审法院。

澳门特别行政区法院的组织、职权和运作由法律规定。

第八十五条　澳门特别行政区初级法院可根据需要设立若干专门法庭。

原刑事起诉法庭的制度继续保留。

第八十六条　澳门特别行政区设立行政法院。行政法院是管辖行政诉讼和税务诉讼的法院。不服行政法院裁决者，可向中级法院上诉。

第八十七条　澳门特别行政区各级法院的法官，根据当地法官、律师和知名人士组成的独立委员会的推荐，由行政长官任命。法官的选用以其专业资格为标准，符合标准的外籍法官也可聘用。

法官只有在无力履行其职责或行为与其所任职务不相称的情况下，行政长官才可根据终审法院院长任命的不少于三名当地法官组成的审议庭的建议，予以免职。

终审法院法官的免职由行政长官根据澳门特别行政区立法会议员组成的审议委员会的建议决定。

终审法院法官的任命和免职须报全国人民代表大会常务委员会备案。

第八十八条　澳门特别行政区各级法院的院长由行

政长官从法官中选任。

终审法院院长由澳门特别行政区永久性居民中的中国公民担任。

终审法院院长的任命和免职须报全国人民代表大会常务委员会备案。

第八十九条 澳门特别行政区法官依法进行审判，不听从任何命令或指示，但本法第十九条第三款规定的情况除外。

法官履行审判职责的行为不受法律追究。

法官在任职期间，不得兼任其他公职或任何私人职务，也不得在政治性团体中担任任何职务。

第九十条 澳门特别行政区检察院独立行使法律赋予的检察职能，不受任何干涉。

澳门特别行政区检察长由澳门特别行政区永久性居民中的中国公民担任，由行政长官提名，报中央人民政府任命。

检察官经检察长提名，由行政长官任命。

检察院的组织、职权和运作由法律规定。

第九十一条 原在澳门实行的司法辅助人员的任免制度予以保留。

第九十二条 澳门特别行政区政府可参照原在澳门实行的办法，作出有关当地和外来的律师在澳门特别行政区执业的规定。

第九十三条 澳门特别行政区可与全国其他地区的司法机关通过协商依法进行司法方面的联系和相互提供协助。

第九十四条 在中央人民政府协助和授权下，澳门特别行政区可与外国就司法互助关系作出适当安排。

第五节 市 政 机 构

第九十五条 澳门特别行政区可设立非政权性的市政机构。市政机构受政府委托为居民提供文化、康乐、环境卫生等方面的服务，并就有关上述事务向澳门特别行政区政府提供咨询意见。

第九十六条 市政机构的职权和组成由法律规定。

第六节 公 务 人 员

第九十七条 澳门特别行政区的公务人员必须是澳门特别行政区永久性居民。本法第九十八条和九十九条规定的公务人员，以及澳门特别行政区聘用的某些专业技术人员和初级公务人员除外。

第九十八条 澳门特别行政区成立时，原在澳门任职的公务人员，包括警务人员和司法辅助人员，均可留用，继续工作，其薪金、津贴、福利待遇不低于原来的标准，原来享有的年资予以保留。

依照澳门原有法律享有退休金和赡养费待遇的留用公务人员，在澳门特别行政区成立后退休的，不论其所属国籍或居住地点，澳门特别行政区向他们或其家属支付不低于原来标准的应得的退休金和赡养费。

第九十九条 澳门特别行政区可任用原澳门公务人员中的或持有澳门特别行政区永久性居民身份证的葡籍和其他外籍人士担任各级公务人员，但本法另有规定者除外。

澳门特别行政区有关部门还可聘请葡籍和其他外籍人士担任顾问和专业技术职务。

上述人员只能以个人身份受聘，并对澳门特别行政区负责。

第一百条 公务人员应根据其本人的资格、经验和才能予以任用和提升。澳门原有关于公务人员的录用、纪律、提升和正常晋级制度基本不变，但得根据澳门社会的发展加以改进。

第七节 宣 誓 效 忠

第一百零一条 澳门特别行政区行政长官、主要官员、行政会委员、立法会议员、法官和检察官,必须拥护中华人民共和国澳门特别行政区基本法,尽忠职守,廉洁奉公,效忠中华人民共和国澳门特别行政区,并依法宣誓。

第一百零二条 澳门特别行政区行政长官、主要官员、立法会主席、终审法院院长、检察长在就职时,除按本法第一百零一条的规定宣誓外,还必须宣誓效忠中华人民共和国。

第五章 经 济

第一百零三条 澳门特别行政区依法保护私人和法人财产的取得、使用、处置和继承的权利,以及依法征用私人和法人财产时被征用财产的所有人得到补偿的权利。

征用财产的补偿应相当于该财产当时的实际价值,可自由兑换,不得无故迟延支付。

企业所有权和外来投资均受法律保护。

第一百零四条 澳门特别行政区保持财政独立。

澳门特别行政区财政收入全部由澳门特别行政区自行支配,不上缴中央人民政府。

中央人民政府不在澳门特别行政区征税。

第一百零五条 澳门特别行政区的财政预算以量入为出为原则,力求收支平衡,避免赤字,并与本地生产总值的增长率相适应。

第一百零六条 澳门特别行政区实行独立的税收制度。

澳门特别行政区参照原在澳门实行的低税政策,自行立法规定税种、税率、税收宽免和其他税务事项。专营税制由法律另作规定。

第一百零七条 澳门特别行政区的货币金融制度由法律规定。

澳门特别行政区政府自行制定货币金融政策,保障金融市场和各种金融机构的经营自由,并依法进行管理和监督。

第一百零八条 澳门元为澳门特别行政区的法定货币,继续流通。

澳门货币发行权属于澳门特别行政区政府。澳门货币的发行须有百分之百的准备金。澳门货币的发行制度和准备金制度,由法律规定。

澳门特别行政区政府可授权指定银行行使或继续行使发行澳门货币的代理职能。

第一百零九条 澳门特别行政区不实行外汇管制政策。澳门元自由兑换。

澳门特别行政区的外汇储备由澳门特别行政区政府依法管理和支配。

澳门特别行政区政府保障资金的流动和进出自由。

第一百一十条 澳门特别行政区保持自由港地位,除法律另有规定外,不征收关税。

第一百一十一条 澳门特别行政区实行自由贸易政策,保障货物、无形财产和资本的流动自由。

第一百一十二条 澳门特别行政区为单独的关税地区。

澳门特别行政区可以"中国澳门"的名义参加《关税和贸易总协定》、关于国际纺织品贸易安排等有关国际组织和国际贸易协定,包括优惠贸易安排。

澳门特别行政区取得的和以前取得仍继续有效的出口配额、关税优惠和其他类似安排,全由澳门特别行政区享有。

第一百一十三条 澳门特别行政区根据当时的产地规则,可对产品签发产地来源证。

第一百一十四条 澳门特别行政区依法保护工商企业的自由经营,自行制定工商业的发展政策。

澳门特别行政区改善经济环境和提供法律保障,以促进工商业的发展,鼓励投资和技术进步,并开发新产业和新市场。

第一百一十五条　澳门特别行政区根据经济发展的情况，自行制定劳工政策，完善劳工法律。

澳门特别行政区设立由政府、雇主团体、雇员团体的代表组成的咨询性的协调组织。

第一百一十六条　澳门特别行政区保持和完善原在澳门实行的航运经营和管理体制，自行制定航运政策。

澳门特别行政区经中央人民政府授权可进行船舶登记，并依照澳门特别行政区的法律以"中国澳门"的名义颁发有关证件。

除外国军用船只进入澳门特别行政区须经中央人民政府特别许可外，其他船舶可依照澳门特别行政区的法律进出其港口。

澳门特别行政区的私营的航运及与航运有关的企业和码头可继续自由经营。

第一百一十七条　澳门特别行政区政府经中央人民政府具体授权可自行制定民用航空的各项管理制度。

第一百一十八条　澳门特别行政区根据本地整体利益自行制定旅游娱乐业的政策。

第一百一十九条　澳门特别行政区政府依法实行环境保护。

第一百二十条　澳门特别行政区依法承认和保护澳门特别行政区成立前已批出或决定的年期超过一九九九年十二月十九日的合法土地契约和与土地契约有关的一切权利。

澳门特别行政区成立后新批或续批土地，按照澳门特别行政区有关的土地法律及政策处理。

第六章　文化和社会事务

第一百二十一条　澳门特别行政区政府自行制定教育政策，包括教育体制和管理、教学语言、经费分配、考试制度、承认学历和学位等政策，推动教育的发展。

澳门特别行政区政府依法推行义务教育。

社会团体和私人可依法举办各种教育事业。

第一百二十二条 澳门原有各类学校均可继续开办。澳门特别行政区各类学校均有办学的自主性,依法享有教学自由和学术自由。

各类学校可以继续从澳门特别行政区以外招聘教职员和选用教材。学生享有选择院校和在澳门特别行政区以外求学的自由。

第一百二十三条 澳门特别行政区政府自行制定促进医疗卫生服务和发展中西医药的政策。社会团体和私人可依法提供各种医疗卫生服务。

第一百二十四条 澳门特别行政区政府自行制定科学技术政策,依法保护科学技术的研究成果、专利和发明创造。

澳门特别行政区政府自行确定适用于澳门的各类科学技术标准和规格。

第一百二十五条 澳门特别行政区政府自行制定文化政策,包括文学艺术、广播、电影、电视等政策。

澳门特别行政区政府依法保护作者的文学艺术及其他的创作成果和合法权益。

澳门特别行政区政府依法保护名胜、古迹和其他历史文物,并保护文物所有者的合法权益。

第一百二十六条 澳门特别行政区政府自行制定新闻、出版政策。

第一百二十七条 澳门特别行政区政府自行制定体育政策。民间体育团体可依法继续存在和发展。

第一百二十八条 澳门特别行政区政府根据宗教信仰自由的原则,不干预宗教组织的内部事务,不干预宗教组织和教徒同澳门以外地区的宗教组织和教徒保持及发展关系,不限制与澳门特别行政区法律没有抵触的宗教活动。

宗教组织可依法开办宗教院校和其他学校、医院和福利机构以及提供其他社会服务。宗教组织开办的学校可以继续提供宗教教育,包括开设宗教课程。

宗教组织依法享有财产的取得、使用、处置、继承以及接受捐献的权利。宗教组织在财产方面的原有权益依法受到保护。

第一百二十九条 澳门特别行政区政府自行确定专业制度,根据公平合理的原则,制定有关评审和颁授各种专业和执业资格的办法。

在澳门特别行政区成立以前已经取得专业资格和执业资格者,根据澳门特别行政区的有关规定可保留原有的资格。

澳门特别行政区政府根据有关规定承认在澳门特别行政区成立以前已被承认的专业和专业团体,并可根据社会发展需要,经咨询有关方面的意见,承认新的专业和专业团体。

第一百三十条 澳门特别行政区政府在原有社会福利制度的基础上,根据经济条件和社会需要自行制定有关社会福利的发展和改进的政策。

第一百三十一条 澳门特别行政区的社会服务团体,在不抵触法律的情况下,可以自行决定其服务方式。

第一百三十二条 澳门特别行政区政府根据需要和可能逐步改善原在澳门实行的对教育、科学、技术、文化、体育、康乐、医疗卫生、社会福利、社会工作等方面的民间组织的资助政策。

第一百三十三条 澳门特别行政区的教育、科学、技术、文化、新闻、出版、体育、康乐、专业、医疗卫生、劳工、妇女、青年、归侨、社会福利、社会工作等方面的民间团体和宗教组织同全国其他地区相应的团体和组织的关系,以互不隶属、互不干涉、互相尊重的原则为基础。

第一百三十四条 澳门特别行政区的教育、科学、技术、文化、新闻、出版、体育、康乐、专业、医疗卫生、劳工、妇女、青年、归侨、社会福利、社会工作等方面的民间团体和宗教组织可同世界各国、各地区及国际的有关团体和

组织保持和发展关系,各该团体和组织可根据需要冠用
"中国澳门"的名义,参与有关活动。

第七章 对 外 事 务

第一百三十五条 澳门特别行政区政府的代表,可
作为中华人民共和国政府代表团的成员,参加由中央人
民政府进行的同澳门特别行政区直接有关的外交谈判。

第一百三十六条 澳门特别行政区可在经济、贸易、
金融、航运、通讯、旅游、文化、科技、体育等适当领域以
"中国澳门"的名义,单独地同世界各国、各地区及有关国
际组织保持和发展关系,签订和履行有关协议。

第一百三十七条 对以国家为单位参加的、同澳门
特别行政区有关的、适当领域的国际组织和国际会议,澳
门特别行政区政府可派遣代表作为中华人民共和国代表
团的成员或以中央人民政府和上述有关国际组织或国际
会议允许的身份参加,并以"中国澳门"的名义发表意见。

澳门特别行政区可以"中国澳门"的名义参加不以国
家为单位参加的国际组织和国际会议。

对中华人民共和国已参加而澳门也以某种形式参加
的国际组织,中央人民政府将根据情况和澳门特别行政
区的需要采取措施,使澳门特别行政区以适当形式继续
保持在这些组织中的地位。

对中华人民共和国尚未参加而澳门已以某种形式参
加的国际组织,中央人民政府将根据情况和需要使澳门
特别行政区以适当形式继续参加这些组织。

第一百三十八条 中华人民共和国缔结的国际协
议,中央人民政府可根据情况和澳门特别行政区的需要,
在征询澳门特别行政区政府的意见后,决定是否适用于
澳门特别行政区。

中华人民共和国尚未参加但已适用于澳门的国际协
议仍可继续适用。中央人民政府根据情况和需要授权或
协助澳门特别行政区政府作出适当安排,使其他与其有

关的国际协议适用于澳门特别行政区。

第一百三十九条 中央人民政府授权澳门特别行政区政府依照法律给持有澳门特别行政区永久性居民身份证的中国公民签发中华人民共和国澳门特别行政区护照，给在澳门特别行政区的其他合法居留者签发中华人民共和国澳门特别行政区的其他旅行证件。上述护照和旅行证件，前往各国和各地区有效，并载明持有人有返回澳门特别行政区的权利。

对世界各国或各地区的人入境、逗留和离境，澳门特别行政区政府可实行出入境管制。

第一百四十条 中央人民政府协助或授权澳门特别行政区政府同有关国家和地区谈判和签订互免签证协议。

第一百四十一条 澳门特别行政区可根据需要在外国设立官方或半官方的经济和贸易机构，报中央人民政府备案。

第一百四十二条 外国在澳门特别行政区设立领事机构或其他官方、半官方机构，须经中央人民政府批准。

已同中华人民共和国建立正式外交关系的国家在澳门设立的领事机构和其他官方机构，可予保留。

尚未同中华人民共和国建立正式外交关系的国家在澳门设立的领事机构和其他官方机构，可根据情况予以保留或改为半官方机构。

尚未为中华人民共和国承认的国家，只能在澳门特别行政区设立民间机构。

第八章　本法的解释和修改

第一百四十三条 本法的解释权属于全国人民代表大会常务委员会。

全国人民代表大会常务委员会授权澳门特别行政区法院在审理案件时对本法关于澳门特别行政区自治范围内的条款自行解释。

澳门特别行政区法院在审理案件时对本法的其他条款也可解释。但如澳门特别行政区法院在审理案件时需要对本法关于中央人民政府管理的事务或中央和澳门特别行政区关系的条款进行解释，而该条款的解释又影响到案件的判决，在对该案件作出不可上诉的终局判决前，应由澳门特别行政区终审法院提请全国人民代表大会常务委员会对有关条款作出解释。如全国人民代表大会常务委员会作出解释，澳门特别行政区法院在引用该条款时，应以全国人民代表大会常务委员会的解释为准。但在此以前作出的判决不受影响。

全国人民代表大会常务委员会在对本法进行解释前，征询其所属的澳门特别行政区基本法委员会的意见。

第一百四十四条 本法的修改权属于全国人民代表大会。

本法的修改提案权属于全国人民代表大会常务委员会、国务院和澳门特别行政区。澳门特别行政区的修改议案，须经澳门特别行政区的全国人民代表大会代表三分之二多数、澳门特别行政区立法会全体议员三分之二多数和澳门特别行政区行政长官同意后，交由澳门特别行政区出席全国人民代表大会的代表团向全国人民代表大会提出。

本法的修改议案在列入全国人民代表大会的议程前，先由澳门特别行政区基本法委员会研究并提出意见。

本法的任何修改，均不得同中华人民共和国对澳门既定的基本方针政策相抵触。

第九章　附　　则

第一百四十五条 澳门特别行政区成立时，澳门原有法律除由全国人民代表大会常务委员会宣布为同本法抵触者外，采用为澳门特别行政区法律，如以后发现有的法律与本法抵触，可依照本法规定和法定程序修改或停止生效。

根据澳门原有法律取得效力的文件、证件、契约及其所包含的权利和义务，在不抵触本法的前提下继续有效，受澳门特别行政区的承认和保护。

原澳门政府所签订的有效期超过一九九九年十二月十九日的契约，除中央人民政府授权的机构已公开宣布为不符合中葡联合声明关于过渡时期安排的规定，须经澳门特别行政区政府重新审查者外，继续有效。

附件一

澳门特别行政区行政长官的产生办法

一、行政长官由一个具有广泛代表性的选举委员会依照本法选出，由中央人民政府任命。

二、选举委员会委员共300人，由下列各界人士组成：

工商、金融界	100人
文化、教育、专业等界	80人
劳工、社会服务、宗教等界	80人
立法会议员的代表、市政机构成员的代表、澳门地区全国人大代表、澳门地区全国政协委员的代表	40人

选举委员会每届任期五年。

三、各个界别的划分，以及每个界别中何种组织可以产生选举委员会委员的名额，由澳门特别行政区根据民主、开放的原则制定选举法加以规定。

各界别法定团体根据选举法规定的分配名额和选举办法自行选出选举委员会委员。

选举委员会委员以个人身份投票。

四、不少于50名的选举委员会委员可联合提名行政长官候选人。每名委员只可提出一名候选人。

五、选举委员会根据提名的名单，经一人一票无记名投票选出行政长官候任人。具体选举办法由选举法规定。

六、第一任行政长官按照《全国人民代表大会关于澳门特别行政区第一届政府、立法会和司法机关产生办法的决定》产生。

七、二〇〇九年及以后行政长官的产生办法如需修改，须经立法会全体议员三分之二多数通过，行政长官同意，并报全国人民代表大会常务委员会批准。

附件二

澳门特别行政区立法会的产生办法

一、澳门特别行政区第一届立法会按照《全国人民代表大会关于澳门特别行政区第一届政府、立法会和司法机关产生办法的决定》产生。

第二届立法会由 27 人组成,其中:

直接选举的议员	10 人
间接选举的议员	10 人
委任的议员	7 人

第三届及以后各届立法会由 29 人组成,其中:

直接选举的议员	12 人
间接选举的议员	10 人
委任的议员	7 人

二、议员的具体选举办法,由澳门特别行政区政府提出并经立法会通过的选举法加以规定。

三、二〇〇九年及以后澳门特别行政区立法会的产生办法如需修改,须经立法会全体议员三分之二多数通过,行政长官同意,并报全国人民代表大会常务委员会备案。

附件三

在澳门特别行政区实施的全国性法律

下列全国性法律,自一九九九年十二月二十日起由澳门特别行政区在当地公布或立法实施。

一、《关于中华人民共和国国都、纪年、国歌、国旗的决议》

二、《关于中华人民共和国国庆日的决议》

三、《中华人民共和国国籍法》

四、《中华人民共和国外交特权与豁免条例》

五、《中华人民共和国领事特权与豁免条例》

六、《中华人民共和国国旗法》

七、《中华人民共和国国徽法》

八、《中华人民共和国领海及毗连区法》

澳门特别行政区区旗图案

澳门特别行政区区徽图案

全国人民代表大会常务委员会关于批准《中华人民共和国澳门特别行政区基本法附件一澳门特别行政区行政长官的产生办法修正案》的决定

（2012 年 6 月 30 日第十一届全国人民代表大会常务委员会第二十七次会议通过）

第十一届全国人民代表大会常务委员会第二十七次会议决定：

根据《中华人民共和国澳门特别行政区基本法》附件一、《全国人民代表大会常务委员会关于〈中华人民共和国澳门特别行政区基本法〉附件一第七条和附件二第三条的解释》和《全国人民代表大会常务委员会关于澳门特别行政区 2013 年立法会产生办法和 2014 年行政长官产生办法有关问题的决定》，批准澳门特别行政区提出的《中华人民共和国澳门特别行政区基本法附件一澳门特别行政区行政长官的产生办法修正案》。

《中华人民共和国澳门特别行政区基本法附件一澳门特别行政区行政长官的产生办法修正案》自批准之日起生效。

中华人民共和国澳门特别行政区基本法附件一澳门特别行政区行政长官的产生办法修正案

（2012 年 6 月 30 日第十一届全国人民代表大会常务委员会第二十七次会议批准）

一、2014 年选举第四任行政长官人选的选举委员会共 400 人，由下列各界人士组成：

工商、金融界	120 人
文化、教育、专业等界	115 人
劳工、社会服务、宗教等界	115 人
立法会议员的代表、市政机构成员的代表、澳门地区全国人大代表、澳门地区全国政协委员的代表	50 人

选举委员会每届任期五年。

二、不少于 66 名的选举委员会委员可联合提名行政长官候选人。每名委员只可提出一名候选人。

三、第五任及以后各任行政长官产生办法，在依照法定程序作出进一步修改前，按本修正案的规定执行。

全国人民代表大会
常务委员会公告

〔十一届〕第四十号

　　根据《中华人民共和国澳门特别行政区基本法》附件二、《全国人民代表大会常务委员会关于〈中华人民共和国澳门特别行政区基本法〉附件一第七条和附件二第三条的解释》和《全国人民代表大会常务委员会关于澳门特别行政区2013年立法会产生办法和2014年行政长官产生办法有关问题的决定》，全国人民代表大会常务委员会对《中华人民共和国澳门特别行政区基本法附件二澳门特别行政区立法会的产生办法修正案》予以备案，现予公布。

　　《中华人民共和国澳门特别行政区基本法附件二澳门特别行政区立法会的产生办法修正案》自公布之日起生效。

　　特此公告。

全国人民代表大会常务委员会
2012 年 6 月 30 日

中华人民共和国澳门特别行政区基本法附件二澳门特别行政区立法会的产生办法修正案

（2012 年 6 月 30 日第十一届全国人民代表大会常务委员会第二十七次会议予以备案）

一、2013 年第五届立法会由 33 人组成，其中：

直接选举的议员	14 人
间接选举的议员	12 人
委任的议员	7 人

二、第六届及以后各届立法会的产生办法，在依照法定程序作出进一步修改前，按本修正案的规定执行。

全国人民代表大会常务委员会
关于增加《中华人民共和国
澳门特别行政区基本法》
附件三所列全国性
法律的决定

(1999 年 12 月 20 日第九届全国人民代表
大会常务委员会第十三次会议通过)

在《中华人民共和国澳门特别行政区基本法》附件三
中增加下列全国性法律：

1.《中华人民共和国专属经济区和大陆架法》；

2.《中华人民共和国澳门特别行政区驻军法》。

以上全国性法律,自 1999 年 12 月 20 日起由澳门特
别行政区公布或立法实施。

全国人民代表大会常务委员会关于增加《中华人民共和国澳门特别行政区基本法》附件三所列全国性法律的决定

(2005 年 10 月 27 日第十届全国人民代表
大会常务委员会第十八次会议通过)

第十届全国人民代表大会常务委员会第十八次会议决定:在《中华人民共和国澳门特别行政区基本法》附件三中增加全国性法律《中华人民共和国外国中央银行财产司法强制措施豁免法》。

全国人民代表大会常务委员会关于增加《中华人民共和国澳门特别行政区基本法》附件三所列全国性法律的决定

（2017 年 11 月 4 日第十二届全国人民代表大会常务委员会第三十次会议通过）

第十二届全国人民代表大会常务委员会第三十次会议决定：在《中华人民共和国澳门特别行政区基本法》附件三中增加全国性法律《中华人民共和国国歌法》。

全国人大常委会关于
澳门基本法的解释

全国人民代表大会常务委员会关于《中华人民共和国澳门特别行政区基本法》附件一第七条和附件二第三条的解释

(2011 年 12 月 31 日第十一届全国人民代表大会常务委员会第二十四次会议通过)

第十一届全国人民代表大会常务委员会第二十四次会议审议了委员长会议关于提请审议《全国人民代表大会常务委员会关于〈中华人民共和国澳门特别行政区基本法〉附件一第七条和附件二第三条的解释（草案）》的议案。经征询全国人民代表大会常务委员会澳门特别行政区基本法委员会的意见，全国人民代表大会常务委员会决定，根据《中华人民共和国宪法》第六十七条第四项和《中华人民共和国澳门特别行政区基本法》第一百四十三条第一款的规定，对《中华人民共和国澳门特别行政区基本法》附件一《澳门特别行政区行政长官的产生办法》第七条"二〇〇九年及以后行政长官的产生办法如需修改，须经立法会全体议员三分之二多数通过，行政长官同意，并报全国人民代表大会常务委员会批准"的规定和附件二《澳门特别行政区立法会的产生办法》第三条"二〇〇九年及以后澳门特别行政区立法会的产生办法如需修改，须经立法会全体议员三分之二多数通过，行政长官同意，并报全国人民代表大会常务委员会备案"的规定，作如下解释：

一、上述两个附件中规定的二〇〇九年及以后行政长官的产生办法、立法会的产生办法"如需修改"，是指可以进行修改，也可以不进行修改。

二、上述两个附件中规定的须经立法会全体议员三分之二多数通过，行政长官同意，并报全国人民代表大会常务委员会批准或者备案，是指行政长官的产生办法和立法会的产生办法修改时必经的法律程序。只有经过上述程序，包括最后全国人民代表大会常务委员会依法批准或者备案，该修改方可生效。是否需要进行修改，澳门特别行政区行政长官应向全国人民代表大会常务委员会提出报告，由全国人民代表大会常务委员会依照《中华人民共和国澳门特别行政区基本法》第四十七条和第六十八条规定，根据澳门特别行政区的实际情况确定。修改行政长官产生办法和立法会产生办法的法案，应由澳门特别行政区政府向立法会提出。

三、上述两个附件中规定的行政长官的产生办法、立法会的产生办法如果不作修改，行政长官的产生办法仍适用附件一关于行政长官产生办法的规定；立法会的产生办法仍适用附件二关于立法会产生办法的规定。

现予公告。

全国人大及其常委会
涉澳决定

全国人民代表大会关于成立中华人民共和国澳门特别行政区基本法起草委员会的决定

（1988 年 4 月 13 日第七届全国人民代表大会第一次会议通过）

第七届全国人民代表大会第一次会议决定成立中华人民共和国澳门特别行政区基本法起草委员会，负责澳门特别行政区基本法的起草工作。

澳门特别行政区基本法起草委员会向全国人民代表大会负责，在全国人民代表大会闭会期间，向全国人民代表大会常务委员会负责。澳门特别行政区基本法起草委员会由包括澳门同胞在内的各方面的人士和专家组成，具体组成人员名单由全国人民代表大会常务委员会决定并公布。

中华人民共和国澳门特别行政区基本法起草委员会名单

（1988 年 9 月 5 日第七届全国人民代表大会常务委员会第三次会议通过）

主 任 委 员

姬鹏飞

副主任委员

胡　绳	王汉斌	马万祺
何鸿燊	雷洁琼（女）	钱伟长
何厚铧	薛寿生	李　后
周　鼎		

委　　　员（按姓名笔划排列）

万国权	马万祺	王汉斌
王叔文	毕漪文（女）	刘焯华
许崇德	孙琬钟	李成俊
李　后	李钟英	李　康
李裕民	肖蔚云	吴荣恪
吴建璠	何厚铧	何鸿燊
宋玉生	陈炳华	邵天任
武连元	林家骏	周小川
周　南	周　鼎	经叔平
项淳一	赵汝能	胡厚诚
胡　绳	柯　平	饶不辱
勇龙桂	钱伟长	郭丰民

诸　桦(女)	姬鹏飞	黄汉强
曹其真(女)	崔德祺	康冀民
彭清源	鲁平	雷洁琼(女)
廖泽云	黎祖智	薛寿生

秘 书 长

　　鲁　平

副秘书长

　　诸　桦(女)　　胡厚诚

全国人民代表大会常务委员会决定

（1990 年 6 月 28 日通过）

　　第七届全国人民代表大会常务委员会第十四次会议审议了澳门特别行政区基本法起草委员会主任委员姬鹏飞关于澳门特别行政区基本法起草委员会委员任免的报告，决定：

　　一、免去周鼎的澳门特别行政区基本法起草委员会委员和副主任委员职务。

　　二、免去周南、郭丰民的澳门特别行政区基本法起草委员会委员职务。

　　三、增补郭东坡为澳门特别行政区基本法起草委员会委员和副主任委员。

　　四、增补田曾佩、陈滋英为澳门特别行政区基本法起草委员会委员。

全国人民代表大会常务委员会决定

（1991 年 9 月 4 日通过）

　　第七届全国人民代表大会常务委员会第二十一次会议审议了澳门特别行政区基本法起草委员会主任委员姬

鹏飞关于澳门特别行政区基本法起草委员会委员任免的报告,决定:

一、免去薛寿生的澳门特别行政区基本法起草委员会委员和副主任委员职务。

二、免去胡厚诚的澳门特别行政区基本法起草委员会委员和副秘书长职务。

三、免去黎祖智的澳门特别行政区基本法起草委员会委员职务。

四、增补宗光耀为澳门特别行政区基本法起草委员会委员和副秘书长。

五、增补罗立文为澳门特别行政区基本法起草委员会委员。

全国人民代表大会关于设立中华人民共和国澳门特别行政区的决定

（1993 年 3 月 31 日第八届全国人民代表大会第一次会议通过）

第八届全国人民代表大会第一次会议根据《中华人民共和国宪法》第三十一条和第六十二条第十三项的规定，决定：

一、自 1999 年 12 月 20 日起设立澳门特别行政区。

二、澳门特别行政区的区域包括澳门半岛、氹仔岛和路环岛。澳门特别行政区的行政区域图由国务院另行公布。

全国人民代表大会关于
《中华人民共和国澳门特别
行政区基本法》的决定

（1993 年 3 月 31 日第八届全国人民代表大会第一次会议通过）

第八届全国人民代表大会第一次会议通过《中华人民共和国澳门特别行政区基本法》，包括附件一：《澳门特别行政区行政长官的产生办法》，附件二：《澳门特别行政区立法会的产生办法》，附件三：《在澳门特别行政区实施的全国性法律》，以及澳门特别行政区区旗和区徽图案。《中华人民共和国宪法》第三十一条规定："国家在必要时得设立特别行政区。在特别行政区内实行的制度按照具体情况由全国人民代表大会以法律规定。"澳门特别行政区基本法是根据《中华人民共和国宪法》按照澳门的具体情况制定的，是符合宪法的。澳门特别行政区设立后实行的制度、政策和法律，以澳门特别行政区基本法为依据。

《中华人民共和国澳门特别行政区基本法》自 1999 年 12 月 20 日起实施。

全国人民代表大会关于批准澳门特别行政区基本法起草委员会关于设立全国人民代表大会常务委员会澳门特别行政区基本法委员会的建议的决定

（1993年3月31日第八届全国人民代表大会第一次会议通过）

第八届全国人民代表大会第一次会议决定：

一、批准澳门特别行政区基本法起草委员会关于设立全国人民代表大会常务委员会澳门特别行政区基本法委员会的建议。

二、在《中华人民共和国澳门特别行政区基本法》实施时，设立全国人民代表大会常务委员会澳门特别行政区基本法委员会。

附：

澳门特别行政区基本法起草委员会关于设立全国人民代表大会常务委员会澳门特别行政区基本法委员会的建议

一、名称：全国人民代表大会常务委员会澳门特别行政区基本法委员会。

二、隶属关系：是全国人民代表大会常务委员会下设的工作委员会。

三、任务：就有关澳门特别行政区基本法第十七条、第十八条、第一百四十三条、第一百四十四条实施中问题进行研究，并向全国人民代表大会常务委员会提供意见。

四、组成：成员十人，由全国人民代表大会常务委员会任命内地和澳门人士各五人组成，其中包括法律界人士，任期五年。澳门委员须由在外国无居留权的澳门特别行政区永久性居民中的中国公民担任，由澳门特别行政区行政长官、立法会主席和终审法院院长联合提名，报全国人民代表大会常务委员会任命。

全国人民代表大会常务委员会关于《中华人民共和国澳门特别行政区基本法》葡萄牙文本的决定

（1993 年 7 月 2 日第八届全国人民代表大会常务委员会第二次会议通过）

第八届全国人民代表大会常务委员会第二次会议决定：全国人民代表大会法律委员会主持审定的《中华人民共和国澳门特别行政区基本法》葡萄牙文译本为正式葡文本，和中文本同样使用；葡文本中的用语的含义如果有与中文本有出入的，以中文本为准。

全国人民代表大会澳门特别行政区筹备委员会组成人员名单

（1998 年 4 月 29 日第九届全国人民代表大会常务委员会第二次会议通过）

主任委员

钱其琛

副主任委员

谢　非	马万祺	廖　晖
王启人	王英凡	何厚铧
吴　福	曹其真（女）	何鸿燊

委　　员（按姓名笔划排列）

丁人林	马万祺	马有礼
王启人	王孝行	王英凡
王雪冰	区宗杰	区金蓉（女）
叶一新	田期玉	吕聪敏
朱祖寿	乔晓阳	刘本立
刘明康	刘炎新	刘焯华
刘羡冰（女）	刘　镇	安　民
许世元	许和震	许崇德
许辉年	汤炳权	李水林
李　冰	李成俊	李延龄
李荣融	李　康	杨允中
杨秀雯（女）	杨俊文	肖蔚云
吴仕明	吴立胜	吴建璠

吴荣恪	吴　福	何玉棠
何美华（女）	何厚铧	何鸿燊
张伟超	张伟智	张廷翰
岑玉霞（女）	陆　昌	陈邦柱
陈佐洱	陈炳华	陈振华
陈滋英	邵天任	林笑云（女）
欧安利	罗立文	罗永源
周礼杲	郑秀明（女）	孟学农
赵燕芳（女）	柯小刚	柯为湘
柯正平	贺定一（女）	骆伟建
钱其琛	高开贤	唐志坚
唐坚谋	唐树备	唐星樵
黄龙云	黄汉强	黄如楷
曹其真（女）	崔世昌	崔德祺
梁庆庭	梁　宋	梁秀珍（女）
梁披云	梁金泉	韩肇康
释健钊	谢后和	谢　非
蓝钦文	甄瑞文	鲍马壮
廖泽云	廖　晖	谭民权
谭伯源	黎振强	颜延龄
潘汉荣		

秘　书　长

陈滋英

副秘书长

李水林	谢后和	贺定一（女）

全国人民代表大会常务委员会关于根据《中华人民共和国澳门特别行政区基本法》第一百四十五条处理澳门原有法律的决定

(1999 年 10 月 31 日第九届全国人民代表大会常务委员会第十二次会议通过)

《中华人民共和国澳门特别行政区基本法》(以下简称《基本法》)第一百四十五条规定:"澳门特别行政区成立时,澳门原有法律除由全国人民代表大会常务委员会宣布为同本法抵触者外,采用为澳门特别行政区法律,如以后发现有的法律与本法抵触,可依照本法规定和法定程序修改或停止生效。"第八条规定:"澳门原有的法律、法令、行政法规和其他规范性文件,除同本法相抵触或经澳门特别行政区的立法机关或其他有关机关依照法定程序作出修改者外,予以保留。"第九届全国人民代表大会常务委员会第十二次会议根据上述规定,审议了全国人民代表大会澳门特别行政区筹备委员会关于处理澳门原有法律问题的建议,决定如下:

一、澳门原有的法律、法令、行政法规和其他规范性文件,除同《基本法》抵触者外,采用为澳门特别行政区法律。

二、列于本决定附件一的澳门原有法律抵触《基本法》,不采用为澳门特别行政区法律。

三、列于本决定附件二的澳门原有法律抵触《基本法》，不采用为澳门特别行政区法律，但澳门特别行政区在制定新的法律前，可按《基本法》规定的原则和参照原有做法处理有关事务。

四、列于本决定附件三的澳门原有法律中抵触《基本法》的部分条款，不采用为澳门特别行政区法律。

五、采用为澳门特别行政区法律的澳门原有法律，自1999年12月20日起，在适用时，应作出必要的变更、适应、限制或例外，以符合中华人民共和国对澳门恢复行使主权后澳门的地位和《基本法》的有关规定。

除符合上述原则外，澳门原有法律中：

（一）序言和签署部分不予保留，不作为澳门特别行政区法律的组成部分。

（二）规定与澳门特别行政区有关的外交事务的原有法律，如与在澳门特别行政区实施的全国性法律不一致，应以全国性法律为准，并符合中央人民政府享有的国际权利和承担的国际义务。

（三）任何给予葡萄牙特权待遇的规定不予保留，但有关澳门与葡萄牙之间互惠性规定不在此限。

（四）有关土地所有权的规定，依照《基本法》第七条的规定解释。

（五）有关葡文的法律效力高于中文的规定，应解释为中文和葡文都是正式语文；有关要求必须使用葡文或同时使用葡文和中文的规定，依照《基本法》第九条的规定办理。

（六）凡体现因葡萄牙对澳门的管治而引致不公平的原有有关专业、执业资格的规定，在澳门特别行政区对其作出修改前，可作为过渡安排，依照《基本法》第一百二十九条的规定参照适用。

（七）有关从澳门以外聘请的葡籍和其他外籍公务人员的身份和职务的规定，均依照《基本法》第九十九条的规定解释。

（八）在条款中引用葡萄牙法律的规定，如不损害中华人民共和国的主权和不抵触《基本法》的规定，在澳门特别行政区对其作出修改前，可作为过渡安排，继续参照适用。

六、在符合第五条规定的条件下，采用为澳门特别行政区法律的澳门原有法律，除非文意另有所指，对其中的名称或词句的解释或适用，须遵循本决定附件四所规定的替换原则。

七、采用为澳门特别行政区法律的澳门原有法律，如以后发现与《基本法》相抵触者，可依照《基本法》的规定和法定程序修改或停止生效。

原适用于澳门的葡萄牙法律，包括葡萄牙主权机构专为澳门制定的法律，自 1999 年 12 月 20 日起，在澳门特别行政区停止生效。

附件一

澳门原有法律中的下列法律、法令及其他规范性文件抵触《基本法》，不采用为澳门特别行政区法律：

1. 关于订定进入公职及晋升的语文知识水平的第5/90/M 号法律；

2.《澳门立法会选举制度》——第 4/91/M 号法律；

3.《议员章程》及其修订（第 7/93/M 号法律、第 10/93/M 号法律、第 1/95/M 号法律）；

4. 关于设立多种勋章以嘉奖为本地区作出重要行为的第 42/82/M 号法令和第 36/89/M 号法令；

5. 关于确定与外国公共实体谈判涉及本地区公共行政之合同或协议之主管实体的第 58/84/M 号法令；

6. 关于葡萄牙远东传教士退休制度的第 81/88/M 号法令和第 10/92/M 号法令；

7.《咨询委员会之通则及选举制度》——第 51/91/M 号法令；

8. 关于核准在澳门批给及发出护照之规章的第 11/92/M 号法令；

9. 关于规范澳门司法体制的第 17/92/M 号法令、第 18/92/M 号法令、第 55/92/M 号法令、第 45/96/M 号法令、第 28/97/M 号法令、第 8/98/M 号法令和第 10/99/M 号法令；

10. 关于澄清《澳门公共行政人员通则》第 13 条第 1 款规定之适用范围的第 5/93/M 号法令；

11. 关于对葡萄牙总统授予澳门法院终审权及专属审判权之声明之相关问题作出解释的第 20/99/M 号法令；

12.《立法会章程》——第 1/93/M 号立法会决议。

附件二

澳门原有法律中的下列法律、法令抵触《基本法》，不采用为澳门特别行政区法律，但澳门特别行政区在制定新的法律前，可按《基本法》规定的原则和参照原有做法处理有关事务：

1. 关于规范澳门水域公产制度的第 6/86/M 号法律；

2. 关于确定向葡萄牙共和国招聘前来澳门执行职务人员章程的第 60/92/M 号法令和第 37/95/M 号法令；

3. 关于核准发出澳门居民身份证之新制度的第 19/99/M 号法令。

附件三

澳门原有法律中下列法律、法令的部分条款抵触《基本法》,不采用为澳门特别行政区法律:

1.《核准土地法》(第 6/80/M 号法律)中有关出售土地以及对不动产所有权享有权利能力的葡萄牙公法人有权取得对土地占有或使用的特别准照的条款;

2.《选民登记》(第 10/88/M 号法律)第 18 条第 5 款;

3.《市政区法律制度》(第 24/88/M 号法律)中体现市政机构具有政权性质的条款;

4. 关于视听广播法律制度的第 8/89/M 号法律第 59 条第 1 款和第 60 条第 1 款;

5.《反贪污暨反行政违法性高级专员公署》(第 11/90/M 号法律)第 2 条、第 17 条和第 41 条;

6. 第 1/96/M 号法律对《澳门立法会选举制度》的修改;

7. 关于订定本地区总预算及公共会计表的编制与执行、管理及业务帐目的编制以及澳门公共行政领域财务活动的稽查规则的第 41/83/M 号法令第 10 条第 1 款、第 21 条第 2 款;

8. 关于为儿童、青年、老人、残疾人士或一般居民开展社会援助活动的社会设施应遵守的一般条件的第 90/88/M 号法令第 30 条;

9. 关于将贩卖及使用麻醉品视为刑事行为以及提倡反吸毒措施的第 5/91/M 号法令第 38 条、第 42 条适用葡萄牙引渡法律的规定;

10. 关于修改建立保安部队方面规定的第 19/92/M 号法令第 1 条;

11.《道路法典》(第 16/93/M 号法令)第 50 条第 1 款 D 项;

12. 关于重组行政暨公职司组织架构的第23/94/M号法令第14条A项为葡萄牙共和国选举和选民登记提供技术辅助的规定；

13. 关于重组水警稽查队组织架构的第2/95/M号法令第44条"纪念日"的规定；

14. 关于重组治安警察厅组织架构的第3/95/M号法令第69条"纪念日"的规定；

15. 关于重组消防队组织架构的第4/95/M号法令第41条"纪念日"的规定；

16. 关于核准澳门港务局组织法规的第15/95/M号法令第19条第5款；

17. 关于调整《澳门公共行政工作人员通则》附表的第17/95/M号法令附表五、六关于"军职人员"的规定；

18. 关于修改入境、逗留及在澳门定居的一般制度的第55/95/M号法令第5条第2款B项。

附件四

采用为澳门特别行政区法律的澳门原有法律中的名称或词句在解释或适用时一般须遵循以下替换原则：

1. 任何提及"葡萄牙"、"葡国"、"葡国政府"、"共和国"、"共和国总统"、"共和国政府"、"政府部长"等相类似名称或词句的条款，如该条款内容涉及《基本法》所规定的中央管理的事务和中央与澳门特别行政区的关系，则该等名称或词句应相应地解释为中国、中央或国家其它主管机关，其它情况下应解释为澳门特别行政区政府。

2. 任何"澳门"、"澳门地区"、"本地区"、"澳门法区"等名称应解释为"澳门特别行政区"。任何有关澳门特别行政区区域的表述应依照国务院颁布的澳门特别行政区区域图作出相应解释后适用。

3. 任何"澳门法区法院"、"普通管辖法院"、"平政院"、"高等法院"及"检察官公署"等名称或词句应相应地解释为澳门特别行政区法院、初级法院、行政法院、中级法院及检察院。

4. 任何"总督"、"澳督"名称应解释为澳门特别行政区行政长官。

5. 任何有关立法会、司法机关或行政机关及其人员的名称或词句应相应地依照基本法的有关规定进行解释和适用。

6. 任何"中华人民共和国"、"中国"、"国家"等相类似的名称或词句，应解释为包括台湾、香港和澳门在内的中华人民共和国；任何单独或同时提及大陆、台湾、香港和澳门的名称或词句，应相应地将其解释为中华人民共和国的一个组成部分。

7. 任何"外国"、"其他国家"等相类似的名称或词句，应解释为中华人民共和国以外的任何国家或地区，或者根据该项法律或条款的内容解释为"澳门特别行政区以外的任何地方";任何"外籍人士"等相类似的名称或词句,应解释为中华人民共和国公民以外的任何人士。

8. 任何"审计法院"和"反贪污暨反行政违法性高级专员公署"等类似的名称或词句,应解释为"审计署"和"廉政公署"。

全国人民代表大会常务委员会关于批准《全国人民代表大会澳门特别行政区筹备委员会工作情况的报告》和全国人民代表大会澳门特别行政区筹备委员会结束工作的建议的决定

(1999 年 12 月 25 日第九届全国人民代表大会常务委员会第十三次会议通过)

第九届全国人民代表大会常务委员会第十三次会议审议了全国人大澳门特别行政区筹委会主任委员钱其琛所作的《全国人民代表大会澳门特别行政区筹备委员会工作情况的报告》和《全国人民代表大会澳门特别行政区筹备委员会关于建议筹委会结束工作的报告》。会议认为，全国人民代表大会澳门特别行政区筹备委员会自 1998 年 5 月 5 日成立以来，按照《中华人民共和国澳门特别行政区基本法》和全国人民代表大会及其常务委员会的有关规定，做了大量的、卓有成效的工作，经过全体成员的共同努力，圆满地完成了筹备成立澳门特别行政区的各项工作。会议决定，批准《全国人民代表大会澳门特别行政区筹备委员会工作情况的报告》；批准全国人民代表大会澳门特别行政区筹备委员会关于筹委会结束工作的建议。

全国人民代表大会常务委员会
关于授权澳门特别行政区
对设在横琴岛的澳门大学
新校区实施管辖的决定

（2009 年 6 月 27 日第十一届全国人民代表大会常务委员会第九次会议通过）

第十一届全国人民代表大会常务委员会第九次会议审议了国务院关于提请审议授权澳门特别行政区对横琴岛澳门大学新校区实施管辖的议案。全国人民代表大会常务委员会决定：

一、授权澳门特别行政区自横琴岛澳门大学新校区启用之日起，在本决定第三条规定的期限内对该校区依照澳门特别行政区法律实施管辖。

横琴岛澳门大学新校区与横琴岛的其他区域隔开管理，具体方式由国务院规定。

二、横琴岛澳门大学新校区位于广东省珠海市横琴口岸南侧，横琴岛环岛东路和十字门水道西岸之间，用地面积为 1.0926 平方千米。具体界址由国务院确定。

在本决定第三条规定的期限内不得变更该校区土地的用途。

三、澳门特别行政区政府以租赁方式取得横琴岛澳门大学新校区的土地使用权，租赁期限自该校区启用之日起至 2049 年 12 月 19 日止。租赁期限届满，经全国人民代表大会常务委员会决定，可以续期。

全国人民代表大会常务委员会关于澳门特别行政区2013年立法会产生办法和2014年行政长官产生办法有关问题的决定

(2012年2月29日第十一届全国人民代表大会常务委员会第二十五次会议通过)

第十一届全国人民代表大会常务委员会第二十五次会议审议了澳门特别行政区行政长官崔世安2012年2月7日提交的《关于澳门特别行政区2013年立法会产生办法和2014年行政长官产生办法是否需要修改的报告》,并在会前征询了国务院港澳事务办公室的意见。

会议认为,《中华人民共和国澳门特别行政区基本法》(以下简称澳门基本法)第四十七条已明确规定,澳门特别行政区行政长官在当地通过选举或协商产生,由中央人民政府任命。澳门基本法第六十八条已明确规定,立法会多数议员由选举产生。有关澳门特别行政区行政长官产生办法和立法会产生办法的任何修改,都应当符合澳门基本法的上述规定,并遵循从澳门的实际情况出发,有利于保持澳门特别行政区基本政治制度的稳定,有利于行政主导政治体制的有效运作,有利于兼顾澳门社会各阶层各界别的利益,有利于保持澳门的长期繁荣稳定和发展等原则。

会议认为,澳门基本法附件一第一条关于行政长官由一个具有广泛代表性的选举委员会选举产生的规定，澳门基本法附件二第一条关于立法会由直接选举的议员、间接选举的议员和委任的议员三部分组成的规定，是符合上述原则的基本制度安排，并得到澳门社会各界的普遍肯定和认同，应当长期保持不变。同时，为适应澳门社会的发展进步，有需要对 2013 年立法会产生办法和 2014 年行政长官产生办法作出适当的修改。

鉴此，全国人大常委会依据澳门基本法的有关规定和《全国人民代表大会常务委员会关于〈中华人民共和国澳门特别行政区基本法〉附件一第七条和附件二第三条的解释》，对澳门特别行政区 2013 年立法会产生办法和 2014 年行政长官产生办法决定如下：

一、澳门基本法附件一第一条关于行政长官由一个具有广泛代表性的选举委员会选举产生的规定维持不变，澳门基本法附件二第一条关于第三届及以后各届立法会由直接选举的议员、间接选举的议员和委任的议员三部分组成的规定维持不变。

二、在不违反本决定第一条的前提下，2013 年澳门特别行政区立法会产生办法和 2014 年澳门特别行政区行政长官产生办法，可按照澳门基本法第四十七条、第六十八条和附件一第七条、附件二第三条的规定作出适当修改。

全国人民代表大会常务委员会
关于授权澳门特别行政区
对横琴口岸澳方口岸区
及相关延伸区实施管辖的决定

(2019 年 10 月 26 日第十三届全国人民代
表大会常务委员会第十四次会议通过)

第十三届全国人民代表大会常务委员会第十四次会议审议了国务院关于提请审议授权澳门特别行政区对横琴口岸澳方口岸区及相关延伸区实施管辖的议案。

会议认为，为了实现澳门特别行政区与广东省珠海市之间基础设施的互联互通，为两地之间的交通运输、人员往来和经贸活动提供便利，有必要在位于广东省珠海市横琴岛的横琴口岸内设立澳方口岸区。全国人民代表大会常务委员会决定：

一、授权澳门特别行政区自横琴口岸澳方口岸区及相关延伸区启用之日起，在本决定第三条规定的期限内对该区域依照澳门特别行政区法律实施管辖。

二、授权澳门特别行政区实施管辖的区域包括横琴口岸澳方口岸区，莲花大桥和澳门大学连接横琴口岸通道桥相关部分(桥墩除外)，以及澳门轻轨延伸至横琴口岸的预留空间，该预留空间用于建设行车隧道、站台以及连接站台和澳门特别行政区管辖区域的封闭通道等轻轨设施。上述区域根据实际情况分段启用。有关区域具体启用日期，以及具体坐标和面积，由国务院确定。在本决定第三条规定的期限内不得变更上述区域的用途。

三、澳门特别行政区政府以租赁方式取得横琴口岸澳方口岸区及相关延伸区的使用权，租赁期限自有关区域启用之日起至 2049 年 12 月 19 日止。租赁期限届满，经全国人民代表大会常务委员会决定，可以续期。

全国人民代表大会常务委员会关于授权国务院在粤港澳大湾区内地九市开展香港法律执业者和澳门执业律师取得内地执业资质和从事律师职业试点工作的决定

（2020 年 8 月 11 日第十三届全国人民代表大会常务委员会第二十一次会议通过）

（同全国人大及其常委会涉港决定，见第 186 页）

中华人民共和国
澳门特别行政区选举
第十四届全国人民代表
大会代表的办法

（2022 年 3 月 11 日第十三届全国人民代表大会第五次会议通过）

第一条 根据《中华人民共和国宪法》、《中华人民共和国澳门特别行政区基本法》以及《中华人民共和国全国人民代表大会和地方各级人民代表大会选举法》的规定，结合澳门特别行政区的实际情况，制定本办法。

第二条 澳门特别行政区选举第十四届全国人民代表大会代表由全国人民代表大会常务委员会主持。

第三条 澳门特别行政区应选第十四届全国人民代表大会代表的名额为 12 名。

第四条 澳门特别行政区选举的全国人民代表大会代表必须是年满十八周岁的澳门特别行政区居民中的中国公民。

第五条 澳门特别行政区成立第十四届全国人民代表大会代表选举会议。选举会议由参加过澳门特别行政区第十三届全国人民代表大会代表选举会议的人员，以及不是上述人员的澳门特别行政区居民中的中国人民政治协商会议第十三届全国委员会委员、澳门特别行政区第五任行政长官选举委员会委员中的中国公民和澳门特别行政区第七届立法会议员中的中国公民组成。但本人提出不愿参加的除外。

澳门特别行政区行政长官为澳门特别行政区第十四届全国人民代表大会代表选举会议的成员。

选举会议成员名单由全国人民代表大会常务委员会公布。

第六条 选举会议第一次会议由全国人民代表大会常务委员会召集，根据全国人民代表大会常务委员会委员长会议的提名，推选 11 名选举会议成员组成主席团。主席团从其成员中推选常务主席一人。

主席团主持选举会议。主席团常务主席主持主席团会议。

第七条 选举会议举行全体会议，须有过半数成员出席。

第八条 选举会议成员以个人身份参加选举会议，并以个人身份履行职责。

选举会议成员应出席选举会议，如有特殊原因不能出席，应事先向主席团书面请假。

选举会议成员不得直接或者间接地索取、接受参选人和候选人的贿赂，不得直接或者间接地谋取其他任何利益，不得直接或者间接地以利益影响他人在选举中对参选人和候选人所持的立场。

第九条 选举日期由选举会议主席团确定。

第十条 全国人民代表大会代表候选人由选举会议成员 15 人以上提名。每名选举会议成员提名的代表候选人不得超过 12 名。

选举会议成员提名他人为代表候选人，应填写《中华人民共和国澳门特别行政区第十四届全国人民代表大会代表候选人提名信》。

第十一条 年满十八周岁的澳门特别行政区居民中的中国公民，凡有意参选第十四届全国人民代表大会代表的，应领取和填写《中华人民共和国澳门特别行政区第十四届全国人民代表大会代表参选人登记表》。在提名截止日期以前，送交参选人登记表和 15 名以上选举会议成员分别填写的候选人提名信。

选举会议成员本人参选的，需要由其他15名以上选举会议成员为其填写候选人提名信。

参选人在登记表中应当作出声明：拥护中华人民共和国宪法和澳门特别行政区基本法，拥护"一国两制"方针政策，效忠中华人民共和国和澳门特别行政区；未直接或者间接接受外国机构、组织、个人提供的与选举有关的任何形式的资助。参选人须对所填事项的真实性负责。

任何人因危害国家安全被法院判决有罪的，即丧失参加全国人民代表大会代表选举的资格。

第十二条 代表候选人的提名时间由选举会议主席团确定。

第十三条 选举会议主席团公布第十四届全国人民代表大会代表候选人名单和简介，并印发给选举会议全体成员。

主席团公布代表候选人名单后，选举会议成员可以查阅代表候选人的提名情况。

在选举日之前，对违反本办法第十一条规定的登记表所声明内容，或者因危害国家安全被法院判决有罪的参选人，经过审查核实，由主席团决定不将其列入候选人名单或者从候选人名单中除名。

第十四条 选举会议选举第十四届全国人民代表大会代表的候选人应多于应选名额，进行差额选举。

第十五条 选举会议选举第十四届全国人民代表大会代表采用无记名投票的方式。

选举会议进行选举时，所投的票数多于投票人数的无效，等于或者少于投票人数的有效。

每一选票所选的人数，等于应选代表名额的有效，多于或者少于应选代表名额的作废。

第十六条 代表候选人获得参加投票的选举会议成员过半数的选票时，始得当选。

获得过半数选票的代表候选人的人数超过应选代表

名额时，以得票多的当选。如遇票数相等不能确定当选人时，应当就票数相等的候选人再次投票，以得票多的当选。

获得过半数选票的当选代表的人数少于应选代表的名额时，不足的名额另行选举。另行选举时，根据在第一次投票时得票多少的顺序，按照候选人比应选名额多五分之一至二分之一的差额比例，由主席团确定候选人名单；如果只选一人，候选人应为二人。另行选举时，代表候选人获得参加投票的选举会议成员过半数的选票，始得当选。

第十七条 选举会议设总监票人一人、监票人若干人，由选举会议主席团在不是代表候选人的选举会议成员中提名，选举会议通过。总监票人和监票人对发票、投票、计票工作进行监督。

第十八条 在选举日不得进行拉票活动。

选举会议举行全体会议进行投票。会场按座区设投票箱，选举会议成员按座区分别到指定的票箱投票。

投票时，首先由总监票人、监票人投票，然后主席团成员和选举会议其他成员按顺序投票。

选举会议成员不得委托他人投票。

第十九条 计票完毕，总监票人向主席团报告计票结果。选举结果由主席团予以宣布，并报全国人民代表大会常务委员会代表资格审查委员会。

选举会议主席团向全国人民代表大会常务委员会代表资格审查委员会报送选举结果前，发现当选人违反本办法第十一条规定的登记表所声明内容的，或者因危害国家安全被法院判决有罪的，应当在向全国人民代表大会常务委员会代表资格审查委员会报送选举结果的同时，提出当选人违反登记表所声明内容或者因危害国家安全被法院判决有罪的情况的报告。代表资格审查委员会经审查核实后，应当向全国人民代表大会常务委员会提出确定代表当选无效的报告。

全国人民代表大会常务委员会根据代表资格审查委员会提出的报告,确认代表的资格或者确定代表的当选无效,并公布代表名单。

第二十条 选举会议主席团接受与选举第十四届全国人民代表大会代表有关的投诉,并转报全国人民代表大会常务委员会代表资格审查委员会处理。

第二十一条 澳门特别行政区第十四届全国人民代表大会代表可以向全国人民代表大会常务委员会书面提出辞职,由全国人民代表大会常务委员会决定接受辞职后予以公告。

第二十二条 澳门特别行政区第十四届全国人民代表大会代表违反本办法第十一条规定的登记表所声明内容的,或者因危害国家安全被法院判决有罪的,由全国人民代表大会常务委员会代表资格审查委员会提出终止其代表资格的意见,全国人民代表大会常务委员会根据代表资格审查委员会的意见,确定终止其代表资格,并予以公告。

第二十三条 澳门特别行政区第十四届全国人民代表大会代表因故出缺,由选举澳门特别行政区第十四届全国人民代表大会代表时未当选的代表候选人,按得票多少顺序依次递补,但是被递补为全国人民代表大会代表的候选人的得票数不得少于选票的三分之一。全国人民代表大会常务委员会根据代表资格审查委员会提出的报告,确认递补的代表资格,公布递补的代表名单。

选举第十四届全国人民代表大会代表时,在未当选的代表候选人中,如遇票数相等不能确定代表出缺时的递补顺序,由主席团决定就票数相等的候选人再次投票,按得票多少确定递补顺序。

全国人民代表大会常务委员会关于延长授权国务院在粤港澳大湾区内地九市开展香港法律执业者和澳门执业律师取得内地执业资质和从事律师职业试点工作期限的决定

（2023 年 9 月 1 日第十四届全国人民代表大会常务委员会第五次会议通过）

（同全国人大及其常委会涉港决定，见第 197 页）

全国人民代表大会常务委员会关于授权澳门特别行政区对广东省珠海市拱北口岸东南侧相关陆地和海域实施管辖的决定

（2023 年 12 月 29 日第十四届全国人民代表大会常务委员会第七次会议通过）

　　第十四届全国人民代表大会常务委员会第七次会议审议了国务院关于提请审议授权澳门特别行政区对广东省珠海市拱北口岸东南侧相关陆地和海域实施管辖的议案。

　　会议认为，授权澳门特别行政区对广东省珠海市拱北口岸东南侧相关陆地和海域实施管辖并用于澳门轻轨东线项目建设，有利于更好发挥项目的经济社会效益，加强澳门与内地基础设施互联互通，推动澳门更好融入国家发展大局。鉴此，全国人民代表大会常务委员会决定：

　　一、授权澳门特别行政区自国务院根据本决定第二条批复的移交管辖之日起，在本决定第三条规定的期限内对广东省珠海市拱北口岸东南侧相关陆地和海域依照澳门特别行政区法律实施管辖。

　　二、授权澳门特别行政区实施管辖的陆地和海域位于澳门特别行政区关闸广场与马场北大马路交界处北侧、广东省珠海市拱北隧道南侧、澳门特别行政区关闸澳门边检大楼东侧、广东省珠海市与澳门特别行政区海域分界线西侧。相关陆地和海域的移交管辖日期以及具体坐标和面积,由国务院确定。在本决定第三条规定的期限内不得变更上述区域的用途。

三、澳门特别行政区政府以租赁方式取得相关陆地和海域使用权,租赁期限自相关陆地和海域移交管辖之日起至 2049 年 12 月 19 日止。租赁期限届满,经全国人民代表大会常务委员会决定,可以续期。

在澳门特别行政区
实施的全国性法律

关于中华人民共和国国都、纪年、国歌、国旗的决议

(1949 年 9 月 27 日中国人民政治协商会议
第一届全体会议通过)

(同在香港特别行政区实施的全国性法律,见第
201 页)

关于中华人民共和国
国庆日的决议

（1949 年 12 月 2 日中央人民政府委员会第四次会议通过）

（同在香港特别行政区实施的全国性法律，见第 202 页）

中华人民共和国国籍法

（1980 年 9 月 10 日第五届全国人民代表大
会第三次会议通过　1980 年 9 月 10 日全国人
民代表大会常务委员会委员长令第八号公布）

（同在香港特别行政区实施的全国性法律，见第
205 页）

全国人民代表大会常务委员会关于《中华人民共和国国籍法》在澳门特别行政区实施的几个问题的解释

(1998 年 12 月 29 日第九届全国人民代表
大会常务委员会第六次会议通过)

根据《中华人民共和国澳门特别行政区基本法》第十八条和附件三的规定,《中华人民共和国国籍法》自 1999 年 12 月 20 日起在澳门特别行政区实施。考虑到澳门的历史背景和现实情况,对《中华人民共和国国籍法》在澳门特别行政区实施作如下解释:

一、凡具有中国血统的澳门居民,本人出生在中国领土(含澳门)者,以及其他符合《中华人民共和国国籍法》规定的具有中国国籍的条件者,不论其是否持有葡萄牙旅行证件或身份证件,都是中国公民。

凡具有中国血统但又具有葡萄牙血统的澳门特别行政区居民,可根据本人意愿,选择中华人民共和国国籍或葡萄牙共和国国籍。确定其中一种国籍,即不具有另一种国籍。上述澳门特别行政区居民,在选择国籍之前,享有澳门特别行政区基本法规定的权利,但受国籍限制的权利除外。

二、凡持有葡萄牙旅行证件的澳门中国公民,在澳门特别行政区成立后,可继续使用该证件去其他国家或地区旅行,但在澳门特别行政区和中华人民共和国其他地区不得因持有上述葡萄牙旅行证件而享有葡萄牙的领事保护的权利。

三、在外国有居留权的澳门特别行政区的中国公民，可使用外国政府签发的有关证件去其他国家或地区旅行，但在澳门特别行政区和中华人民共和国其他地区不得因持有上述证件而享有外国领事保护的权利。

四、在澳门特别行政区成立以前或以后从海外返回澳门的原澳门居民中的中国公民，若变更国籍，可凭有效证件向澳门特别行政区受理国籍申请的机关申报。

五、授权澳门特别行政区政府指定其有关机构根据《中华人民共和国国籍法》和以上规定对所有国籍申请事宜作出处理。

中华人民共和国
外交特权与豁免条例

（1986 年 9 月 5 日第六届全国人民代表大会常务委员会第十七次会议通过　1986 年 9 月 5 日中华人民共和国主席令第四十四号公布）

（同在香港特别行政区实施的全国性法律,见第 209 页）

中华人民共和国
领事特权与豁免条例

（1990 年 10 月 30 日第七届全国人民代表大会常务委员会第十六次会议通过　1990 年 10 月 30 日中华人民共和国主席令第三十五号公布）

（同在香港特别行政区实施的全国性法律，见第 222 页）

中华人民共和国国旗法

（1990 年 6 月 28 日第七届全国人民代表大会常务委员会第十四次会议通过　根据 2009 年 8 月 27 日第十一届全国人民代表大会常务委员会第十次会议《关于修改部分法律的决定》第一次修正　根据 2020 年 10 月 17 日第十三届全国人民代表大会常务委员会第二十二次会议《关于修改〈中华人民共和国国旗法〉的决定》第二次修正）

（同在香港特别行政区实施的全国性法律，见第 215 页）

中华人民共和国国徽法

(1991 年 3 月 2 日第七届全国人民代表大会常务委员会第十八次会议通过 根据 2009 年 8 月 27 日第十一届全国人民代表大会常务委员会第十次会议《关于修改部分法律的决定》第一次修正 根据 2020 年 10 月 17 日第十三届全国人民代表大会常务委员会第二十二次会议《关于修改〈中华人民共和国国徽法〉的决定》第二次修正)

(同在香港特别行政区实施的全国性法律,见第 228 页)

中华人民共和国
领海及毗连区法

（1992 年 2 月 25 日第七届全国人民代表大
会常务委员会第二十四次会议通过　1992 年 2 月
25 日中华人民共和国主席令第五十五号公布）

（同在香港特别行政区实施的全国性法律，见第
234 页）

中华人民共和国
专属经济区和大陆架法

（1998 年 6 月 26 日第九届全国人民代表大会常务委员会第三次会议通过　1998 年 6 月26 日中华人民共和国主席令第六号公布）

（同在香港特别行政区实施的全国性法律,见第243 页）

中华人民共和国
澳门特别行政区驻军法

（1999 年 6 月 28 日第九届全国人民代表大
会常务委员会第十次会议通过　1999 年 6 月
28 日中华人民共和国主席令第十八号公布）

目　　录

第一章　总　　则

第一条　为了保障中央人民政府派驻澳门特别行政区负责防务的军队依法履行职责，维护国家的主权、统一、领土完整和澳门的安全，根据宪法和澳门特别行政区基本法，制定本法。

第二条　中央人民政府派驻澳门特别行政区负责防务的军队，称中国人民解放军驻澳门部队（以下称澳门驻军）。

澳门驻军由中华人民共和国中央军事委员会领导，其部队组成、员额根据澳门特别行政区防务的需要确定。

澳门驻军实行人员轮换制度。

第三条　澳门驻军不干预澳门特别行政区的地方事务。澳门特别行政区政府在必要时，可以向中央人民政府请求澳门驻军协助维持社会治安和救助灾害。

第四条 澳门驻军人员除须遵守全国性的法律外，还须遵守澳门特别行政区的法律。

第五条 澳门驻军费用由中央人民政府负担。

第二章 澳门驻军的职责

第六条 澳门驻军履行下列防务职责：

（一）防备和抵抗侵略，保卫澳门特别行政区的安全；

（二）担负防卫勤务；

（三）管理军事设施；

（四）承办有关的涉外军事事宜。

第七条 在全国人民代表大会常务委员会决定宣布战争状态或者因澳门特别行政区内发生澳门特别行政区政府不能控制的危及国家统一或者安全的动乱而决定澳门特别行政区进入紧急状态时，澳门驻军根据中央人民政府决定在澳门特别行政区实施的全国性法律的规定履行职责。

第八条 澳门驻军的飞行器、舰船等武器装备和物资以及持有澳门驻军制发的证件或者证明文件的执行职务的人员和车辆，不受澳门特别行政区执法人员检查、搜查和扣押。

澳门驻军和澳门驻军人员并享有在澳门特别行政区实施的法律规定的其他权利和豁免。

第九条 澳门驻军人员对妨碍其执行职务的行为，可以依照在澳门特别行政区实施的法律的规定采取措施予以制止。

第三章 澳门驻军与澳门特别
行政区政府的关系

第十条 澳门特别行政区政府应当支持澳门驻军履行防务职责，保障澳门驻军和澳门驻军人员的合法权益。

澳门特别行政区以法律保障澳门驻军和澳门驻军人

员履行职责时应当享有的权利和豁免。

澳门特别行政区制定政策、拟定法案、草拟行政法规,涉及澳门驻军的,应当征求澳门驻军的意见。

第十一条 澳门驻军进行训练、演习等军事活动,涉及澳门特别行政区公共利益的,应当事先通报澳门特别行政区政府。

第十二条 澳门驻军和澳门特别行政区政府共同保护澳门特别行政区内的军事设施。

澳门驻军会同澳门特别行政区政府划定军事禁区。军事禁区的位置、范围由澳门特别行政区政府宣布。

澳门特别行政区政府应当协助澳门驻军维护军事禁区的安全,禁止任何组织或者个人破坏、危害军事设施。

澳门驻军以外的人员、车辆、船舶和飞行器未经澳门驻军最高指挥官或者其授权的军官批准,不得进入军事禁区。军事禁区的警卫人员有权依法制止擅自进入军事禁区和破坏、危害军事设施的行为。

澳门驻军对军事禁区内的自然资源、文物古迹以及非军事权益,应当依照澳门特别行政区的法律予以保护。

第十三条 澳门驻军的军事用地由澳门特别行政区政府无偿提供。

澳门驻军的军事用地,经中央人民政府批准不再用于防务目的的,无偿移交澳门特别行政区政府。

澳门特别行政区政府如需将澳门驻军的部分军事用地用于公共用途,必须经中央人民政府批准;经批准的,澳门特别行政区政府应当在中央人民政府同意的地点,为澳门驻军重新提供军事用地和军事设施,并负担所有费用。

第十四条 澳门特别行政区政府向中央人民政府请求澳门驻军协助维持社会治安和救助灾害并经中央人民政府批准后,澳门驻军根据中央军事委员会的命令派出部队执行协助维持社会治安和救助灾害的任务,任务完成后即返回驻地。

澳门驻军协助维持社会治安和救助灾害时,在澳门特别行政区政府的安排下,由澳门驻军最高指挥官或者其授权的军官实施指挥。

澳门驻军人员在协助维持社会治安和救助灾害时,行使与其执行任务相适应的澳门特别行政区法律规定的相关执法人员的权力。

第十五条 澳门驻军和澳门特别行政区政府应当建立必要的联系,协商处理与驻军有关的事宜。

第四章 澳门驻军人员的义务与纪律

第十六条 澳门驻军人员应当履行下列义务:

(一)忠于祖国,履行职责,维护祖国的安全、荣誉和利益,维护澳门的安全;

(二)遵守全国性的法律和澳门特别行政区的法律,遵守军队的纪律;

(三)尊重澳门特别行政区政权机构,尊重澳门特别行政区的社会制度和生活方式;

(四)爱护澳门特别行政区的公共财产和澳门居民及其他人的私有财产;

(五)遵守社会公德,讲究文明礼貌。

第十七条 澳门驻军人员不得参加澳门的政治组织、宗教组织和社会团体。

第十八条 澳门驻军和澳门驻军人员不得以任何形式从事营利性经营活动。澳门驻军人员并不得从事与军人职责不相称的其他任何活动。

第十九条 澳门驻军人员违反全国性的法律和澳门特别行政区的法律的,依法追究法律责任。

澳门驻军人员违反军队纪律的,给予纪律处分。

第五章 澳门驻军人员的司法管辖

第二十条 澳门驻军人员犯罪的案件由军事司法机关管辖;但是,澳门驻军人员非执行职务的行为,侵犯澳门居民、澳门驻军以外的其他人的人身权、财产权以及其他违反澳门特别行政区法律构成犯罪的案件，由澳门特别行政区司法机关管辖。

军事司法机关和澳门特别行政区司法机关对各自管辖的澳门驻军人员犯罪的案件，如果认为由对方管辖更为适宜，经双方协商一致后，可以移交对方管辖。

军事司法机关管辖的澳门驻军人员犯罪的案件中，涉及的被告人中的澳门居民、澳门驻军以外的其他人，由澳门特别行政区法院审判。

第二十一条　澳门特别行政区执法人员依法拘捕的涉嫌犯罪的人员，查明是澳门驻军人员的，应当移交澳门驻军羁押。被羁押的人员所涉及的案件，依照本法第二十条的规定确定管辖。

第二十二条　澳门驻军人员被澳门特别行政区法院判处剥夺或者限制人身自由的刑罚或者保安处分的，依照澳门特别行政区的法律规定送交执行；但是，澳门特别行政区有关执法机关与军事司法机关对执行的地点另行协商确定的除外。

第二十三条　澳门驻军人员违反澳门特别行政区的法律，侵害澳门居民、澳门驻军以外的其他人的民事权利的，当事人可以通过协商、调解解决；不愿通过协商、调解解决或者协商、调解不成的，被侵权人可以向法院提起诉讼。澳门驻军人员非执行职务的行为引起的民事侵权案件，由澳门特别行政区法院管辖；执行职务的行为引起的民事侵权案件，由中华人民共和国最高人民法院管辖，侵权行为的损害赔偿适用澳门特别行政区法律。

第二十四条　澳门驻军的机关或者单位在澳门特别行政区与澳门居民、澳门驻军以外的其他人发生合同纠纷时，当事人可以通过协商、调解解决。当事人不愿通过协商、调解解决或者协商、调解不成的，可以依据合同中的仲裁条款或者事后达成的书面仲裁协议，向仲裁机构申请仲裁。当事人没有在合同中订立仲裁条款，事后又没有达成书面仲裁协议的,可以向澳门特别行政区法院提起诉讼;但是,当事人对提起诉讼的法院另有约定的除外。

第二十五条 在澳门特别行政区法院的诉讼活动中,澳门驻军对澳门驻军人员身份、执行职务的行为等事实发出的证明文件为有效证据。但是,相反证据成立的除外。

第二十六条 澳门驻军的国防等国家行为不受澳门特别行政区法院管辖。

第二十七条 澳门特别行政区法院作出的判决、裁定涉及澳门驻军的机关或者单位的财产执行的,澳门驻军的机关或者单位必须履行;但是,澳门特别行政区法院不得对澳门驻军的武器装备、物资和其他财产实施强制执行。

第二十八条 军事司法机关可以与澳门特别行政区司法机关和有关执法机关通过协商进行司法方面的联系和相互提供协助。

第六章 附 则

第二十九条 本法的解释权属于全国人民代表大会常务委员会。

第三十条 本法自 1999 年 12 月 20 日起施行。

中华人民共和国
外国中央银行财产
司法强制措施豁免法

（2005 年 10 月 25 日第十届全国人民代表大会常务委员会第十八次会议通过　2005 年 10 月 25 日中华人民共和国主席令第四十一号公布）

（同在香港特别行政区实施的全国性法律，见第 247 页）

中华人民共和国国歌法

（2017年9月1日第十二届全国人民代表大会常务委员会第二十九次会议通过　2017年9月1日中华人民共和国主席令第七十五号公布）

（同在香港特别行政区实施的全国性法律，见第248页）

参 研 文 件

中华人民共和国香港特别行政区基本法附件一香港特别行政区行政长官的产生办法

（1990 年 4 月 4 日第七届全国人民代表大会第三次会议通过　根据 2021 年 3 月 30 日第十三届全国人民代表大会常务委员会第二十七次会议修订的《中华人民共和国香港特别行政区基本法附件一香港特别行政区行政长官的产生办法》不再施行）

一、行政长官由一个具有广泛代表性的选举委员会根据本法选出，由中央人民政府任命。

二、选举委员会委员共 800 人，由下列各界人士组成：

工商、金融界	200 人
专业界	200 人
劳工、社会服务、宗教等界	200 人
立法会议员、区域性组织代表、香港地区全国人大代表、香港地区全国政协委员的代表	200 人

选举委员会每届任期五年。

三、各个界别的划分，以及每个界别中何种组织可以产生选举委员的名额，由香港特别行政区根据民主、开放的原则制定选举法加以规定。

各界别法定团体根据选举法规定的分配名额和选举办法自行选出选举委员会委员。

选举委员以个人身份投票。

四、不少于一百名的选举委员可联合提名行政长官候选人。每名委员只可提出一名候选人。

五、选举委员会根据提名的名单，经一人一票无记名投票选出行政长官候任人。具体选举办法由选举法规定。

六、第一任行政长官按照《全国人民代表大会关于香港特别行政区第一届政府和立法会产生办法的决定》产生。

七、二〇〇七年以后各任行政长官的产生办法如需修改，须经立法会全体议员三分之二多数通过，行政长官同意，并报全国人民代表大会常务委员会批准。

中华人民共和国香港特别行政区基本法附件二香港特别行政区立法会的产生办法和表决程序

(1990 年 4 月 4 日第七届全国人民代表大会第三次会议通过 根据 2021 年 3 月 30 日第十三届全国人民代表大会常务委员会第二十七次会议修订的《中华人民共和国香港特别行政区基本法附件二香港特别行政区立法会的产生办法和表决程序》不再施行)

一、立法会的产生办法

(一)香港特别行政区立法会议员每届 60 人,第一届立法会按照《全国人民代表大会关于香港特别行政区第一届政府和立法会产生办法的决定》产生。第二届、第三届立法会的组成如下:

第二届

功能团体选举的议员	30 人
选举委员会选举的议员	6 人
分区直接选举的议员	24 人

第三届

功能团体选举的议员	30 人
分区直接选举的议员	30 人

(二)除第一届立法会外,上述选举委员会即本法附件一规定的选举委员会。上述分区直接选举的选区划分、投票办法,各个功能界别和法定团体的划分、议员名

额的分配、选举办法及选举委员会选举议员的办法，由香港特别行政区政府提出并经立法会通过的选举法加以规定。

二、立法会对法案、议案的表决程序

除本法另有规定外，香港特别行政区立法会对法案和议案的表决采取下列程序：

政府提出的法案，如获得出席会议的全体议员的过半数票，即为通过。

立法会议员个人提出的议案、法案和对政府法案的修正案均须分别经功能团体选举产生的议员和分区直接选举、选举委员会选举产生的议员两部分出席会议议员各过半数通过。

三、二〇〇七年以后立法会的产生办法和表决程序

二〇〇七年以后香港特别行政区立法会的产生办法和法案、议案的表决程序，如需对本附件的规定进行修改，须经立法会全体议员三分之二多数通过，行政长官同意，并报全国人民代表大会常务委员会备案。

全国人民代表大会常务委员会关于批准《中华人民共和国香港特别行政区基本法附件一香港特别行政区行政长官的产生办法修正案》的决定

（2010 年 8 月 28 日第十一届全国人民代表大会常务委员会第十六次会议通过）

第十一届全国人民代表大会常务委员会第十六次会议决定：

根据《中华人民共和国香港特别行政区基本法》附件一、《全国人民代表大会常务委员会关于〈中华人民共和国香港特别行政区基本法〉附件一第七条和附件二第三条的解释》和《全国人民代表大会常务委员会关于香港特别行政区 2012 年行政长官和立法会产生办法及有关普选问题的决定》，批准香港特别行政区提出的《中华人民共和国香港特别行政区基本法附件一香港特别行政区行政长官的产生办法修正案》。

《中华人民共和国香港特别行政区基本法附件一香港特别行政区行政长官的产生办法修正案》自批准之日起生效。

中华人民共和国香港特别行政区基本法附件一香港特别行政区行政长官的产生办法修正案

（2010 年 8 月 28 日第十一届全国人民代表大会常务委员会第十六次会议批准　根据 2021 年 3 月 30 日第十三届全国人民代表大会常务委员会第二十七次会议修订的《中华人民共和国香港特别行政区基本法附件一香港特别行政区行政长官的产生办法》不再施行）

一、二〇一二年选举第四任行政长官人选的选举委员会共 1200 人，由下列各界人士组成：

工商、金融界	300 人
专业界	300 人
劳工、社会服务、宗教等界	300 人
立法会议员、区议会议员的代表、乡议局的代表、香港特别行政区全国人大代表、香港特别行政区全国政协委员的代表	300 人

选举委员会每届任期五年。

二、不少于一百五十名的选举委员可联合提名行政长官候选人。每名委员只可提出一名候选人。

全国人民代表大会常务委员会公告

〔十一届〕第十五号

　　根据《中华人民共和国香港特别行政区基本法》附件二、《全国人民代表大会常务委员会关于〈中华人民共和国香港特别行政区基本法〉附件一第七条和附件二第三条的解释》和《全国人民代表大会常务委员会关于香港特别行政区2012年行政长官和立法会产生办法及有关普选问题的决定》，全国人民代表大会常务委员会对《中华人民共和国香港特别行政区基本法附件二香港特别行政区立法会的产生办法和表决程序修正案》予以备案，现予公布。

　　《中华人民共和国香港特别行政区基本法附件二香港特别行政区立法会的产生办法和表决程序修正案》自公布之日起生效。

　　特此公告。

全国人民代表大会常务委员会

2010 年 8 月 28 日

中华人民共和国香港特别行政区基本法附件二香港特别行政区立法会的产生办法和表决程序修正案

（2010 年 8 月 28 日第十一届全国人民代表大会常务委员会第十六次会议予以备案　根据 2021 年 3 月 30 日第十三届全国人民代表大会常务委员会第二十七次会议修订的《中华人民共和国香港特别行政区基本法附件二香港特别行政区立法会的产生办法和表决程序》不再施行）

二〇一二年第五届立法会共 70 名议员，其组成如下：

功能团体选举的议员	35 人
分区直接选举的议员	35 人

全国人民代表大会常务委员会关于《中华人民共和国香港特别行政区基本法》附件一第七条和附件二第三条的解释

（2004 年 4 月 6 日第十届全国人民代表大会常务委员会第八次会议通过）

第十届全国人民代表大会常务委员会第八次会议审议了委员长会议关于提请审议《全国人民代表大会常务委员会关于〈中华人民共和国香港特别行政区基本法〉附件一第七条和附件二第三条的解释（草案）》的议案。经征询全国人民代表大会常务委员会香港特别行政区基本法委员会的意见，全国人民代表大会常务委员会决定，根据《中华人民共和国宪法》第六十七条第四项和《中华人民共和国香港特别行政区基本法》第一百五十八条第一款的规定，对《中华人民共和国香港特别行政区基本法》附件一《香港特别行政区行政长官的产生办法》第七条"二〇〇七年以后各任行政长官的产生办法如需修改，须经立法会全体议员三分之二多数通过，行政长官同意，并报全国人民代表大会常务委员会批准"的规定和附件二《香港特别行政区立法会的产生办法和表决程序》第三条"二〇〇七年以后香港特别行政区立法会的产生办法和法案、议案的表决程序，如需对本附件的规定进行修改，须经立法会全体议员三分之二多数通过，行政长官同意，

并报全国人民代表大会常务委员会备案"的规定,作如下解释:

一、上述两个附件中规定的"二〇〇七年以后",含二〇〇七年。

二、上述两个附件中规定的二〇〇七年以后各任行政长官的产生办法、立法会的产生办法和法案、议案的表决程序"如需"修改,是指可以进行修改,也可以不进行修改。

三、上述两个附件中规定的须经立法会全体议员三分之二多数通过,行政长官同意,并报全国人民代表大会常务委员会批准或者备案,是指行政长官的产生办法和立法会的产生办法及立法会法案、议案的表决程序修改时必经的法律程序。只有经过上述程序,包括最后全国人民代表大会常务委员会依法批准或者备案,该修改方可生效。是否需要进行修改,香港特别行政区行政长官应向全国人民代表大会常务委员会提出报告,由全国人民代表大会常务委员会依照《中华人民共和国香港特别行政区基本法》第四十五条和第六十八条规定,根据香港特别行政区的实际情况和循序渐进的原则确定。修改行政长官产生办法和立法会产生办法及立法会法案、议案表决程序的法案及其修正案,应由香港特别行政区政府向立法会提出。

四、上述两个附件中规定的行政长官的产生办法、立法会的产生办法和法案、议案的表决程序如果不作修改,行政长官的产生办法仍适用附件一关于行政长官产生办法的规定;立法会的产生办法和法案、议案的表决程序仍适用附件二关于第三届立法会产生办法的规定和附件二关于法案、议案的表决程序的规定。

现予公告。

全国人民代表大会关于
香港特别行政区第一届政府
和立法会产生办法的决定

(1990 年 4 月 4 日第七届全国人民代表大
会第三次会议通过)

一、香港特别行政区第一届政府和立法会根据体现国家主权、平稳过渡的原则产生。

二、在一九九六年内,全国人民代表大会设立香港特别行政区筹备委员会,负责筹备成立香港特别行政区的有关事宜,根据本决定规定第一届政府和立法会的具体产生办法。筹备委员会由内地和不少于 50% 的香港委员组成,主任委员和委员由全国人民代表大会常务委员会委任。

三、香港特别行政区筹备委员会负责筹组香港特别行政区第一届政府推选委员会(以下简称推选委员会)。

推选委员会全部由香港永久性居民组成,必须具有广泛代表性,成员包括全国人民代表大会香港地区代表、香港地区全国政协委员的代表、香港特别行政区成立前曾在香港行政、立法、咨询机构任职并有实际经验的人士和各阶层、界别中具有代表性的人士。

推选委员会由 400 人组成,比例如下:

工商、金融界	25%
专业界	25%
劳工、基层、宗教等界	25%
原政界人士、香港地区全国人大代	

表、香港地区全国政协

委员的代表   25%

四、推选委员会在当地以协商方式、或协商后提名选举,推举第一任行政长官人选,报中央人民政府任命。第一任行政长官的任期与正常任期相同。

五、第一届香港特别行政区政府由香港特别行政区行政长官按香港特别行政区基本法规定负责筹组。

六、香港特别行政区第一届立法会由 60 人组成,其中分区直接选举产生议员 20 人,选举委员会选举产生议员 10 人,功能团体选举产生议员 30 人。原香港最后一届立法局的组成如符合本决定和香港特别行政区基本法的有关规定,其议员拥护中华人民共和国香港特别行政区基本法、愿意效忠中华人民共和国香港特别行政区并符合香港特别行政区基本法规定条件者,经香港特别行政区筹备委员会确认,即可成为香港特别行政区第一届立法会议员。

香港特别行政区第一届立法会议员的任期为两年。

全国人民代表大会常务委员会关于郑耀棠等 32 名全国人大代表所提议案的决定

(1994 年 8 月 31 日第八届全国人民代表大会常务委员会第九次会议通过)

第八届全国人民代表大会常务委员会第九次会议根据全国人大法律委员会的审议报告,审议了第八届全国人大第二次会议主席团交付法律委员会审议的郑耀棠等 32 名全国人大代表提出的议案。

会议认为,港英最后一届立法局、市政局和区域市政局、区议会于 1997 年 6 月 30 日终止。英国政府单方面决定的有关港英最后一届立法局、市政局和区域市政局、区议会的选举安排,违反中英联合声明,不符合《中华人民共和国香港特别行政区基本法》和《全国人民代表大会关于香港特别行政区第一届政府和立法会产生办法的决定》。会议决定:由香港特别行政区筹备委员会根据《全国人民代表大会关于香港特别行政区第一届政府和立法会产生办法的决定》,负责筹备成立香港特别行政区的有关事宜,规定香港特别行政区第一届立法会的具体产生办法,组建香港特别行政区第一届立法会。根据《中华人民共和国香港特别行政区基本法》,香港特别行政区的区域组织的职权和组成方法由香港特别行政区的法律规定。

全国人民代表大会常务委员会关于香港特别行政区2007年行政长官和2008年立法会产生办法有关问题的决定

（2004 年 4 月 26 日第十届全国人民代表大会常务委员会第九次会议通过）

第十届全国人民代表大会常务委员会第九次会议审议了香港特别行政区行政长官董建华 2004 年 4 月 15 日提交的《关于香港特别行政区 2007 年行政长官和 2008 年立法会产生办法是否需要修改的报告》，并在会前征询了香港特别行政区全国人大代表、全国政协委员和香港各界人士、全国人大常委会香港特别行政区基本法委员会香港委员、香港特别行政区政府政制发展专责小组的意见，同时征求了国务院港澳事务办公室的意见。全国人大常委会在审议中充分注意到近期香港社会对 2007 年以后行政长官和立法会的产生办法的关注，其中包括一些团体和人士希望 2007 年行政长官和 2008 年立法会全部议员由普选产生的意见。

会议认为，《中华人民共和国香港特别行政区基本法》（以下简称香港基本法）第四十五条和第六十八条已明确规定，香港特别行政区行政长官和立法会的产生办法应根据香港特别行政区的实际情况和循序渐进的原则而规定，最终达至行政长官由一个有广泛代表性的提名委员会按民主程序提名后普选产生、立法会全部议员由普选产生的目标。香港特别行政区行政长官和立法会的产生办法应符合香港基本法的上述原则和规定。有关香港特别行政区行政长官和立法会产生办法的任何改变，都应遵循与香港社会、经济、政治的发展相协调，有利于社会各阶层、各界别、各方面的均衡参与，有利于行政主导体制的有效运行，有利于保持香港的长期繁荣稳定等原则。

会议认为，香港特别行政区成立以来，香港居民所享有的民主权利是前所未有的。第一任行政长官由 400 人组成的推选委员会选举产生，第二任行政长官由 800 人组成的选举委员会选举产生；立法会 60 名议员中分区直选产生的议员已由第一届立法会的 20 名增加到第二届立法会的 24 名，今年 9 月产生的第三届立法会将达至 30 名。香港实行民主选举的历史不长，香港居民行使参与推选特别行政区行政长官的民主权利，至今不到 7 年。香港回归祖国以来，立法会中分区直选议员的数量已有相当幅度的增加，在达至分区直选议员和功能团体选举的议员各占一半的格局后，对香港社会整体运作的影响，尤其是对行政主导体制的影响尚有待实践检验。加之目前香港社会各界对于 2007 年以后行政长官和立法会的产生办法如何确定仍存在较大分歧，尚未形成广泛共识。在此情况下，实现香港基本法第四十五条规定的行政长官由一个有广泛代表性的提名委员会按民主程序提名后普选产生和香港基本法第六十八条规定的立法会全部议员由普选产生的条件还不具备。

鉴此，全国人大常委会依据香港基本法的有关规定和《全国人民代表大会常务委员会关于〈中华人民共和国香港特别行政区基本法〉附件一第七条和附件二第三条的解释》，对香港特别行政区 2007 年行政长官和 2008 年立法会的产生办法决定如下：

一、2007 年香港特别行政区第三任行政长官的选举，不实行由普选产生的办法。2008 年香港特别行政区第四届立法会的选举，不实行全部议员由普选产生的办法，功能团体和分区直选产生的议员各占半数的比例维持不变，立法会对法案、议案的表决程序维持不变。

二、在不违反本决定第一条的前提下，2007 年香港特别行政区第三任行政长官的具体产生办法和 2008 年香港特别行政区第四届立法会的具体产生办法，可按照香港基本法第四十五条、第六十八条的规定和附件一第七条、附件二第三条的规定作出符合循序渐进原则的适当修改。

会议认为，按照香港基本法的规定，在香港特别行政区根据实际情况，循序渐进地发展民主，是中央坚定不移的一贯立场。随着香港社会各方面的发展和进步，经过香港特别行政区政府和香港居民的共同努力，香港特别行政区的民主制度一定能够不断地向前发展，最终达至香港基本法规定的行政长官由一个有广泛代表性的提名委员会按民主程序提名后普选产生和立法会全部议员由普选产生的目标。

全国人民代表大会常务委员会关于香港特别行政区 2012 年行政长官和立法会产生办法及有关普选问题的决定

（2007 年 12 月 29 日第十届全国人民代表大会常务委员会第三十一次会议通过）

第十届全国人民代表大会常务委员会第三十一次会议审议了香港特别行政区行政长官曾荫权 2007 年 12 月 12 日提交的《关于香港特别行政区政制发展咨询情况及 2012 年行政长官和立法会产生办法是否需要修改的报告》。会议认为，2012 年香港特别行政区第四任行政长官的具体产生办法和第五届立法会的具体产生办法可以作出适当修改；2017 年香港特别行政区第五任行政长官的选举可以实行由普选产生的办法；在行政长官由普选产生以后，香港特别行政区立法会的选举可以实行全部议员由普选产生的办法。全国人民代表大会常务委员会根据《中华人民共和国香港特别行政区基本法》的有关规定和《全国人民代表大会常务委员会关于〈中华人民共和国香港特别行政区基本法〉附件一第七条和附件二第三条的解释》决定如下：

一、2012 年香港特别行政区第四任行政长官的选举，不实行由普选产生的办法。2012 年香港特别行政区第五届立法会的选举，不实行全部议员由普选产生的办法，功能团体和分区直选产生的议员各占半数的比例维持不变，立法会对法案、议案的表决程序维持不变。在此前提下，2012 年香港特别行政区第四任行政长官的具体产生办法和 2012 年香港特别行政区第五届立法会的具体产生办法，可按照《中华人民共和国香港特别行政区基本法》第四十五条、第六十八条的规定和附件一第七条、附件二第三条的规定作出符合循序渐进原则的适当修改。

二、在香港特别行政区行政长官实行普选前的适当时候，行政长官须按照香港基本法的有关规定和《全国人民代表大会常务委员会关于〈中华人民共和国香港特别行政区基本法〉附件一第七条和附件二第三条的解释》，就行政长官产生办法的修改问题向全国人民代表大会常务委员会提出报告，由全国人民代表大会常务委员会确定。修改行政长官产生办法的法案及其修正案，应由香港特别行政区政府向立法会提出，经立法会全体议员三分之二多数通过，行政长官同意，报全国人民代表大会常务委员会批准。

三、在香港特别行政区立法会全部议员实行普选前的适当时候，行政长官须按照香港基本法的有关规定和《全国人民代表大会常务委员会关于〈中华人民共和国香港特别行政区基本法〉附件一第七条和附件二第三条的解释》，就立法会产生办法的修改问题以及立法会表决程序是否相应作出修改的问题向全国人民代表大会常务委员会提出报告，由全国人民代表大会常务委员会确定。修改立法会产生办法和立法会法案、议案表决程序的法案及其修正案，应由香港特别行政区政府向立法会提出，经立法会全体议员三分之二多数通过，行政长官同意，报全国人民代表大会常务委员会备案。

四、香港特别行政区行政长官的产生办法、立法会的产生办法和法案、议案表决程序如果未能依照法定程序作出修改，行政长官的产生办法继续适用上一任行政长官的产生办法，立法会的产生办法和法案、议案表决程序继续适用上一届立法会的产生办法和法案、议案表决程序。

会议认为，根据香港基本法第四十五条的规定，在香港特别行政区行政长官实行普选产生的办法时，须组成一个有广泛代表性的提名委员会。提名委员会可参照香港基本法附件一有关选举委员会的现行规定组成。提名委员会须按照民主程序提名产生若干名行政长官候选人，由香港特别行政区全体合资格选民普选产生行政长官人选，报中央人民政府任命。

会议认为，经过香港特别行政区政府和香港市民的共同努力，香港特别行政区的民主制度一定能够不断向前发展，并按照香港基本法和本决定的规定，实现行政长官和立法会全部议员由普选产生的目标。

全国人民代表大会常务委员会关于香港特别行政区行政长官普选问题和 2016 年立法会产生办法的决定

(2014 年 8 月 31 日第十二届全国人民代表大会常务委员会第十次会议通过)

第十二届全国人民代表大会常务委员会第十次会议审议了香港特别行政区行政长官梁振英 2014 年 7 月 15 日提交的《关于香港特别行政区 2017 年行政长官及 2016 年立法会产生办法是否需要修改的报告》，并在审议中充分考虑了香港社会的有关意见和建议。

会议指出，2007 年 12 月 29 日第十届全国人民代表大会常务委员会第三十一次会议通过的《全国人民代表大会常务委员会关于香港特别行政区 2012 年行政长官和立法会产生办法及有关普选问题的决定》规定，2017 年香港特别行政区第五任行政长官的选举可以实行由普选产生的办法；在行政长官实行普选前的适当时候，行政长官须按照香港基本法的有关规定和《全国人民代表大会常务委员会关于〈中华人民共和国香港特别行政区基本法〉附件一第七条和附件二第三条的解释》，就行政长官产生办法的修改问题向全国人民代表大会常务委员会提出报告，由全国人民代表大会常务委员会确定。2013 年 12 月 4 日至 2014 年 5 月 3 日，香港特别行政区政府就 2017 年行政长官产生办法和 2016 年立法会产生办法进行了广泛、深入的公众咨询。咨询过程中，香港社会普遍希望 2017 年实现行政长官由普选产生，并就行政长官普选办法必须符合香港基本法和全国人大常委会有关决定、行政长官必须由爱国爱港人士担任等重要原则形成了广泛共识。对于 2017 年行政长官普选办法和 2016 年立法会产生办法，香港社会提出了各种意见和建议。在此基础上，香港特别行政区行政长官就 2017 年行政长官和 2016 年立法会产生办法修改问题向全国人大常委会提出报告。会议认为，行政长官的报告符合香港基本法、全国人大常委会关于香港基本法附件一第七条和附件二第三条的解释以及全国人大常委会有关决定的要求，全面、客观地反映了公众咨询的情况，是一个积极、负责、务实的报告。

会议认为，实行行政长官普选，是香港民主发展的历史性进步，也是香港特别行政区政治体制的重大变革，关系到香港长期繁荣稳定，关系到国家主权、安全和发展利益，必须审慎、稳步推进。香港特别行政区行政长官普选源于香港基本法第四十五条第二款的规定，即"行政长官的产生办法根据香港特别行政区的实际情况和循序渐进的原则而规定，最终达至由一个有广泛代表性的提名委员会按民主程序提名后普选产生的目标。"制定行政长官普选办法，必须严格遵循香港基本法有关规定，符合"一国两制"的原则，符合香港特别行政区的法律地位，兼顾社会各阶层的利益，体现均衡参与，有利于资本主义经济发展，循序渐进地发展适合香港实际情况的民主制度。鉴于香港社会对如何落实香港基本法有关行政长官普选的规定存在较大争议，全国人大常委会对正确实施香港基本法和决定行政长官产生办法负有宪制责任，有必要就行政长官普选办法的一些核心问题作出规定，以促进香港社会凝聚共识，依法顺利实现行政长官普选。

会议认为，按照香港基本法的规定，香港特别行政区行政长官既要对香港特别行政区负责，也要对中央人民政府负责，必须坚持行政长官由爱国爱港人士担任的原则。这是"一国两制"方针政策的基本要求，是行政长官的法律地位和重要职责所决定的，是保持香港长期繁荣稳定，维护国家主权、安全和发展利益的客观需要。行政长官普选办法必须为此提供相应的制度保障。

会议认为，2012 年香港特别行政区第五届立法会产生办法经过修改后，已经向扩大民主的方向迈出了重大步伐。香港基本法附件二规定的现行立法会产生办法和表决程序不作修改，2016 年第六届立法会产生办法和表决程序继续适用现行规定，符合循序渐进地发展适合香港实际情况的民主制度的原则，符合香港社会的多数意见，也有利于香港社会各界集中精力优先处理行政长官普选问题，从而为行政长官实行普选后实现立法会全部议员由普选产生的目标创造条件。

鉴此，全国人民代表大会常务委员会根据《中华人民共和国香港特别行政区基本法》、《全国人民代表大会常务委员会关于〈中华人民共和国香港特别行政区基本法〉附件一第七条和附件二第三条的解释》和《全国人民代表大会常务委员会关于香港特别行政区 2012 年行政长官和立法会产生办法及有关普选问题的决定》的有关规定，决定如下：

一、从 2017 年开始，香港特别行政区行政长官选举可以实行由普选产生的办法。

二、香港特别行政区行政长官选举实行由普选产生的办法时：

（一）须组成一个有广泛代表性的提名委员会。提名委员会的人数、构成和委员产生办法按照第四任行政长官选举委员会的人数、构成和委员产生办法而规定。

（二）提名委员会按民主程序提名产生二至三名行政长官候选人。每名候选人均须获得提名委员会全体委员半数以上的支持。

（三）香港特别行政区合资格选民均有行政长官选举权，依法从行政长官候选人中选出一名行政长官人选。

（四）行政长官人选经普选产生后，由中央人民政府任命。

三、行政长官普选的具体办法依照法定程序通过修改《中华人民共和国香港特别行政区基本法》附件一《香港特别行政区行政长官的产生办法》予以规定。修改法案及其修正案应由香港特别行政区政府根据香港基本法和本决定的规定，向香港特别行政区立法会提出，经立法会全体议员三分之二多数通过，行政长官同意，报全国人民代表大会常务委员会批准。

四、如行政长官普选的具体办法未能经法定程序获得通过，行政长官的选举继续适用上一任行政长官的产生办法。

五、香港基本法附件二关于立法会产生办法和表决程序的现行规定不作修改，2016 年香港特别行政区第六届立法会产生办法和表决程序，继续适用第五届立法会产生办法和法案、议案表决程序。在行政长官由普选产生以后，香港特别行政区立法会的选举可以实行全部议员由普选产生的办法。在立法会实行普选前的适当时候，由普选产生的行政长官按照香港基本法的有关规定和《全国人民代表大会常务委员会关于〈中华人民共和国香港特别行政区基本法〉附件一第七条和附件二第三条的解释》，就立法会产生办法的修改问题向全国人民代表大会常务委员会提出报告，由全国人民代表大会常务委员会确定。

会议强调，坚定不移地贯彻落实"一国两制"、"港人治港"、高度自治方针政策，严格按照香港基本法办事，稳步推进 2017 年行政长官由普选产生，是中央的一贯立场。希望香港特别行政区政府和香港社会各界依照香港基本法和本决定的规定，共同努力，达至行政长官由普选产生的目标。

全国人民代表大会关于澳门特别行政区第一届政府、立法会和司法机关产生办法的决定

(1993 年 3 月 31 日第八届全国人民代表大会第一次会议通过)

一、澳门特别行政区第一届政府、立法会和司法机关根据体现国家主权、平稳过渡的原则产生。

二、全国人民代表大会设立澳门特别行政区筹备委员会,负责筹备成立澳门特别行政区的有关事宜,根据本决定规定第一届政府、立法会和司法机关的具体产生办法。筹备委员会由内地委员和不少于百分之五十的澳门委员组成,主任委员和委员由全国人民代表大会常务委员会委任。

三、澳门特别行政区筹备委员会负责筹组澳门特别行政区第一届政府推选委员会(以下简称推选委员会)。

推选委员会全部由澳门永久性居民组成,必须具有广泛代表性,成员包括澳门地区全国人民代表大会代表、澳门地区全国政协委员的代表、澳门特别行政区成立前曾在澳门行政、立法、咨询机构任职并有实际经验的人士和各阶层、界别中具有代表性的人士。

推选委员会由 200 人组成,其中:

工商、金融界	60 人
文化、教育、专业等界	50 人
劳工、社会服务、宗教等界	50 人

原政界人士、澳门地区全国人大代表、

澳门地区全国政协委员的代表　　　　40人

四、推选委员会在当地通过协商或协商后提名选举的方式,产生第一任行政长官的人选,报中央人民政府任命。第一任行政长官的任期与正常任期相同。

五、第一届澳门特别行政区政府由澳门特别行政区行政长官依照澳门特别行政区基本法规定负责筹组。

六、澳门特别行政区第一届立法会由 23 人组成,其中直接选举产生议员 8 人,间接选举产生议员 8 人,行政长官委任议员 7 人。原澳门最后一届立法会的组成如符合本决定和澳门特别行政区基本法的有关规定,其中由选举产生的议员如拥护中华人民共和国澳门特别行政区基本法、愿意效忠中华人民共和国澳门特别行政区并符合澳门特别行政区基本法规定条件者,经澳门特别行政区筹备委员会确认,即可成为澳门特别行政区第一届立法会议员。如有议员缺额,由澳门特别行政区筹备委员会决定补充。

澳门特别行政区第一届立法会议员的任期至 2001 年 10 月 15 日。

七、澳门特别行政区法院由澳门特别行政区筹备委员会依照澳门特别行政区基本法负责筹组。

有 关 文 件

中华人民共和国政府和大不列颠及北爱尔兰联合王国政府关于香港问题的联合声明

缔约双方已于 1985 年 5 月 27 日互换了批准书。本联合声明于 1985 年 5 月 27 日生效。

中华人民共和国政府和大不列颠及北爱尔兰联合王国政府满意地回顾了近年来两国政府和两国人民之间的友好关系,一致认为通过协商妥善地解决历史上遗留下来的香港问题,有助于维持香港的繁荣与稳定,并有助于两国关系在新的基础上进一步巩固和发展,为此,经过两国政府代表团的会谈,同意声明如下:

一、中华人民共和国政府声明:收回香港地区(包括香港岛、九龙和"新界",以下称香港)是全中国人民的共同愿望,中华人民共和国政府决定于一九九七年七月一日对香港恢复行使主权。

二、联合王国政府声明:联合王国政府于一九九七年七月一日将香港交还给中华人民共和国。

三、中华人民共和国政府声明,中华人民共和国对香港的基本方针政策如下:

(一)为了维护国家的统一和领土完整,并考虑到香港的历史和现实情况,中华人民共和国决定在对香港恢复行使主权时,根据中华人民共和国宪法第三十一条的规定,设立香港特别行政区。

(二)香港特别行政区直辖于中华人民共和国中央人

民政府。除外交和国防事务属中央人民政府管理外,香港特别行政区享有高度的自治权。

（三）香港特别行政区享有行政管理权、立法权、独立的司法权和终审权。现行的法律基本不变。

（四）香港特别行政区政府由当地人组成。行政长官在当地通过选举或协商产生,由中央人民政府任命。主要官员由香港特别行政区行政长官提名,报中央人民政府任命。原在香港各政府部门任职的中外籍公务、警务人员可以留用。香港特别行政区各政府部门可以聘请英籍人士或其他外籍人士担任顾问或某些公职。

（五）香港的现行社会、经济制度不变;生活方式不变。香港特别行政区依法保障人身、言论、出版、集会、结社、旅行、迁徙、通信、罢工、选择职业和学术研究以及宗教信仰等各项权利和自由。私人财产、企业所有权、合法继承权以及外来投资均受法律保护。

（六）香港特别行政区将保持自由港和独立关税地区的地位。

（七）香港特别行政区将保持国际金融中心的地位,继续开放外汇、黄金、证券、期货等市场,资金进出自由。港币继续流通,自由兑换。

（八）香港特别行政区将保持财政独立。中央人民政府不向香港特别行政区征税。

（九）香港特别行政区可同联合王国和其他国家建立互利的经济关系。联合王国和其他国家在香港的经济利益将得到照顾。

（十）香港特别行政区可以"中国香港"的名义单独地同各国、各地区及有关国际组织保持和发展经济、文化关系,并签订有关协定。

香港特别行政区政府可自行签发出入香港的旅行证件。

（十一）香港特别行政区的社会治安由香港特别行政区政府负责维持。

（十二）关于中华人民共和国对香港的上述基本方针政策和本联合声明附件一对上述基本方针政策的具体说明，中华人民共和国全国人民代表大会将以中华人民共和国香港特别行政区基本法规定之，并在五十年内不变。

四、中华人民共和国政府和联合王国政府声明：自本联合声明生效之日起至一九九七年六月三十日止的过渡时期内，联合王国政府负责香港的行政管理，以维护和保持香港的经济繁荣和社会稳定；对此，中华人民共和国政府将给予合作。

五、中华人民共和国政府和联合王国政府声明：为求本联合声明得以有效执行，并保证一九九七年政权的顺利交接，在本联合声明生效时成立中英联合联络小组；联合联络小组将根据本联合声明附件二的规定建立和履行职责。

六、中华人民共和国政府和联合王国政府声明：关于香港土地契约和其他有关事项，将根据本联合声明附件三的规定处理。

七、中华人民共和国政府和联合王国政府同意，上述各项声明和本联合声明的附件均将付诸实施。

八、本联合声明须经批准，并自互换批准书之日起生效。批准书应于一九八五年六月三十日前在北京互换。本联合声明及其附件具有同等约束力。

一九八四年十二月十九日在北京签订，共两份，每份都用中文和英文写成，两种文本具有同等效力。

中华人民共和国政府　　　大不列颠及北爱尔兰
　　代　　表　　　　　　联合王国政府代表
　　赵紫阳　　　　　　玛格丽特·撒切尔
　　（签　字）　　　　　　（签　字）

附件一

中华人民共和国政府对香港的
基本方针政策的具体说明

中华人民共和国政府就中华人民共和国政府和大不列颠及北爱尔兰联合王国政府关于香港问题的联合声明第三款所载中华人民共和国对香港的基本方针政策,具体说明如下:

一

中华人民共和国宪法第三十一条规定:"国家在必要时得设立特别行政区。在特别行政区内实行的制度按照具体情况由全国人民代表大会以法律规定。"据此,中华人民共和国将在一九九七年七月一日对香港恢复行使主权时,设立中华人民共和国香港特别行政区。中华人民共和国全国人民代表大会将根据中华人民共和国宪法制定并颁布中华人民共和国香港特别行政区基本法(以下简称《基本法》),规定香港特别行政区成立后不实行社会主义的制度和政策,保持香港原有的资本主义制度和生活方式,五十年不变。

香港特别行政区直辖于中华人民共和国中央人民政府,并享有高度的自治权。除外交和国防事务属中央人民政府管理外,香港特别行政区享有行政管理权、立法权、独立的司法权和终审权。中央人民政府授权香港特别行政区自行处理本附件第十一节所规定的各项涉外事务。

香港特别行政区政府和立法机关由当地人组成。香港特别行政区行政长官在当地通过选举或协商产生,由中央人民政府任命。香港特别行政区政府的主要官员(相当于"司"级官员)由香港特别行政区行政长官提名,报请中央人民政府任命。香港特别行政区立法机关由选举产生。行政机关必须遵守法律,对立法机关负责。

香港特别行政区的政府机关和法院,除使用中文外,还可使用英文。

香港特别行政区除悬挂中华人民共和国国旗和国徽外,还可以使用区旗和区徽。

二

香港特别行政区成立后,香港原有法律(即普通法及衡平法、条例、附属立法、习惯法)除与《基本法》相抵触或香港特别行政区的立法机关作出修改者外,予以保留。

香港特别行政区的立法权属于香港特别行政区立法机关。立法机关可根据《基本法》的规定并依照法定程序制定法律,报中华人民共和国全国人民代表大会常务委员会备案。立法机关制定的法律凡符合《基本法》和法定程序者,均属有效。

在香港特别行政区实行的法律为《基本法》,以及上述香港原有法律和香港特别行政区立法机关制定的法律。

三

香港特别行政区成立后,除因香港特别行政区法院享有终审权而产生的变化外,原在香港实行的司法体制予以保留。

香港特别行政区的审判权属于香港特别行政区法院。法院独立进行审判,不受任何干涉。司法人员履行审判职责的行为不受法律追究。法院依照香港特别行政区的法律审判案件,其他普通法适用地区的司法判例可作参考。

香港特别行政区法院的法官,根据当地法官和法律界及其他方面知名人士组成的独立委员会的推荐,由行政长官予以任命。法官应根据本人的司法才能选用,并可从其他普通法适用地区聘用。法官只有在无力履行职责或行为不检的情况下，才能由行政长官根据终审法院首席法官任命的不少于三名当地法官组成的审议庭的建议，予以免职。主要法官（即最高一级法官）的任命和免职，还须由行政长官征得香港特别行政区立法机关的同意并报全国人民代表大会常务委员会备案。法官以外的其他司法人员的任免制度继续保持。

香港特别行政区的终审权属于香港特别行政区终审法院。终审法院可根据需要邀请其他普通法适用地区的法官参加审判。

香港特别行政区的检察机关主管刑事检察工作，不受任何干涉。

香港特别行政区政府可参照原在香港实行的办法，作出有关当地和外来的律师在香港特别行政区工作和执业的规定。

中央人民政府将协助或授权香港特别行政区政府同外国就司法互助关系作出适当安排。

四

香港特别行政区成立后，原在香港各政府部门（包括警察部门）任职的公务人员和司法人员均可留用，继续工作；其薪金、津贴、福利待遇和服务条件不低于原来的标准。对退休或约满离职的人员，包括一九九七年七月一日以前退休的人员，不论其所属国籍或居住地点，香港特别行政区政府将按不低于原来的标准向他们或其家属支付应得的退休金、酬金、津贴及福利费。

香港特别行政区政府可任用原香港公务人员中的或持有香港特别行政区永久性居民身份证的英籍和其他外籍人士担任政府部门的各级公务人员，各主要政府部门（相当于"司"级部门，包括警察部门）的正职和某些主要政府部门的副职除外。香港特别行政区政府还可聘请英籍和其他外籍人士担任政府部门的顾问；必要时并可从香港特别行政区以外聘请合格人员担任政府部门的专业和技术职务。上述人士只能以个人身份受聘,并和其他公务人员一样对香港特别行政区政府负责。

公务人员应根据本人的资格、经验和才能予以任命和提升。香港原有关于公务人员的招聘、雇用、考核、纪律、培训和管理的制度(包括负责公务人员的任用、薪金、服务条件的专门机构),除有关给予外籍人员特权待遇的规定外,予以保留。

五

香港特别行政区自行管理财政事务,包括支配财政资源,编制财政预算和决算。香港特别行政区的预决算须报中央人民政府备案。

中央人民政府不向香港特别行政区征税。香港特别行政区的财政收入全部用于自身需要,不上缴中央人民政府。征税和公共开支经立法机关批准、公共开支向立法机关负责和公共账目的审计等制度,予以保留。

六

香港特别行政区保持原在香港实行的资本主义经济制度和贸易制度。香港特别行政区政府自行制定经济和贸易政策。财产所有权,包括财产的取得、使用、处置和继承的权利,以及依法征用财产得到补偿(补偿相当于该财产的实际价值、可自由兑换、不无故迟延支付)的权利,继续受法律保护。

香港特别行政区将保持自由港地位,并继续实行自由贸易政策,包括货物和资本的自由流动。香港特别行政区可单独同各国、各地区保持和发展经济和贸易关系。

香港特别行政区为单独的关税地区。香港特别行政区可参加关税和贸易总协定、关于国际纺织品贸易安排等有关的国际组织和国际贸易协定,包括优惠贸易安排。香港特别行政区取得的出口配额、关税优惠和达成的其他类似安排,全由香港特别行政区享有。香港特别行政区有权根据当时的产地规则,对在当地制造的产品签发产地来源证。

香港特别行政区可根据需要在外国设立官方或半官方的经济和贸易机构,并报中央人民政府备案。

七

香港特别行政区将保持国际金融中心的地位。原在香港实行的货币金融制度,包括对接受存款机构和金融市场的管理和监督制度,予以保留。

香港特别行政区政府可自行制定货币金融政策,并保障金融企业的经营自由以及资金在香港特别行政区流动和进出香港特别行政区的自由。香港特别行政区不实行外汇管制政策。外汇、黄金、证券、期货市场继续开放。

港元作为当地的法定货币,继续流通,自由兑换。港币发行权属香港特别行政区政府。在确知港币的发行基础是健全的以及有关发行的安排符合保持港币稳定的目的的情况下,香港特别行政区政府可授权指定银行根据法定权限发行或继续发行香港货币。凡所带标志与中华人民共和国香港特别行政区地位不符的香港货币,将逐步更换和退出流通。

外汇基金由香港特别行政区政府管理和支配,主要用于调节港元汇价。

八

香港特别行政区保持原在香港实行的航运经营和管理体制,包括有关海员的管理体制。香港特别行政区政府可自行规定在航运方面的具体职能和责任。香港的私营航运及与航运有关的企业和私营集装箱码头,可继续自由经营。

香港特别行政区经中央人民政府授权继续进行船舶登记,并可根据法律以"中国香港"名义颁发有关证件。

除外国军用船只进入香港特别行政区须经中央人民

政府特别许可外,其他船舶可根据香港特别行政区法律进出其港口。

九

　　香港特别行政区将保持香港作为国际和区域航空中心的地位。在香港注册并以香港为主要营业地的航空公司和与民用航空有关的行业可继续经营。香港特别行政区继续沿用原在香港实行的民用航空管理制度,并按中央人民政府关于飞机国籍标志和登记标志的规定,设置自己的飞机登记册。香港特别行政区自行负责民用航空的日常业务和技术管理,包括机场管理,在香港特别行政区飞行情报区内提供空中交通服务,以及履行国际民用航空组织的区域性航行规划程序所规定的其他职责。

　　中央人民政府经同香港特别行政区政府磋商作出安排,为在香港特别行政区注册并以香港特别行政区为主要营业地的航空公司和中华人民共和国的其他航空公司,提供香港特别行政区和中华人民共和国其他地区之间的往返航班。凡涉及中华人民共和国其他地区与其他国家和地区的往返并经停香港特别行政区的航班,和涉及香港特别行政区与其他国家和地区的往返并经停中华人民共和国其他地区航班的民用航空运输协定,由中央人民政府签订。为此,中央人民政府将考虑香港特别行政区的特殊情况和经济利益,并同香港特别行政区政府磋商。中央人民政府在同外国政府商谈有关此类航班的安排时,香港特别行政区政府的代表可作为中华人民共和国政府代表团成员参加。

　　经中央人民政府具体授权,香港特别行政区政府可以:对原有的民用航空运输协定和协议续签或修改,这些协定和协议原则上都可以续签或修改,原协定和协议规定的权利尽可能保留;谈判签订新的民用航空运输协定,为在香港特别行政区注册并以香港特别行政区为主要营业地的航空公司提供航线,以及过境和技术停降权利;在同外国和其它地区没有民用航空运输协定的情况下，谈判签订临时协议。凡不涉及往返、经停中国内地而只往返、经停香港特别行政区的定期航班，均由本段所述的民用航空运输协定或临时协议加以规定。

中央人民政府授权香港特别行政区政府：同其他当局商谈并签订有关执行上述民用航空运输协定和临时协议的各项安排；对在香港特别行政区注册并以香港特别行政区为主要营业地的航空公司签发执照；按照上述民用航空运输协定和临时协议指定航空公司；对外国航空公司除往返、经停中国内地的航班以外的其他航班签发许可证。

香港特别行政区保持原在香港实行的教育制度。香港特别行政区政府自行制定有关文化、教育和科学技术方面的政策，包括教育体制及管理、教学语言、经费分配、考试制度、学位制度、承认学历及技术资格等政策。各类院校，包括宗教及社会团体所办院校，均可保留其自主性，并可继续从香港特别行政区以外招聘教职员，选用教材。学生享有选择院校和在香港特别行政区以外求学的自由。

在外交事务属中央人民政府管理的原则下，香港特别行政区政府的代表，可作为中华人民共和国政府代表团的成员，参加由中央人民政府进行的与香港特别行政区直接有关的外交谈判。香港特别行政区可以"中国香港"的名义，在经济、贸易、金融、航运、通讯、旅游、文化、体育等领域单独地同世界各国、各地区及有关国际组织保持和发展关系，并签订和履行有关协定。对以国家为单位参加的、与香港特别行政区有关的、适当领域的国际组织和国际会议，香港特别行政区政府的代表可作为中华人民共和国政府代表团的成员或以中央人民政府和上述有关国际组织或国际会议允许的身份参加,并以"中国香港"的名义发表意见。对不以国家为单位参加的国际组织和国际会议,香港特别行政区可以"中国香港"的名义参加。

中华人民共和国缔结的国际协定,中央人民政府可根据香港特别行政区的情况和需要,在征询香港特别行政区政府的意见后,决定是否适用于香港特别行政区。中华人民共和国尚未参加但已适用于香港的国际协定仍可继续适用。中央人民政府根据需要授权或协助香港特别行政区政府作出适当安排,使其他有关的国际协定适用于香港特别行政区。对中华人民共和国已经参加而香港目前也以某种形式参加的国际组织,中央人民政府将采取必要措施使香港特别行政区以适当形式继续保持在这些组织中的地位。对中华人民共和国尚未参加而香港目前以某种形式参加的国际组织,中央人民政府将根据需要使香港特别行政区以适当形式继续参加这些组织。

外国在香港特别行政区设立领事机构或其他官方、半官方机构,须经中央人民政府批准。同中华人民共和国建立正式外交关系的国家在香港设立的领事机构和其他官方机构,可予保留;尚未同中华人民共和国建立正式外交关系国家的领事机构和其他官方机构,可根据情况予以保留或改为半官方机构;尚未为中华人民共和国承认的国家,只能设立民间机构。

联合王国可在香港特别行政区设立总领事馆。

十二

香港特别行政区的社会治安由香港特别行政区政府负责维持。中央人民政府派驻香港特别行政区负责防务的部队不干预香港特别行政区的内部事务,驻军军费由中央人民政府负担。

十三

香港特别行政区政府依法保障香港特别行政区居民和其他人的权利和自由。香港特别行政区政府保持香港原有法律中所规定的权利和自由,包括人身、言论、出版、集会、结社、组织和参加工会、通信、旅行、迁徙、罢工、游行、选择职业、学术研究和信仰自由、住宅不受侵犯、婚姻自由以及自愿生育的权利。

任何人均有权得到秘密法律咨询、向法院提起诉讼、选择律师在法庭上为其代理以及获得司法补救。任何人均有权对行政部门的行为向法院申诉。

宗教组织和教徒可同其他地方的宗教组织和教徒保持关系,宗教组织所办学校、医院、福利机构等均可继续存在。香港特别行政区的宗教组织与中华人民共和国其他地区宗教组织的关系应以互不隶属、互不干涉和互相尊重的原则为基础。

《公民权利和政治权利国际公约》和《经济、社会与文化权利的国际公约》适用于香港的规定将继续有效。

十四

在香港特别行政区有居留权并有资格按香港特别行政区的法律获得香港特别行政区政府签发的载明此项权利的永久性居民身份证者为:在香港特别行政区成立以前或以后在当地出生或通常居住连续七年以上的中国公民及其在香港以外所生的中国籍子女;在香港特别行政区成立以前或以后在当地通常居住连续七年以上并以香港为永久居住地的其他人及其在香港特别行政区成立以前或以后在当地出生的未满二十一岁的子女;以及在香港特别行政区成立前只在香港有居留权的其他人。

中央人民政府授权香港特别行政区政府依照法律,给持有香港特别行政区永久性居民身份证的中国公民签发中华人民共和国香港特别行政区护照,并给在香港特别行政区的其他的合法居留者签发中华人民共和国香港特别行政区其他旅行证件。上述护照和证件，前往各国和各地区有效，并载明持有人有返回香港特别行政区的权利。

香港特别行政区居民出入当地，可使用香港特别行政区政府或中华人民共和国其他主管部门，或其他国家主管部门签发的旅行证件。凡持有香港特别行政区永久性居民身份证者，其旅行证件可载明此项事实，以证明其在香港特别行政区有居留权。

对中国其他地区的人进入香港特别行政区将按现在实行的办法管理。

对其他国家和地区的人入境、逗留和离境，香港特别行政区政府可实行出入境管制。

有效旅行证件持有人，除非受到法律制止，可自由离开香港特别行政区，无需特别批准。

中央人民政府将协助或授权香港特别行政区政府同各国或各地区缔结互免签证协定。

附件二

关于中英联合联络小组

一、为促进双方共同目标,并为保证一九九七年政权的顺利交接,中华人民共和国政府和联合王国政府同意,继续以友好的精神进行讨论并促进两国政府在香港问题上已有的合作关系,以求《联合声明》得以有效执行。

二、为了进行联络、磋商及交换情况的需要,两国政府同意成立联合联络小组。

三、联合联络小组的职责为:

(一)就《联合声明》的实施进行磋商;

(二)讨论与一九九七年政权顺利交接有关的事宜;

(三)就双方商定的事项交换情况并进行磋商。

联合联络小组未能取得一致意见的问题,提交两国政府通过协商解决。

四、在联合联络小组成立到一九九七年七月一日的前半段时期中审议的事项包括:

(一)两国政府为使香港特别行政区作为独立关税地区保持其经济关系,特别是为确保香港特别行政区继续参加关税及贸易总协定、多种纤维协定及其他国际性安排所需采取的行动;

(二)两国政府为确保同香港有关的国际权利与义务继续适用所需采取的行动。

五、两国政府同意,在联合联络小组成立到一九九七年七月一日的后半段时期中,有必要进行更密切的合作,因此届时将加强合作。在此第二阶段时期中审议的事项包括:

(一)为一九九七年顺利过渡所要采取的措施;

(二)为协助香港特别行政区同各国、各地区及有关国际组织保持和发展经济、文化关系并就此类事项签订协议所需采取的行动。

六、联合联络小组是联络机构而不是权力机构，不参与香港或香港特别行政区的行政管理，也不对之起监督作用。联合联络小组的成员和工作人员只在联合联络小组职责范围内进行活动。

七、双方各指派一名大使级的首席代表和另外四名小组成员。每方可派不超过二十名的工作人员。

八、联合联络小组在《联合声明》生效时成立。联合联络小组自一九八八年七月一日起以香港为主要驻地。联合联络小组将继续工作到二〇〇〇年一月一日为止。

九、联合联络小组在北京、伦敦和香港开会。每年至少在上述三地各开会一次。每次开会地点由双方商定。

十、联合联络小组成员在上述三地享有相应的外交特权与豁免。除非双方另有协议，联合联络小组讨论情况须加以保密。

十一、经双方协议，联合联络小组可决定设立专家小组以处理需要专家协助的具体事项。

十二、联合联络小组成员以外的专家可参加联合联络小组和专家小组的会议。每方按照讨论的问题和选定的地点，决定其参加联合联络小组或专家小组每次会议的人员组成。

十三、联合联络小组的工作程序由双方按照本附件规定讨论决定。

附件三

关于土地契约

中华人民共和国政府和联合王国政府同意自《联合声明》生效之日起,按下列规定处理关于香港土地契约和其他有关事项:

一、《联合声明》生效前批出或决定的超越一九九七年六月三十日年期的所有土地契约和与土地契约有关的一切权利,以及该声明生效后根据本附件第二款或第三款批出的超越一九九七年六月三十日年期的所有土地契约和与土地契约有关的一切权利,按照香港特别行政区的法律继续予以承认和保护。

二、除了短期租约和特殊用途的契约外,已由香港英国政府批出的一九九七年六月三十日以前满期而没有续期权利的土地契约,如承租人愿意,均可续期到不超过二〇四七年六月三十日,不补地价。从续期之日起,每年交纳相当于当日该土地应课差饷租值百分之三的租金,此后,随应课差饷租值的改变而调整租金。至于旧批约地段、乡村屋地、丁屋地和类似的农村土地,如该土地在一九八四年六月三十日的承租人,或在该日以后批出的丁屋地的承租人,其父系为一八九八年在香港的原有乡村居民,只要该土地的承租人仍为该人或其合法父系继承人,租金将维持不变。一九九七年六月三十日以后满期而没有续期权利的土地契约,将按照香港特别行政区有关的土地法律及政策处理。

三、从《联合声明》生效之日起至一九九七年六月三十日止,香港英国政府可以批出租期不超过二〇四七年六月三十日的新的土地契约。该项土地的承租人须交纳地价并交纳名义租金至一九九七年六月三十日,该日以后不补地价,但需每年交纳相当于当日该土地应课差饷租值百分之三的租金,此后,随应课差饷租值的改变而调整租金。

四、从《联合声明》生效之日起至一九九七年六月三十日止,根据本附件第三款所批出的新的土地,每年限于五十公顷,不包括批给香港房屋委员会建造出租的公共房屋所用的土地。

五、在一九九七年七月一日之前,可继续批准修改香港英国政府所批出的土地契约规定的土地使用条件,补交的地价为原有条件的土地价值和修改条件后的土地价值之间的差额。

六、从《联合声明》生效之日起至一九九七年六月三十日止,香港英国政府从土地交易所得的地价收入,在扣除开发土地平均成本的款项后,均等平分,分别归香港英国政府和日后的香港特别行政区政府所有。属于香港英国政府所得的全部收入,包括上述扣除的款项,均拨入"基本工程储备基金",用于香港土地开发和公共工程。属于香港特别行政区政府的地价收入部分,将存入在香港注册的银行,除按照本附件第七款(四)的规定用于香港土地开发和公共工程外,不得动用。

七、《联合声明》生效之日起,立即在香港成立土地委员会。土地委员会由中华人民共和国政府和联合王国政府指派同等人数的官员组成,辅以必要的工作人员。双方官员向各自的政府负责。土地委员会将于一九九七年六月三十日解散。

土地委员会的职权范围为:

(一)就本附件的实施进行磋商;

(二)监察本附件第四款规定的限额,批给香港房屋委员会建造出租的公共房屋所用的土地数量,以及本附件第六款关于地价收入的分配和使用的执行;

(三)根据香港英国政府提出的建议,考虑并决定提高本附件第四款所述的限额数量;

(四)审核关于拟动用本附件第六款所述的属于香港特别行政区政府的地价收入部分的建议,并提出意见,供中方决定。

土地委员会未能取得一致意见的问题,提交中华人民共和国政府和联合王国政府决定。

八、有关建立土地委员会的细则,由双方另行商定。

双方交换的备忘录

备忘录（英方）

联系到今天签订的大不列颠及北爱尔兰联合王国政府和中华人民共和国政府关于香港问题的联合声明，联合王国政府声明，在完成对联合王国有关立法的必要修改的情况下，

一、凡根据联合王国实行的法律，在一九九七年六月三十日由于同香港的关系为英国属土公民者，从一九九七年七月一日起，不再是英国属土公民，但将有资格保留某种适当地位，使其可继续使用联合王国政府签发的护照，而不赋予在联合王国的居留权。取得这种地位的人，必须为持有在一九九七年七月一日以前签发的该种英国护照或包括在该种护照上的人，但在一九九七年一月一日或该日以后、一九九七年七月一日以前出生的有资格的人，可在一九九七年十二月三十一日截止的期间内取得该种护照或包括在该种护照上。

二、在一九九七年七月一日或该日以后，任何人不得由于同香港的关系而取得英国属土公民的地位。凡在一九九七年七月一日或该日以后出生者，不得取得第一节中所述的适当地位。

三、在香港特别行政区和其他地方的联合王国的领事官员可为第一节中提及的人所持的护照延长期限和予以更换，亦可给他们在一九九七年七月一日前出生并且原来包括在他们护照上的子女签发护照。

四、根据第一节和第三节已领取联合王国政府签发的护照的人或包括在该护照上的人，经请求有权在第三国获得英国的领事服务和保护。

一九八四年十二月十九日于北京

备忘录(中方)

中华人民共和国政府收到了大不列颠及北爱尔兰联合王国政府一九八四年十二月十九日的备忘录。

根据中华人民共和国国籍法,所有香港中国同胞,不论其是否持有"英国属土公民护照",都是中国公民。

考虑到香港的历史背景和现实情况,中华人民共和国政府主管部门自一九九七年七月一日起,允许原被称为"英国属土公民"的香港中国公民使用由联合王国政府签发的旅行证件去其他国家和地区旅行。

上述中国公民在香港特别行政区和中华人民共和国其他地区不得因其持有上述英国旅行证件而享受英国的领事保护的权利。

一九八四年十二月十九日于北京

全国人民代表大会常务委员会关于国务院提请审议《中华人民共和国政府和大不列颠及北爱尔兰联合王国政府关于香港问题的联合声明》的议案的决议

(1984 年 11 月 14 日第六届全国人民代表大会常务委员会第八次会议通过)

第六届全国人民代表大会常务委员会第八次会议听取了国务委员兼外交部部长吴学谦代表国务院所作的关于提请审议中英关于香港问题协议文件的报告,审议了国务院关于提请审议《中华人民共和国政府和大不列颠及北爱尔兰联合王国政府关于香港问题的联合声明》的议案。

会议对我国政府为解决香港问题所进行的工作和吴学谦国务委员兼外交部部长的报告表示满意。

会议同意中英两国政府草签的《中华人民共和国政府和大不列颠及北爱尔兰联合王国政府关于香港问题的联合声明》,决定在中英两国政府正式签署后,提请第六届全国人民代表大会第三次会议审议、批准。

第六届全国人民代表大会第三次会议关于批准《中华人民共和国政府和大不列颠及北爱尔兰联合王国政府关于香港问题的联合声明》的决定

(1985 年 4 月 10 日第六届全国人民代表大会第三次会议通过)

中华人民共和国第六届全国人民代表大会第三次会议审议了国务院关于提请审议批准《中华人民共和国政府和大不列颠及北爱尔兰联合王国政府关于香港问题的联合声明》的议案,决定批准 1984 年 12 月 19 日由赵紫阳总理代表中国政府签署的《中华人民共和国政府和大不列颠及北爱尔兰联合王国政府关于香港问题的联合声明》,包括附件一:《中华人民共和国政府对香港的基本方针政策的具体说明》,附件二:《关于中英联合联络小组》和附件三:《关于土地契约》。

关于香港新机场建设
及有关问题的谅解备忘录

(1991 年 9 月 3 日签定)

中华人民共和国政府代表和大不列颠及北爱尔兰联合王国政府代表于一九九一年六月二十七日至三十日在北京进行了友好的讨论。两国政府考虑到:

——香港迫切需要一个新机场,以保证并发展其繁荣和稳定;

——机场项目应符合成本效益,而且在一九九七年六月三十日以后不应在财政上给中华人民共和国香港特别行政区政府造成负担;

——需要制定一套切实可行的安排,以使与新机场有关的工程能够迅速、有效地进行;

为此,达成以下谅解:

一、从现在起至一九九七年六月三十日,港英政府将在最大程度上完成列在本谅解备忘录附件中机场核心计划的项目。港英政府将在一九九七年六月三十日以前对包括在本谅解备忘录中的项目的建设负责。

二、中国政府对新机场及其有关项目的建设将予以支持。中方将按照本谅解备忘录所载明的原则,向感兴趣的潜在投资者表明,港英政府所承担或担保的与机场项目有关的义务将从一九九七年七月一日起继续有效,并将得到香港特别行政区政府的承认和保护。中国政府同意中国银行将发挥适当的作用,例如在机场项目的贷款银团中发挥作用;中国的建筑公司可以通常方式竞投与机场有关的项目。

三、关于跨越一九九七年六月三十日的与机场项目有关的重要事宜,中英两国政府将本着合作的精神并根据中英联合声明进行磋商。为此将成立一个由中英联合联络小组领导的机场委员会,中英双方成员人数相等。该委员会的任务如下:

(1)港英政府在批出跨越一九九七年六月三十日的主要的与机场有关的专营权或合约前,或在为跨越一九九七年六月三十日的与机场有关的债务担保前,英方将通过机场委员会同中方磋商。中方对于此种专营权、合约和担保将持积极态度。在英方提供这些建议的细节后,双方对个案讨论的时间不得超过一个月。在作任何决定时都将充分重视中国政府的意见。盈利和效益是批出某项专营权的标准。

(2)在港英政府实施下列项目前,英方将通过机场委员会同中方磋商:未列入本谅解备忘录附件的主要机场项目;其政府开支大部分需在一九九七年六月三十日以后支付的任何属于列入该附件的现行机场核心计划的项目。上述项目只有在双方就此取得一致意见后方可开始进行。

四、中国政府对于须在一九九七年六月三十日以后偿还的必要和合理的港英政府的政府举债采取积极态度。如果在一九九七年六月三十日以后偿还的债务总额不超过50亿港元,港英政府将根据需要自行举债,并通报中国政府。超出50亿港元总额的举债,须由双方对该举债建议取得一致意见后方可进行。

五、在以上谅解的基础上,港英政府在安排财政计划时,将以于一九九七年六月三十日留给香港特别行政区政府使用的财政储备不少于250亿港元为坚定目标。

六、为便于进行香港的新机场建设,将成立机场管理局和咨询委员会。

(1)机场管理局条例将尽量以地铁公司条例为模式。港英政府在一九九七年六月三十日前将保留对机场管理局的领导权以及对政策的主要领域的责任。港英政府在起草管理局条例草案时将愿意考虑和顾及中方的意见。

（2）港英政府愿意从中国银行集团中委任一位常驻香港的人士作为机场管理局董事会的正式成员。该成员同其他成员拥有同等权利。中方无疑将就具体人选向港英政府提出一些建议。

（3）港英政府将成立一个新机场及其有关项目的咨询委员会。该委员会可以讨论任何有关事宜，但不具决策权，而且不应该拖延工程的进行。

（4）港英政府将把准备委任的机场管理局和咨询委员会的成员知会中方，并愿意在最后决定委任前听取中方的任何意见。港英政府愿意在机场管理局成立约两年时，考虑委任一位副主席。

七、两国政府都希望随着一九九七年六月三十日的临近而就香港问题加强磋商和合作。作为加强磋商的一部分，中国外交部长和英国外交大臣将每年会晤两次来讨论共同关心的问题，中国国务院港澳办公室主任和香港总督也将定期进行会晤。

本谅解备忘录将于两国政府首脑签字之日起生效。

以上各点为中华人民共和国政府和大不列颠及北爱尔兰联合王国政府就其中涉及的问题所达成的谅解。

一九九一年九月三日在北京签订，一式两份，每份都用中文和英文写成，两种文本具有同等效力。

中华人民共和国政府　　　　　　大不列颠及北爱尔兰
　　代　　表　　　　　　　　联合王国政府代表
　　　李　鹏　　　　　　　　　　梅　杰
　　（签　字）　　　　　　　　（签　字）

附件：

机场核心计划项目

机场（第一条跑道和有关设施）

北大屿山高速公路

西九龙填海

西九龙高速公路

西区过海隧道

三号干线（部分）

机场铁路

与机场铁路有关的中区及湾仔填海部分

青衣至大屿山干线（包括铁路部分和三号干线交汇处）

东涌一期发展工程

中华人民共和国政府
和葡萄牙共和国政府关于
澳门问题的联合声明

(1987 年 4 月 13 日在北京签订)

中华人民共和国政府和葡萄牙共和国政府满意地回顾了两国建交以来两国政府和两国人民之间的友好关系的发展,一致认为,由两国政府通过谈判妥善解决历史遗留下来的澳门问题,有利于澳门的经济发展和社会稳定,并有助于进一步加强两国之间的友好合作关系,为此,经过两国政府代表团的会谈,同意声明如下:

一、中华人民共和国政府和葡萄牙共和国政府声明:澳门地区(包括澳门半岛、凼仔岛和路环岛,以下称澳门)是中国领土,中华人民共和国政府将于 1999 年 12 月 20 日对澳门恢复行使主权。

二、中华人民共和国政府声明,中华人民共和国根据"一个国家、两种制度"的方针,对澳门执行如下的基本政策:

(一)根据中华人民共和国宪法第三十一条的规定,中华人民共和国对澳门恢复行使主权时,设立中华人民共和国澳门特别行政区。

(二)澳门特别行政区直辖于中华人民共和国中央人民政府,除外交和国防事务属中央人民政府管理外,享有高度的自治权。澳门特别行政区享有行政管理权、立法权、独立的司法权和终审权。

(三)澳门特别行政区政府和澳门特别行政区立法机

关均由当地人组成。行政长官在澳门通过选举或协商产生,由中央人民政府任命。担任主要职务的官员由澳门特别行政区行政长官提名,报中央人民政府任命。原在澳门任职的中国籍和葡籍及其他外籍公务(包括警务)人员可以留用。澳门特别行政区可以任用或聘请葡籍和其他外籍人士担任某些公职。

(四)澳门现行的社会、经济制度不变;生活方式不变;法律基本不变。澳门特别行政区依法保障澳门居民和其他人的人身、言论、出版、集会、结社、旅行和迁徙、罢工、选择职业、学术研究、宗教信仰和通信以及财产所有权等各项权利和自由。

(五)澳门特别行政区自行制定有关文化、教育和科技政策,并依法保护在澳门的文物。

澳门特别行政区政府机关、立法机关和法院,除使用中文外,还可使用葡文。

(六)澳门特别行政区可同葡萄牙和其他国家建立互利的经济关系。葡萄牙和其他国家在澳门的经济利益将得到照顾。在澳门的葡萄牙后裔居民的利益将依法得到保护。

(七)澳门特别行政区可以"中国澳门"的名义单独同各国、各地区有关国际组织保持和发展经济、文化关系,并签订有关协定。

澳门特别行政区政府可以自行签发出入澳门的旅行证件。

(八)澳门特别行政区将继续作为自由港和单独关税地区进行经济活动。资金进出自由。澳门元作为澳门特别行政区的法定货币,继续流通和自由兑换。

(九)澳门特别行政区保持财政独立。中央人民政府不向澳门特别行政区征税。

(十)澳门特别行政区的社会治安由澳门特别行政区政府负责维持。

(十一)澳门特别行政区除悬挂中华人民共和国国旗

和国徽外,还可使用区旗和区徽。

（十二）上述基本政策和本联合声明附件一所作的具体说明,将由中华人民共和国全国人民代表大会以中华人民共和国澳门特别行政区基本法规定之,并在五十年内不变。

三、中华人民共和国政府和葡萄牙共和国政府声明:自本联合声明生效之日起至 1999 年 12 月 19 日止的过渡时期内,葡萄牙共和国政府负责澳门的行政管理。葡萄牙共和国政府将继续促进澳门的经济发展和保持其社会稳定,对此,中华人民共和国政府将给予合作。

四、中华人民共和国政府和葡萄牙共和国政府声明:为保证本联合声明的有效实施并为 1999 年政权的交接创造妥善的条件,在本联合声明生效时成立中葡联合联络小组;联合联络小组将根据本联合声明附件二的有关规定建立和履行职责。

五、中华人民共和国政府和葡萄牙共和国政府声明:关于澳门土地契约和其他有关事项,将根据本联合声明附件的有关规定处理。

六、中华人民共和国政府和葡萄牙共和国政府同意,上述各项声明和作为本联合声明组成部分的附件均将付诸实施。

七、本联合声明及其附件自互换批准书之日起生效。批准书将在北京互换。本联合声明及其附件具有同等约束力。

1987 年 4 月 13 日在北京签订,共两份,每份都用中文和葡文写成,两种文本具有同等效力。

中华人民共和国政府代表　　　葡萄牙共和国代表
　　　赵紫阳　　　　　　　　卡瓦科·席尔瓦
　　（签　字）　　　　　　　（签　字）

附件一

中华人民共和国政府对澳门的
基本政策的具体说明

中华人民共和国政府就中华人民共和国政府和葡萄牙共和国政府关于澳门问题的联合声明第二款所载中华人民共和国对澳门的基本政策,具体说明如下:

一

中华人民共和国宪法第三十一条规定:"国家在必要时得设立特别行政区。在特别行政区内实行的制度按照具体情况由全国人民代表大会以法律规定。"据此,中华人民共和国将在 1999 年 12 月 20 日对澳门恢复行使主权时,设立中华人民共和国澳门特别行政区。中华人民共和国全国人民代表大会将根据中华人民共和国宪法制定并颁布中华人民共和国澳门特别行政区基本法(以下简称《基本法》),规定澳门特别行政区成立后不实行社会主义的制度和政策,保持现行的社会、经济制度和生活方式,五十年不变。

澳门特别行政区直辖于中华人民共和国中央人民政府,除外交和国防事务属中央人民政府管理外,享有高度的自治权。澳门特别行政区享有行政管理权、立法权、独立的司法权和终审权。中央人民政府授权澳门特别行政区自行处理本附件第八节所规定的各项涉外事务。

二

澳门特别行政区的行政管理权属澳门特别行政区政府。澳门特别行政区政府由当地人组成。澳门特别行政区行政长官在澳门通过选举或协商产生,由中央人民政府任命。担任主要职务的官员(相当于原"政务司"级官员、检察长和警察部门主要负责人)由澳门特别行政区行政长官提名,报请中央人民政府任命。

行政机关必须遵守法律,对立法机关负责。

三

澳门特别行政区的立法权属澳门特别行政区立法机关。澳门特别行政区立法机关由当地人组成,多数成员通过选举产生。

澳门特别行政区成立后,澳门原有的法律、法令、行政法规及其他规范性文件,除与《基本法》相抵触或澳门特别行政区立法机关作出修改者外,予以保留。

澳门特别行政区立法机关可根据《基本法》的规定并依照法定程序制定法律,报中华人民共和国全国人民代表大会常务委员会备案。澳门特别行政区立法机关制定的法律凡符合《基本法》和法定程序者,均属有效。

澳门特别行政区的法律体系由《基本法》,以及上述澳门原有法律和澳门特别行政区制定的法律构成。

四

澳门特别行政区的审判权属澳门特别行政区法院,终审权由澳门特别行政区终审法院行使。法院独立进行审判,不受任何干涉,只服从法律。法官履行职责时享有适当的豁免。

澳门特别行政区法院的法官,根据当地法官、律师和社会名流组成的独立的委员会的推荐,由行政长官任命。法官的选用以其专业资格为标准,符合标准的外籍法官也可以应聘。法官只有在无力履行其职责或行为与其所任职务不相称的情况下,才能由行政长官根据终审法院院长任命的不少于三名当地法官组成的审议庭的建议,予以免职。终审法院法官的免职由行政长官根据澳门特别行政区立法机关成员组成的审议委员会的建议决定。终审法院法官的任命和免职须报全国人民代表大会常务委员会备案。

澳门特别行政区检察机关独立行使法律赋予的检察职能,不受任何干涉。

原在澳门实行的司法辅助人员的任免制度予以保留。

澳门特别行政区政府可参照原在澳门实行的办法,作出有关当地和外来的律师在澳门特别行政区执业的规定。

中央人民政府将协助或授权澳门特别行政区政府同外国就司法互助关系作出适当安排。

五

澳门特别行政区依法保障澳门原有法律所规定的澳门居民和其他人的各项权利和自由,包括人身、言论、出版、集会、游行、结社(如组织和参加民间团体)、组织和参加工会、旅行和迁徙、选择职业和工作、罢工、宗教和信仰、教育和学术研究的自由;住宅和通信不受侵犯及诉诸法律和法院的权利;私有财产所有权、企业所有权及其转让和继承权、依法征用财产时得到适当和不无故迟延支付的补偿的权利;婚姻自由及成立家庭和自愿生育的权利。

澳门特别行政区居民和其他人在法律面前人人平等,不因国籍、血统、性别、种族、语言、宗教、政治或思想信仰、文化程度、经济状况或社会条件而受到歧视。

澳门特别行政区依法保护在澳门的葡萄牙后裔居民的利益,并尊重他们的习惯和文化传统。

澳门特别行政区的宗教组织和教徒在其宗旨和法律规定的范围内照常活动,并可同澳门以外的宗教组织和教徒保持关系。属于宗教组织的学校、医院、慈善机构等均可继续照常开办。澳门特别行政区的宗教组织与中华人民共和国其他地区宗教组织的关系应以互不隶属、互不干涉和互相尊重的原则为基础。

六

澳门特别行政区成立后,原在澳门任职的中国籍和葡籍及其他外籍公务(包括警务)人员均可留用,继续工作,其薪金、津贴、福利待遇不低于原来的标准。澳门特别行政区成立后退休的上述公务人员,不论其所属国籍或居住地点,有权按现行规定得到不低于原来标准的退休金和赡养费。

澳门特别行政区可任用原澳门公务人员中的或持有澳门特别行政区永久性居民身份证的葡籍和其他外籍人士担任公职(某些主要官职除外)。澳门特别行政区还可聘请葡籍和其他外籍人士担任顾问和专业技术职务。在澳门特别行政区担任公职的葡籍和其他外籍人士,只能以个人身份受聘,并对澳门特别行政区负责。

公务人员应根据本人资格、经验和才能予以任命和提升。澳门原有关于公务人员的录用、纪律、提升和正常晋级的制度基本不变。

七

澳门特别行政区自行制定有关文化、教育和科技政策,诸如教学语言(包括葡语)的政策和学术资格与承认学位级别的制度。各类学校均可继续开办,保留其自主性,并可继续从澳门以外招聘教职员和选用教材。学生享有在澳门特别行政区以外求学的自由,澳门特别行政区依法保护在澳门的文物。

八

在外交事务属中央人民政府管理的原则下,澳门特别行政区可以"中国澳门"的名义,在经济、贸易、金融、航运、通讯、旅游、文化、科技、体育等适当领域单独同世界各国、各地区及有关国际性或地区性组织保持和发展关系,并签订和履行协定。对以国家为单位参加的、与澳门特别行政区有关的、适当领域的国际组织和国际会议,澳门特别行政区政府的代表可作为中华人民共和国政府代表团的成员或以中央人民政府和上述有关国际组织或国际会议允许的身份参加,并以"中国澳门"的名义发表意见。对不以国家为单位参加的国际组织和国际会议，澳门特别行政区可以"中国澳门"的名义参加。

澳门特别行政区政府的代表，可作为中华人民共和国政府代表团的成员，参加由中央人民政府进行的与澳门特别行政区直接有关的外交谈判。

中华人民共和国缔结的国际协定，中央人民政府可根据情况和澳门特别行政区的需要，在征询澳门特别行政区政府的意见后，决定是否适用于澳门特别行政区。中华人民共和国尚未参加，但已适用于澳门的国际协定仍可继续适用。中央人民政府根据情况和需要授权或协助澳门特别行政区政府作出适当安排，使其他与其有关的国际协定适用于澳门特别行政区。

对中华人民共和国已经参加而澳门目前也以某种形式参加的国际组织，中央人民政府将根据情况和澳门特别行政区的需要采取措施，使澳门特别行政区得以适当形式继续保持在这些组织中的地位。对中华人民共和国尚未参加而澳门目前以某种形式参加的国际组织，中央人民政府将根据情况和需要使澳门特别行政区以适当形式继续参加这些组织。

外国在澳门特别行政区设立领事机构或其他官方、半官方机构，须经中央人民政府批准。同中华人民共和国建立正式外交关系的国家在澳门设立的领事机构和其他官方机构，可予保留。尚未与中华人民共和国建立正式外交关系的国家在澳门的领事机构和其他官方机构，可根据情况予以保留或改为半官方机构。尚未为中华人民共和国所承认的国家，只能设立非政府性的机构。

葡萄牙共和国可在澳门特别行政区设立总领事馆。

九

在澳门特别行政区有居留权并有资格领取澳门特别行政区永久性居民身份证者为：

在澳门特别行政区成立前或成立后在澳门出生或通

常居住连续七年以上的中国公民及其在澳门以外出生的中国籍子女；

在澳门特别行政区成立前或成立后在澳门出生或在澳门通常居住连续七年以上，并均以澳门为永久居住地的葡萄牙人；

在澳门特别行政区成立前或成立后在澳门通常居住连续七年以上并以澳门为永久居住地的其他人，及其在澳门特别行政区成立前或成立后在澳门出生的未满十八周岁的子女。

中央人民政府授权澳门特别行政区政府依照法律给持有澳门特别行政区永久性居民身份证的中国公民签发中华人民共和国澳门特别行政区护照，给在澳门特别行政区的其他合法居留者签发中华人民共和国澳门特别行政区其他旅行证件。

上述澳门特别行政区护照和旅行证件，前往各国和各地区有效，并载明持有人有返回澳门特别行政区的权利。

澳门特别行政区居民出入澳门特别行政区，可使用澳门特别行政区政府或中华人民共和国其他主管部门，或其他国家主管部门签发的旅行证件。凡持有澳门特别行政区永久性居民身份证者，其旅行证件可载明此项事实，以证明其在澳门特别行政区有居留权。

对中国其他地区的居民进入澳门特别行政区，将采取适当办法加以管理。

澳门特别行政区可对其他国家和地区的人入境、逗留和离境实行出入境管制。

有效旅行证件持有人，除非受到法律制止，可自由离开澳门特别行政区，无需特别批准。

中央人民政府将协助或授权澳门特别行政区政府同有关国家和地区谈判和签订互免签证协议。

十

澳门特别行政区自行制定经济贸易政策，作为自由港和单独关税地区,同各国、各地区保持和发展经济贸易关系,继续参加关税和贸易总协定、国际纺织品贸易协议等有关国际组织和国际贸易协定。澳门特别行政区取得的出口配额、关税优惠和达成的其他类似安排,全由澳门特别行政区享有。澳门特别行政区有权根据当时的产地规则,对在当地制造的产品签发产地来源证。

澳门特别行政区依法保护外来投资。

澳门特别行政区可根据需要在外国设立官方或半官方的经济和贸易机构,并报中央人民政府备案。

十一

澳门特别行政区成立后,原在澳门实行的货币金融制度基本不变。澳门特别行政区自行制定货币金融政策,并保障各种金融机构的经营自由以及资金在澳门特别行政区流动和进出的自由。澳门特别行政区不实行外汇管制政策。

澳门元作为澳门特别行政区的法定货币,继续流通和自由兑换。澳门货币发行权属澳门特别行政区政府。澳门特别行政区政府可授权指定银行行使或继续行使发行澳门货币的代理职能。凡所带标志与中华人民共和国澳门特别行政区地位不符的澳门货币,将逐步更换和退出流通。

十二

澳门特别行政区自行制定预算和税收政策。澳门特别行政区的预决算须报中央人民政府备案。澳门特别行政区财政收入全部用于自身需要,不上缴中央人民政府。中央人民政府不向澳门特别行政区征税。

十三

澳门特别行政区的防务由中央人民政府负责。

澳门特别行政区的社会治安由澳门特别行政区政府

负责维持。

十四

澳门特别行政区依法承认和保护澳门特别行政区成立前已批出或决定的年期超越 1999 年 12 月 19 日的合法土地契约和与土地契约有关的一切权利。澳门特别行政区成立后新批或续批土地,将按照澳门特别行政区有关的土地法律及政策处理。

附件二

关于过渡时期的安排

为保证中华人民共和国政府和葡萄牙共和国政府关于澳门问题的联合声明的有效实施，并为澳门政权的交接创造妥善的条件，中华人民共和国政府和葡萄牙共和国政府同意在《联合声明》生效之日起至 1999 年 12 月 19 日止的过渡时期内继续进行友好合作。

为此目的，根据《联合声明》第三、第四和第五款的规定，中华人民共和国政府和葡萄牙共和国政府同意成立中葡联合联络小组和中葡土地小组。

一、关于中葡联合联络小组

（一）联合联络小组为两国政府间进行联络、磋商及交换情况的机构。联合联络小组不干预澳门的行政管理，也不对之起监督作用。

（二）联合联络小组的职责为：

1. 就《联合声明》及其附件的实施进行磋商；

2. 就与 1999 年澳门政权交接的有关事宜交换情况并进行磋商；

3. 就两国政府为使澳门特别行政区保持和发展对外经济、文化等关系所需采取的行动进行磋商；

4. 就双方商定的其他事项交换情况并进行磋商。

联合联络小组未能取得一致意见的问题，提交两国政府通过协商解决。

（三）双方各指派一名大使级的组长和另外四名小组成员。每方还可指派必要的专家和工作人员，人数通过协商确定。

（四）联合联络小组在《联合声明》生效时成立，并于成立后三个月内开始工作，工作的第一年轮流在北京、里斯本和澳门开会，此后以澳门为常驻地。联合联络小组将工作到 2000 年 1 月 1 日为止。

（五）联合联络小组成员及专家、工作人员享有外交特权与豁免或与其身份相符的特权与豁免。

（六）联合联络小组的工作和组织程序由双方按本附件的规定商定。除另有协议外，联合联络小组的工作须保密。

二、关于中葡土地小组

（一）两国政府同意自《联合声明》生效之日起，按以下规定处理澳门土地契约及有关事项：

1. 原由澳门葡萄牙政府批出的 1999 年 12 月 19 日以前满期的土地契约（临时批地和特殊批地除外）可按现行有关法律规定予以续期并收取批约费用，但续期年限不得超过 2049 年 12 月 19 日。

2. 从《联合声明》生效之日起至 1999 年 12 月 19 日止，澳门葡萄牙政府可按现行有关法律规定批出年期不超过 2049 年 12 月 19 日的新的土地契约，并收取批约费用。

3. 根据本附件第二节第（一）款第 2 项新批出的土地（包括填海地和未开发土地），每年限于二十公顷。土地小组得根据澳门葡萄牙政府的建议，对上述限额的改变进行审核并作出决定。

4. 从《联合声明》生效之日起至 1999 年 12 月 19 日止，澳门葡萄牙政府从新批和续批土地契约中所得的各项收入，在扣除开发土地平均成本后，由澳门葡萄牙政府和日后的澳门特别行政区政府平分。属于澳门葡萄牙政府所得的全部土地收入，包括上述扣除的款项，用于澳门土地开发和公共工程。属于澳门特别行政区政府的土地收入，作为澳门特别行政区政府的储备基金，存入在澳门注册的银行。必要时，澳门葡萄牙政府在征得中方同意后，也可将该项基金用于澳门过渡时期的土地开发和公共工程。

（二）中葡土地小组是代表两国政府处理澳门土地契约及有关事项的机构。

(三)土地小组的职责为:

1. 就本附件第二节的实施进行磋商;

2. 按本附件第二节第(一)款的规定,监察批出土地的数量和期限,以及批出土地所得收入的分配和使用情况;

3. 审核澳门葡萄牙政府提出的使用属于澳门特别行政区政府的土地收入的建议,并提出意见,供中方决定。

土地小组未能取得一致意见的问题,提交两国政府通过协商解决。

(四)双方各指派三名土地小组成员。每方还可指派必要的专家和工作人员,人数通过协商确定。

(五)土地小组在《联合声明》生效时成立,并以澳门为常驻地。土地小组将工作到1999年12月19日为止。

(六)土地小组的成员及专家、工作人员享有外交特权与豁免或与其身份相符的特权与豁免。

(七)土地小组的工作和组织程序由双方按本附件的规定商定。

双方交换的备忘录

备忘录（中方）

联系到今天签署的中华人民共和国政府和葡萄牙共和国政府关于澳门问题的联合声明，中华人民共和国政府声明：

澳门居民凡符合中华人民共和国国籍法规定者，不论是否持有葡萄牙旅行证件或身份证件，均具有中国公民资格。考虑到澳门的历史背景和现实情况，在澳门特别行政区成立后，中华人民共和国政府主管部门允许原持有葡萄牙旅行证件的澳门中国公民，继续使用该证件去其他国家和地区旅行。上述中国公民在澳门特别行政区和中华人民共和国其他地区不得享受葡萄牙的领事保护。

一九八七年四月十三日于北京

备忘录（葡方）

联系到今天签署的葡萄牙共和国政府和中华人民共和国政府关于澳门问题的联合声明，葡萄牙共和国政府声明：

凡按照葡萄牙立法，在一九九九年十二月十九日因具有葡萄牙公民资格而持有葡萄牙护照的澳门居民，该日后可继续使用之。自一九九九年十二月二十日起，任何人不得由于同澳门的关系而取得葡萄牙公民资格。

一九八七年四月十三日于北京

第六届全国人民代表大会第五次会议关于授权全国人民代表大会常务委员会审议批准《中华人民共和国政府和葡萄牙共和国政府关于澳门问题的联合声明》的决定

(1987 年 4 月 11 日第六届全国人民代表大会第五次会议通过)

第六届全国人民代表大会第五次会议听取了国务委员兼外交部部长吴学谦受国务院委托所作的关于《中华人民共和国政府和葡萄牙共和国政府关于澳门问题的联合声明》草签文本的报告。

会议对我国政府为解决澳门问题所进行的工作和吴学谦国务委员兼外交部部长的报告表示满意。

鉴于《中华人民共和国政府和葡萄牙共和国政府关于澳门问题的联合声明》涉及特别行政区的设立及其制度问题,根据《中华人民共和国宪法》第三十一条、第六十二条的规定,应由全国人民代表大会决定。会议决定授权全国人民代表大会常务委员会在《中华人民共和国政府和葡萄牙共和国政府关于澳门问题的联合声明》经中葡两国政府正式签署后予以审议和决定批准。

全国人民代表大会常务委员会关于批准《中华人民共和国政府和葡萄牙共和国政府关于澳门问题的联合声明》的决定

(1987年6月23日第六届全国人民代表大会常务委员会第二十一次会议通过)

第六届全国人民代表大会常务委员会第二十一次会议根据第六届全国人民代表大会第五次会议关于授权全国人民代表大会常务委员会审议和决定批准《中华人民共和国政府和葡萄牙共和国政府关于澳门问题的联合声明》的决定，审议了国务院关于提请审议批准《中华人民共和国政府和葡萄牙共和国政府关于澳门问题的联合声明》的议案，决定批准1987年4月13日由赵紫阳总理代表中国政府签署的《中华人民共和国政府和葡萄牙共和国政府关于澳门问题的联合声明》，包括附件一：《中华人民共和国政府对澳门的基本政策的具体说明》和附件二：《关于过渡时期的安排》。